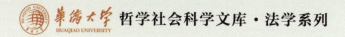

华侨大学 **哲学社会科学文库·法学系列**

文库主编：贾益民

选择中的正义：
民事诉讼当事人行为选择的
法经济分析

AN ECONOMIC APPROACH TO THE LITIGANTS'
BEHAVIORS CHOICE IN CIVIL PROCEDURE

陈慰星　著

社会科学文献出版社
SOCIAL SCIENCES ACADEMIC PRESS (CHINA)

教育部人文社会科学研究青年基金项目（11YJC820008）资助

福建省社会科学规划基金一般项目（2011B147）资助

华侨大学哲学社会科学学术著作专项资助计划资助

发展哲学社会科学　推动文化传承创新

——《华侨大学哲学社会科学文库》总序

　　哲学社会科学是研究人的活动和社会历史发展规律、构建人类价值世界和意义世界的科学，是人类文化的核心组成部分，其积极成果有助于提升人的素质、实现人的价值。中国是世界文明古国，拥有丰富的文化历史资源，中华文化的发展是世界文化发展进程中不可或缺的重要一环。因此，努力打造具有中国特色的哲学社会科学，全面继承和发展中华文化，对于推进中华文明乃至世界文明进程具有深远的意义。

　　当代中国，全面深化改革已经进入关键时期，中国特色社会主义建设迫切需要对社会历史发展规律的科学认识，需要哲学社会科学发挥其认识世界、传承文明、创新理论、资政育人和服务社会的作用。因此，深化文化体制改革、繁荣哲学社会科学，不仅是建设社会主义文化强国、丰富人民精神世界的需要，也是实现中华民族伟大复兴的中国梦的必由之路。中共中央高度重视哲学社会科学在实现中华民族伟大复兴的历史进程中的重要作用，先后出台《中共中央关于进一步繁荣发展哲学社会科学的意见》《中共中央关于深化文化体制改革　推动社会主义文化大发展大繁荣若干重大问题的决定》《中共中央办公厅　国务院办公厅转发〈教育部关于深入推进高等学校哲学社会科学繁荣发展的意见〉的通知》《高等学校哲学社会科学繁荣计划（2011—2020年)》等一系列重要文件，全面部署繁荣哲学社会科学、提升中华文化软实力的各项工作，全面深化教育体制改革，为我国哲学社会科学事业的繁荣和发展创造了前所未有的历史机遇。

　　高等学校是哲学社会科学研究的重要阵地，高校教师和科研人员是哲学社会科学研究的主要承担者。因此，高校有责任担负起繁荣哲学社会科学的使命，激发广大教师和科研人员的科研积极性、主动性和创造性，为哲学社会科学发展提供良好的制度和环境，致力于打造符合国家发展战略和经济社会发展需要的精品力作。

华侨大学是我国著名的华侨高等学府，也是中国面向海外开展华文教育的重要基地，办学 55 年以来，始终坚持"面向海外、面向港澳台"的办学方针，秉承"为侨服务，传播中华文化"的办学宗旨，贯彻"会通中外，并育德才"的办学理念，坚定不移地走内涵发展之路、特色兴校之路、人才强校之路，全面提升人才培养质量和整体办学水平，致力于建设基础雄厚、特色鲜明、海内外著名的高水平大学。

在这个充满机遇与挑战的历史时期，华侨大学敏锐洞察和把握发展机遇，贯彻落实党的十七大、十七届六中全会、十八大、十八届三中全会、十八届四中全会精神，发挥自身比较优势，大力繁荣哲学社会科学。

一方面，华侨大学扎根侨校土壤，牢记侨校使命，坚持特色发展、内涵发展，其哲学社会科学的发展彰显独特个性。"为侨服务，传播中华文化"是华侨大学的办学宗旨与神圣使命，其办学活动及其成果直接服务于国家侨务工作与地方经济社会发展。为此，华侨大学积极承担涉侨研究，整合、利用优势资源，努力打造具有侨校特色的新型智库，在海外华文教育、侨务理论、侨务政策、海上丝绸之路研究、海外华人社团、侨务公共外交、华商研究、海外宗教文化研究等诸多领域形成具有特色的研究方向，推出了以《华侨华人蓝皮书：华侨华人研究报告》《世界华文教育年鉴》等为代表的一系列标志性成果。

另一方面，华侨大学紧紧抓住国家繁荣哲学社会科学的时代机遇，积极响应教育部繁荣哲学社会科学的任务部署，颁布实施《华侨大学哲学社会科学繁荣计划（2012—2020）》，为今后学校哲学社会科学的发展提供发展纲领与制度保证。该计划明确了学校哲学社会科学发展的战略目标，即紧抓国家繁荣发展哲学社会科学的战略机遇，遵循哲学社会科学的发展规律，发挥综合大学和侨校优势，通过若干年努力，使华侨大学哲学社会科学学科方向更加凝练，优势更加突出，特色更加鲜明，平台更加坚实；形成结构合理、素质优良、具有国家竞争力的高水平学术队伍；研究创新能力显著增强，服务国家侨务工作的能力明显提升，服务经济社会发展的水平不断提高，适应文化建设新要求、推进文化传承创新的作用更加凸显；对外学术交流与合作的领域不断拓展，国际文化对话与传播能力进一步增强。到 2020 年，力争使华侨大学成为国内外著名的文化传承与知识创新高地，国家侨务工作的核心智库，提供社会服务、解决重大理论和现实问题的重要阵地。

为切实有效落实《华侨大学哲学社会科学繁荣计划（2012—2020）》，学校先后启动了"华侨大学哲学社会科学青年学者成长工程""华侨大学哲学社会科学学术论文专项资助计划""华侨大学哲学社会科学学术著作专项资助计划""华侨大学哲学社会科学百名优秀学者培育计划""华侨大学人文社会科学研究基地培育与发展计划"五大计划，并制定了相应的文件保证计划的有效实施，切实推进学校哲学社会科学的繁荣发展。

"华侨大学哲学社会科学学术著作专项资助计划"作为《华侨大学哲学社会科学繁荣计划（2012—2020）》的重要配套子计划，旨在产出一批在国内外有较大影响力的高水平原创性研究成果，打造学术精品力作。作为此资助计划的重要成果——《华侨大学哲学社会科学文库》将陆续推出一批具有相当学术参考价值的学术著作。这些著作凝聚着华大文科学者的心力、心气与智慧：他们以现实问题为导向，关注国家经济社会发展；他们以国际视野为基础，不断探索开拓学术研究领域；他们以学术精品为目标，积聚多年的研判与思考。

《华侨大学哲学社会科学文库》按学科门类划分系列，共分为哲学、经济学、法学、教育学、文学、历史学、管理学、艺术学八个系列，内容涵盖哲学、应用经济、法学、国际政治、华商研究、旅游管理、依法治国、中华文化研究、海外华文教育等基础理论与特色研究，其选题紧跟时代问题和人民需求，瞄准学术前沿，致力于解决国家面临的一系列新问题、新困境，其成果直接或间接服务于国家侨务事业和经济社会发展，服务于国家华文教育事业与中华文化软实力的提升。可以说，该文库的打造是华侨大学展示自身哲学社会科学研究力、创造力、价值引领力，服务中国特色社会主义建设事业的一次大胆尝试。

《华侨大学哲学社会科学繁荣计划（2012—2020）》已经实施近两年，经过全校上下的共同努力，华侨大学的文科整体实力正在逐步提升，一大批高水平研究成果相继问世，一批高级别科研项目和科研成果奖成功获评。作为华侨大学繁荣哲学社会科学的成果，《华侨大学哲学社会科学文库》集中反映了当前华侨大学哲学社会科学的研究水平，充分发挥了优秀学者的示范带动作用，大力展示了青年学者的学术爆发力和创造力，必将鼓励和带动更多的哲学社会科学工作者尤其是青年教师以闽南地区"爱拼才会赢"的精神与斗志，不断营造积极向上、勇攀高峰的学术氛围，努力打造更多造福于国家与人民的精品力作。

　　当然，由于华侨大学面临的历史和现实等主客观因素的限制以及华大哲学社会科学工作者研究视野与学术积累的局限性，《华侨大学哲学社会科学文库》在研究水平、研究方法等方面难免存在不足之处，我们在此真诚地恳请各位读者批评指正。

　　最后，让我们共同期待《华侨大学哲学社会科学文库》付梓，为即将迎来 55 岁华诞的华侨大学献礼！让我们一起祝福华侨大学哲学社会科学事业蒸蒸日上！让我们以更大的决心、更宽广的视野、更精心的设计、更有效的措施、更优质的服务，培育华大社科的繁花硕果，以点滴江河的态势，加速推进华侨大学建设成基础雄厚、特色鲜明、海内外著名的高水平大学，更好地服务海外华侨华人，支持国家侨务工作，配合国家发展战略！

华侨大学校长、教授、博士生导师　贾益民

2015 年 4 月 28 日于华园

序　言

坦诚地说，本书作者陈慰星是我众多研究生中的佼佼者。言其佼佼，是谓其有独到的聪慧和灵性再加上刻苦努力的气质，在我门下的学生中的确是出类拔萃的。举例说，他喜欢看书且看的书比较杂，古今中外、法律经济、诗词文章、正史野史他均有涉猎，且看完之后还有心得，草成文章发表；又比如说，他是福建人，普通话讲得不是十分地道，但他敢于在大庭广众之下与人雄辩不休。记得我在一次毕业典礼上说过一句话：倘一个学生能言善辩且文笔犀利，其必定是一个好老师的胚子。

现在华侨大学教书的他，正在证实我的判断。

在甲午年立冬次日，忽然收到了慰星发来的书稿。一观题目，啊，原来是以其博士论文为基础，经过五年再修订的大作。思绪将我又拉回到八年前：当时，慰星对博士论文选题有诸多想法，某日，来征求我的意见。凭我对他的了解，提出可以就经济的角度融民诉的知识考虑。之所以如此建议，是从他平时的习作中看出他对经济学的积累与思考。应当说，如是，则起码具备论文所要求的"新"。慰星听从了我的建议。果不其然，开题顺利通过。写作虽异常艰苦但总的来说并未辜负导师组的期待。他写出了与众不同的一篇文章。

内行人知道，人们对民事诉讼当事人问题是比较熟悉的，但当事人行为在行内少有人研究，当事人行为选择的研究则更少人涉及。作者笔下的民事诉讼当事人行为选择并非一般规范理论上的诉讼法学研究对象，而是涵盖了当事人行为与主体行为选择两个上位知识板块的交叉研究对象。就当事人行为的传统研究来看，主要循诉讼行为和诉讼模式两大维度进行。前者主要是在基础理论上对当事人行为性质的定性，后者则从不同诉讼模式的应用出发，将当事人行为在各模式的行为空间及其与各参与人之间关系情况作为定型诉讼模式的要件。行为选择在诉讼法学的研究板块，则集中于当事人程序选择权。很显然，本书立足于法经济学方法，则着力于解释当事人的选择激励，透析以"选择"为主线的当事人行为在具体诉讼决策中存在的规律，试图建构若干能有效解释当事人具体诉讼行为变化、预测当事人行为选择的数理模型。这种力图摆脱规范法学研究范式缺乏自检验的"古典模式"窠臼的学术方法，无疑在既有民事诉讼法的研究中是较为少见且具有冲击力的。构建在理性人、信息人和真实人三个假设下当事人行为选择的成本收益、信息不对称和行为心理变量模型，如若真的能够凭借精确性定量分析工具而施行行为预测，则小至当事人实施诉讼的策略安排，大至宏观司法改革的顶层设计，无不具有了全新的视阈，也很有可能得出更科学的结论！

我欣慰地看到，在博士论文的基础上，作者又进行了大量的调查与深加工，其观点、论据更显扎实。我乐于见到这种带有原创性的学术努力，尽管可能会有一些持有不同方法论立场的存疑。因为诚如本书那个诚实的立场假设，"进行行为选择的当事人是一个坚守理性但是又理性不足的主体"，行为选择的成本收益是左右选择的主导因素，信息不对称下的博弈是对最佳选择的预判，而当事人偏好、偏见和直观推断等心理因素会影响到选择所能达到的理性程度等见解，无不挑战了既有诉讼法运作学术考察的模式——我们更习惯于在逻辑上进行应然判断，在经验上进行案例验证，在试点中评估制度效果……那么依托精确导向的经济学，获得带有预见性的制度安排，显然也是一种成本收益的优化。

《月令七十二候集解》有言："立，建始也。"如果天时感应的话，我相信这本"立冬"收到的作品，也是一本具有某种"建始"内容尝试的书。要得！应当说书中的观点，具有一定的前瞻性，且系较为纯正的学术研究。理论如何指导实践，则还有漫长的路要走。愚以为，只要迈步不停，终会修成正果。

书中所云，到底如何，诸君不妨前去"打望"一番。

中国民事诉讼法学研究会副会长

西南政法大学教授　田平安

2014 年 11 月 11 日于山城安怡斋

内容摘要

对民事诉讼当事人行为（以下简称"当事人行为"）的研究，尚未引起学术界的普遍重视。然而，无论是司法改革的文本设计还是具体的民事诉讼实践，当事人行为问题攸关当事人诉讼参与程序以及程序架构的运行效果，甚至其本身就是诉讼程序演进的核心。当事人行为的复杂性以及阶段性，使得进行序贯意义上的当事人行为研究会存在视角差异和主线交错等诸多难题。本书试图借助"选择"这一法律经济分析的核心概念，串联起当事人行为研究，并通过讨论当事人行为的运作样态及当事人进行较优选择的决策，为评估当事人行为效果、推测当事人行为提供指引。

全书分为四大部分。第一部分旨在对研究的目的以及命题本身进行分析。重点说明将法律经济分析方法引入民事诉讼法学的现实意义和分析价值，并同时展开对于命题关键词当事人行为及命题分析线索影响当事人行为选择的三大变量（成本收益、诉讼信息和行为心理）的概要说明，为后续正文的展开提供研究对象和框架。第二部分从法律释义学的角度，详细剖析作为本书研究对象的当事人行为选择的基本概念、种类及其历史发展流变，是关于民事诉讼当事人行为选择的本体论。本部分意在回应当事人诉讼权利行使与否与当事人行为选择的关系及二者可能的冲突问题，指出了当事人诉讼权利行使与当事人行为选择的本质差异在于后者必须具备实质选项。本研究还对当事人行为选择的种类以及当事人行为选择的法制史演变进行考察，以期对民事诉讼当事人行为选择进行概览。第三部分为研究的主体，具体分析了决定民事诉讼当事人行为选择的三大变量，基本的分析理路是沿着微观经济学到信息经济学再到行为经济学的经济学发展轨迹，从古典的理性人假设出发，分析了当事人行为选择的成本收益问题、在信息不对称下的选择决策博弈问题，以及影响当事人行为选择的诉讼心理的行为经济学分析，并通过第六章的当事人行为选择的大数据分析，强调了审判权对于诉讼行为选择的外部性及诉讼行为选择的可预测性，也为诉讼当事人行为"选择市场"提供了实证。第四部分为本研究的尾部，意在解析本书的具体实用价值，即选择技术对于诉讼程序的活化作用，以及本书运用经济分析所获得的结论在中国司法改革面向上的实用价值。

Abstract

Around the key topics of the litigants' Behaviors, this thesis consists of four parts. The purpose of the first part is to make analysis to this thesis's study aim and the proposition itself. The first part marjory enplanes the realistic significances and analyzing value to introduce legal economic analyzing approach into civil procedure low science, at same time, it develops the summarizing explanations about the three variables, it the keywords of the proposition (namely the Litigants' Behaviors) and the analyzing clue of the proposition (namely the Litigants' Behaviors Choice), providing the objects and frames of studies for the development of the main body related below. The second part is the chapter which is the ontology of civil procedure parties' behavior choice. The purpose of chapter I is, from the angle of legal hermeneutical science, to analyze detailed the basic concepts、 kinds and the high – position concepts of parties' behavior choice as the these study objects, and to study the kinds of the parties' behavior choice of civil procedure parties. The third part is the main body of this thesis which consists of chapters III, IV, V, and VI. The third part analyzes concretely the three variables deciding the behavior choice of civil procedure parties. The basic analyzing train of this part is, along the developing orbit from the effectiveness maximization to information economics and to act economics finally, from the beginning of the reasoned people in classical economics, to analyze the transformation that the cast and income of parties making acts selection goes to the action economics analyzing more close the true states. Chapter VI shows a big data approach to procedural choice on mediation by court and proofs the existence of choice market from empirical perspective. The last part is chapter Ⅷ which also the end of the thesis. The purpose of this chapter is to analyze the practical value of this thesis, namely the litigants' selecting skills' for activating functions of the procedure as well as the conclusions this thesis's found plays in China's civil justice reforms.

目　　录

Contents

导　论

就一个法律规则而言，法学家维护的是公正，经济学家维护的是效率。但在绝大多数情况下，经济方法和法律方法常常殊途同归。

——考特、尤伦

一　问题意识

研究定题为"民事诉讼当事人行为选择的法经济分析"，源自我对传统民事诉讼法学研究对象以及研究方法所产生的系列问题的思考。由于过度偏重于理论和规范的阐述，传统民事诉讼法学研究忽视了诉讼资源配置和核算的重要性，缺乏对诉讼主体特别是表现诉讼主体的具体运作行为的观照，使得据此形成的司法制度难以满足现实诉讼需求和实践发展。当然，必须承认建立在规范分析基础上的阐释法学研究范式，采用了"奥卡姆剃刀"（Occam's Razor）的方式而将"多余的问题"全部剪除，[①] 虽然获得了简单明了的论证方法且保证了整个范式解释的清晰和系统，然而定位于单一的阐释法学方法的研究，也使得民事诉讼法学难以应承更多更新的民事司法实践要求。具体而言，传统研究存在的问题包括如下四个方面。

其一，重资源而轻配置。传统研究强调司法资源的充足投放，以确保制度公正的实现，但获取资源之后如何进行有效的配置，依靠国家还是当事人抑或其他的途径来主导，却定位不明、渠道不畅甚至难以从可行角度

---

① Roger Ariew, *Ockham's Razor: A Historical and Philosophical Analysis of Ockham's Principle of Parsimony*, Champaign – Urbana, University of Illinois, 1976.

提出解决方案。这样的状态，导致司法资源分配向拥有主导权的司法部门过度倾斜，却令名义上拥有宪法化诉权的个案当事人，缺乏必要的诉讼资源保障，造成诉讼成本与个别正义的冲突，[①] 甚至演变为世界各国普遍存在的"接近司法"难题。[②]

其二，重投入而轻核算。传统研究关注法院的财政独立性，却忽视纠纷解决制度可能存在的"核算健全性"危机。所谓的核算健全性，指制度运行的固定成本如何通过手续费收入（如纠纷解决收费）或者其他途径的融资，实现稳定的收支平衡。[③] 作为自创生系统的法律制度，自我维持是其得以自我再生的前提。[④] 核算健全性所关注的就是纠纷解决系统的自我维持问题，为整个法律系统的正常运作提供支持。因此，核算健全性的问题放大了传统诉讼法研究的可能的缺陷，即缺乏对法律制度适用者与制度之间的经济性互动的有效重视，致使诸多司法改革推而难行，甚至难以为继。

其三，重建构而轻运行。传统研究重视制度改革的完整性，但往往对可能造成的"程序肥大化"（hypertrophy of procedure）现象[⑤]缺乏足够重视，导致诉讼运行成本居高不下，当事人对程序的"接近"困难重重。特别是对外国制度进行引进研究时，由于我国缺乏相应的配套程序，势必令移植研究还需要涉及其他的附加程序，这必然在一定程度上导致相关制度复杂化。这使得"看上去很美"的诉讼程序，难以在实践运作层面获得当事人的认可以至于推进，甚至造成制度被异化执行的尴尬。

其四，重宏观应然而轻微观实然。由于传统民事诉讼法研究所采用的是规范分析（normative analysis），即研究法律活动"应该是什么"以

---

① 参见齐树洁《民事上诉制度研究》，法律出版社，2006，第 7 页。

② 参见〔英〕朱克曼《危机中的民事司法：民事诉讼程序的比较视角》，傅郁林等译，中国政法大学出版社，2005，第 1～3 页。

③ 关于纠纷解决制度的核算健全性问题，参见〔日〕大田胜造《诉讼外纠纷解决的成本》，载〔日〕小岛武司、伊藤真主编《诉讼外纠纷解决法》，丁婕译，中国政法大学出版社，2005，第 170～172 页。

④ 关于法律系统自我维持的分析，参见〔德〕贡塔·托依布纳《法律：一个自创生系统》，张骐译，北京大学出版社，2004，第 45 页以下。

⑤ Roscoe Pound, *Appellate Procedure in Civil Cases*, Boston: Little Brown & Company, 1941, pp. 34 - 36.

及社会法律问题"应该怎样解决"，采用一定的价值判断（value judg-ment）前提作为提出诉讼程序设计的法律理论前提和制定政策的依据，并使得理论和依据能够符合制度本身的实际运行。① 但由于缺乏微观意义上的观照，应然性价值难以回应现实个体意义上的当事人秉持不同价值判断的情况，② 导致"重视与关注正面的制度构建，而对制度的实际运行状况，尤其是制度在适用过程中的变形、变异等非正常状态，缺乏应有的关注"。③

由此，想要对上述传统民事诉讼法学研究进行有益的回应，就需要在研究上确定能够解决资源配置和健全核算的问题的工具，在研究对象上必须触及程序运行的主要角色和微观实然的个案观照。我认为研究所使用的法律经济分析工具和所确定的当事人行为选择对象，能够有力地对上述问题进行回应。

其一，法经济学工具，根植于微观经济学理性人成本收益最大化的分析。诉讼中资源优化配置，能借助法院和个人理性最大化的"角力"，在各自成本收益最大化的过程中实现。法律经济分析的动态均衡范式，同具体民事诉讼实践中资源配置的过程也相呼应。另外，法律经济分析所内含的制度经济学交易成本和制度效率的研究结构，满足纠纷解决系统核算健全性中关于制度运行成本和收费融资的考量要求，从而能够提出更有效率的法律制度评估标准。

其二，以诉讼行为为起点的研究，可以同时兼容应然价值研究和实证经验分析两种范式，为更准确地把握民事诉讼的微观进程以及当事人具体个案的实然状态，提供了分析切入点。具体分析的进路是：一方面，研究可以借助文本法的指引作用把握应然性的行为预期，从而在宏观层面识别

①　关于规范法学的研究范式，参见彭汉英《财产法的经济分析》，中国人民大学出版社，2000，第24页。

②　应然研究的逻辑困境在于，其通过理性和价值倡导所推演的制度体系，是一种群体意义上的结论。但个案复杂的当事人状况，决定了价值不能成为全体民事诉讼参与人的普遍共识。应然研究还可能因为研究技术本身的精确性和研究人员的能力等原因，出现应然分析的误差甚至于错误。

③　参见陈桂明、刘田玉《民事诉讼法学的发展维度——一个时段性分析》，《中国法学》2008年第1期。

具有普适意义的当事人群体行为样态；另一方面，基于当事人行为的实证研究视角，会因为实证法学要求基于经验学上的解释，[1] 而需要落实到行动中，考察诉讼各方在不同情形下行为的类别、平均的成本和流程的时耗等。而以当事人行为选择为重心的研究对象设定，能够贴近当事人的具体个案心态，并借助对当事人一系列行为选项的选择过程描述，获悉程序制度的具体运行状态。

其三，法经济学分析方法和当事人行为选择的结合，还能够再对上述四大问题进行整合性研究。重视诉讼程序主体，是进行诉讼研究的应有之意，而经济分析所关注的个体偏好，恰好契合了上述诉讼程序的主体要求，就像法经济学家所认为的，"法律制度像市场一样使人们面临其行为的成本，但也将是否愿意遭受这些成本的决定权留给个人"。[2] 因此，诉讼制度的设计尤其是改良，大可借助该分析的结果而激发人们更深入地关注当事人的主体性问题，并促进当事人对诉讼程序的实质性参与。通过进一步对当事人行为选择进行经济学模型解释，能够探查诉讼从程序本位再到程序自治的深层根源；能够通过创设当事人具体行为选择的决策预期模型，破除系统论在程序自治中缺乏自检验的"古典力学模式"窠臼，使得关于当事人的选择决策获得检验的稳定性模式。[3]

由此，本书论证的理路，就在于借助基本的诉讼法理对诉讼法进化过程进行梳理，找到成本效益、信息博弈及感性偏差等方面的法经济学与法理学之间的差异性解释，之后，通过经济学模型和大数据来解释或者阐述关于法律规范的效率性价值，并借此印证行为选择价值观的合理性。本书建立在实证和计量分析基础之上，通过对当事人行为选择现象

---

[1] 布莱克认为科学研究必须恪守三个基本原理：（1）科学只分析现象而不探究本质；（2）科学的观念应该是具体的、可以与经验相参照的；（3）价值判断不能仅依靠经验世界。实际上这个观点减轻了法学作为科学研究的责任。不过，在某种意义上也强调了本书基于实证精确化定量分析的重要性。同时，也摆脱了强调价值判断可能的对于法学论证任务的压力。参见季卫东《法律变化的定量分析和预测（代译序）》，载〔美〕布莱克《法律的运作行为》，唐越、苏力译，中国政法大学出版社，2004，第Ⅲ页。

[2] 〔美〕理查德·A. 波斯纳：《法律的经济分析》，蒋兆康译，中国大百科全书出版社，1997，第519页。

[3] 关于系统论的自检验模式，See Niklas Luhmann, *A Sociological Theory of Law*, London: Routledge & Kegan Paul, 1985, pp. 200 – 205。

的分析，探究外部的制度环境（包括诉讼法典与其他政策规范）和内部当事人因素（影响力、资源力、心智力）对诉讼决策形成的影响，并力求通过成熟的经济学模型推演来实现对诉讼行为的精确预测。实际上，这也是本书采用法经济学分析手段所力求达致的目的，即改变法作为非此即彼的价值选择的困境，充实传统诉讼法研究集中于应然性宏大结论而形成的学术空疏。

二　研究诉求

美国法学家 B. A. 艾克曼曾说过："只要不把经济学作为唯一的评价原则加以误用，而是理智地运用它，就不难抓住藏在法律问题背后的真正价值。"① 这道出了我国民事诉讼法研究中引入法律经济分析方法的原因。但我想首先声明的是，运用法律经济分析来解读民事诉讼法的问题，并非意味着反对传统法学研究在学术上的价值，否则会使得法律经济分析陷入"唯一评价原则"的误区之中。关于诉讼效率所凸显的程序设计价值、诉讼成本带来的制度可行性，以及诉讼效益所影响的当事人行为决策等问题，运用更具针对性的经济学分析手段会获得更为精确的理性解释。由此，对民事诉讼法进行经济分析，并非将民事诉讼法庸俗化抑或重新予以解构，而是借助经济学既有的成果，实现对传统方法论所面临的"心有余而力不逮"的诉讼法学难题的化解，这将是本书存在价值的一个基本立足点。具体而言，研究将法律经济分析方法引入对民事诉讼当事人行为选择的研究，主要有理论和实践两大层面的价值。

（一）实现诉讼公正与效率的价值协调

困扰民事诉讼法学发展的核心难题之一，是正义与效率的冲突，即为了获得更大程度的正义，而必须支付更多的程序成本（诉讼资源的投放和机会成本）。公正与效率二者在传统的诉讼法学分析框架内，较难找到适宜的平衡点。对此，传统研究需要将作为"理论的、思想的法律制度"② 的诉讼法，置换为可以实际运行的法律行为考察；需要将现代民事

---

① 程燎原、王人博：《权利及其救济》，山东人民出版社，1998，第252页。
② 〔德〕马克斯·韦伯：《经济与社会》（上卷），林荣远译，商务印书馆，1997，第346页。

诉讼制度设计转化为"注重效率的理论"① 产物，把公正、效率和社会效益的综合价值目标灌注在具体的民事程序制度之中。② 这具体表现为，民事诉讼法学将研究的重点集中在进入 21 世纪以来各国所展开的声势浩大的司法改革。虽然各国的司法改革或多或少取得了提升民事诉讼效率的可喜结果，但是改革本身并没有真正回答上述司法效率与公正的冲突问题，而只是在司法流程优化以及更好地接近司法方面获得了经验。甚至在相反的意义上，隐含地印证了效率可能会同更大化公正相冲突的命题。③

诉讼法律经济分析可以超越传统的研究方式，提供一种使效率与公平兼容度更高，而且也更具有可比性的判断机制。如果将正义视为量化的总和，将获得客观真实和准确的适用法律作为公平的度量，将节约为此支付的诉讼资源和时间成本作为效率的度量，那么最好的正义是两个度量同时增加，从而实现经济学上的帕累托最优。如果无法同时获得两个增量，则应至少保持一个度量不变，而另外一个度量增加；甚至是一个增加一个减损，而总量增加，以实现卡尔多－希克斯效率（Kaldor－Hicks efficiency）④。

从这一结论出发，经济学的研究视角似乎更有理由将公平和效率视为一个伪命题，而获得追求上述两个度量最适度调和的过程解释。⑤ 据此，有学者提出了法经济学的逻辑基础，即包含了法律追求正义、公平的单一平面目标外的效率与效益内涵的直接逻辑，以及从效率、效益目标回归升华到正义、公平目标的折返逻辑。⑥ 考特和尤伦更是直截了当地对法律上

---

① 季卫东：《〈法理学问题〉代译序》，载〔美〕理查德·A. 波斯纳《法理学问题》，苏力译，中国政法大学出版社，1994，第 4 页。

② 参见江伟、傅郁林《走向二十一世纪的中国民事诉讼法学》，《中国法学》1999 年第 6 期。

③ 实证研究证明了效率和平等追求之间存在冲突的情况。波斯纳《法律的经济分析》的译者蒋兆康先生就通过建设桥牌馆的例子，证明了如果收入不能被无成本分配时，效率与平等之间就可能产生冲突，无论冲突是源于追求效率的特定分配结果还是为了取得公平的收入分配。具体分析参见蒋兆康《中文版译者序言》，载〔美〕理查德·A. 波斯纳《法律的经济分析》，蒋兆康译，中国大百科全书出版社，1997，第 19 页。

④ Kaldor, Nicholas, "Welfare Propositions in Economics and Interpersonal Comparisons of Utility," *Economic Journal* 1939 (145), pp. 549 – 52. Hicks, J. R., The Foundations of Welfare Economics, *Economic Journal* 1939 (196), pp. 696 – 712. See R. A. Posner, Ethical and Political Basis of the Efficiency Norm in Common Law Adjudication, *Hofstra Law Review*, 1979 (8), p. 487.

⑤ 魏建等：《法经济学：基础与比较》，人民出版社，2004，第 3 页。

⑥ 曲振涛：《论法经济学的发展、逻辑基础及其基本理论》，《经济研究》2005 年第 9 期。

的救济制度的适用提出了以效率为标准的判断："如果大部分的诉讼是成本很高的再分配方式，那么为了经济效率的缘故，公共政策应该阻挠诉讼。"① 因此，法律经济分析将"有效率权利保护"（Der Anspruch auf effecktiven Rechtsschuz）的概念，作为司法保护请求权的具体内容——这不仅是一种适时裁判请求权，更包括了重视诉讼经济（Prozessökonomie）的制度转型——要使程序制度更合理地接近法院途径，并具有功能性组织与程序建构的裁判能力，以及判决执行能力等。简言之，就是如何以最节省的方法实现诉讼之目的。②

（二）实现对当事人行为的精确研究

针对诉讼当事人，法律经济分析所研究的司法救济体系供给，不仅是诉权有效落实的现实依托，而且是能够借此分析当事人诉诸公力救济机制的动力机制，确证国家主导的公力纠纷解决体系的实质效力，并为民事司法改革反馈具体的当事人行为效果。

进行行为规则设定的法学研究，还会引入对"当事人行为"本身的考察，即不仅从成本收益角度来看对于诉讼理性判断本身的直接影响，还系统分析成本收益之外直接影响当事人行为的感性事实，包括受其他行为人行为的影响（大众和对方当事人），以及受行为人过去选择（认知习惯）的影响，③ 如当事人会受到社会普遍形成的厌诉观念以及自身偏好调解习惯的影响，而改变坚持将诉讼到底的决定。因此，从外部的行为环境再到内部的行为习惯，均成为研究当事人具体诉讼进程的重要内容。此外，信息经济学的引入，还在更深层次上使得行为研究具有了一定程度的预测效用：借用经济学的博弈论工具，能够通过排演行动对策方案，预知双方各自行为的最佳选择情况，从而间接实现了当事人合理应对策略的选择。而运用行为经济学中的相关理论，比如愿景理论（Prospect Theory）对行为习惯进行分析，还能优化诉讼制度在当事人之间的施行，增加程序的认可度。以法院调

---

① Robert Cooter and Thomas Ulen, *Law & Economics*, Scott, Foreman and Company, 2000, p. 386.

② Vgl. Mettenheim, Der Grundsatz der Prozessökonomie im Zivilprozess, 1970, 13. 转引自姜世明《民事程序法之发展与宪法原则》，元照出版有限公司，2003，第30~31页。

③ 魏建：《当代西方方法经济学的分析范式研究》，西北大学理论经济学博士论文，2001，第152页。

解为例，法官在引导当事人进行调解时，对于需要支付赔偿的一方应强调调解带来减免诉讼费的确定收益，对于获得赔偿的一方则应该更强调通过判决可能产生的收益风险，以促进调解方案的落实。

（三）因应民事诉讼经济功能诉求

从晚近的司法理论和实践发展来看，包括诉讼在内的纠纷解决机制的竞争已势不可挡，比如，在国际贸易纠纷解决领域广泛存在的挑选法院现象。[①] 纠纷解决机制如此显著的发展，特别是 ADR 成为审判高效而廉价的"代替品"之后，民事诉讼本身在某种程度上已经蜕变成一种可充分竞争的商品。当事人程序选择权的勃兴在凸显诉讼所面临的挑战的同时，也为民事诉讼法学研究提出了新的课题。尤其是在纠纷的解决经由当事人合意而获得正当化，在当事人之间及其与处断者之间经过充分交涉而获得"好的解决"的情况下，纠纷解决机制甚至可能成为一项盈利的产业。随着跨国界争议的增加，法院因为管辖而带来巨大的经济收益。[②] 这甚至使得法院收费成了一国经济的重要组成部分。[③] 这种剧烈的法院角色转型，无疑极大地冲击了传统的诉讼功能构成——从单纯的纠纷解决功能拓展到能够兼顾司法服务自身的"盈利"功能。纠纷解决机制这种深刻的"经济"转型，昭示着法学研究需要借助经济学研究工具，以便更直接地从一个成本、竞争的崭新视角去观测司法发展的新动向，为现代司法发展提供全面分析。

一些重大商事案件也对诉讼功能提出了新的经济内涵要求。1998 年

---

① 挑选法院，又称择地法院、选购法院，英文表述为"forum shopping"，主要指在国际民事诉讼中，当事人犹如选购商品一样，可以在所有享有管辖权的法院中选择一个最有利自己的法院提起诉讼。参见赵相林、邢钢《论国际民事诉讼中的挑选法院》，《比较法研究》2002 年第 2 期。

② 一个证据就是 1995 年 3 月 1 日，在祝贺英国商事法院创设 100 周年的执行会上大法官说道："……在商事法院，超过一半的案子，所有当事人是外国人，并在四分之三的案子中，至少一方当事人来自海外，商事法院成功的主要结果之一是（英国法院成为）以看不见的收益形式进行外汇兑换的实质收益者……可以毫不夸张地说商事法院的收益可以以数以亿计的英镑衡量。"See B. J. Davenport, "Forum Shopping in the Market," *The law Quarterly Review*, Vol. 111, July, 1995, p. 369.

③ 英国经济在很大程度上依赖于为世界经济贸易活动如保险、银行和财政等提供基本的支持服务，而一流的争端解决机制也构成这种支持服务的重要部分。赵相林、邢钢：《论国际民事诉讼中的挑选法院》，《比较法研究》2002 年第 2 期。

美国司法部会同 20 个州总检察官对微软公司提起的被誉为"世纪大案"的反垄断案件，除了实体法意义上的反垄断标准争议之外，还涉及产业研发能力与诉讼角色扮演，诉讼和解策略与诉讼请求关联（如取消对于微软分拆为两个独立公司的要求）等复杂的内容。① 而如何准确辨析诉讼进程对于涉讼对象的影响，防止诉讼异化为影响产业发展的工具，需要在具体诉讼进行时仰仗更多的经济学知识。当事人诉讼目的的实现，具体诉讼抗衡中和解策略的设计，以及双方诉讼势态评估的博弈分析等，为法律经济分析在诉讼法中的运用提供了用武之地。

诉讼运作还会衍生出关联的律师代理产业。对于律师执业而言，其拓展盈利的激励机理在于：别让转动的石头停下，只要转动这块石头就能够赚钱（to leave no stone unturned, provided, of course, they can charge by stone）。② 由此，律师实务创设出一种令双方都可能获得最大利益的"胜诉酬金"代理费用支付制度，就具有了一定的制度合理性，甚至极大地促进了现代律师产业的发展。③ 法律经济分析通过对胜诉酬金这种激励在不同类型案件中的效用进行研究，有助于当事人辨析风险代理机制运用的具体时机，为当事人选择最为合理的诉讼代理方式提供指引。④

---

① Gilbert, Richard J. and Katz, Michael L., An Economist's Guide to U. S. v Microsoft (February 2001). UC Berkeley, Center for Competition Policy Working Paper No. CPC01 – 19. Available at SSRN: http: //ssrn. com/abstract = 502822, 2009 – 3 – 19.

② See J. H. Langbein, "The German Advantage in Civil Procedure," *The University of Chicago Law Review*, 1985. 52 (4), p. 833 et seq.

③ 最典型的莫过于 1999 年美国政府对烟草公司提起的有史以来索赔数目最大的 2800 亿美元反商业欺诈诉讼。该天价诉讼从提起到开庭审理就跨越了五年的时间，仅代表政府的诉讼律师团队费用就高达 1.35 亿美元；而此案的被告，占有美国 50% 烟草市场的菲利普·莫里斯公司（万宝路）及其母公司奥驰亚集团、雷诺烟草、布朗·威廉姆森烟草及其母公司英美烟草、洛里拉德烟草和利吉特烟草等知名烟草公司，更是为它们的代理律师支付了天价的酬金。《2800 亿！索赔美要整垮烟草商》，人民网，http: //www. people. com. cn/GB/paper447/13013/1169459. html。

④ 一般而言，风险代理在风险较大的案件中颇受当事人青睐，而在风险小的案件就不会；律师则同当事人相反。一项针对美国 12 个州和联邦法院的法院记录与对 371 名小时计费律师和 267 名胜诉酬金制律师的会谈发现：胜诉酬金下的律师对于从案件中获得潜在回报很敏感，而小时计费下的律师从案件中获得回报与败诉风险无关，只是对客户目标、法庭性质等问题有所考虑。参见〔美〕苏本等《民事诉讼法——原理、实务与运作环境》，傅郁林等译，中国政法大学出版社，2004，第 140 页。

三 本书结构

第一部分介绍本书写作动因并分析命题、基础研究方法以及法经济学研究的范式和进路，由导论和第一章组成。本书写作的动因在于 21 世纪各国民事诉讼制度改革形成了对传统民事诉讼法学研究范式及其进度的巨大挑战。如何准确衡量诉讼当事人“接近司法”的成本，并通过预设的制度变革避免域外经验移植中的“程序肥大化”（hypertrophy of procedure），特别以重视诉讼的“核算健全性”确保诉讼资源的收支能够通过纠纷解决系统内部实现平衡，均极大地冲击了既有民事诉讼的制度运作。与此同时，民事诉讼研究方法的变化，将具体研究方法从单纯地关注应然性价值诉求和规范描述的阐释法学，转向更具有现实针对性的实然应然并重的多元方法体系。从研究价值上看，对民事诉讼法进行法律经济分析，除了在公正与效率之间进行价值协调，还能呼应现代诉讼独有的经济产业功能，并通过关注微观行为把握当事人的诉讼参与，进而调控宏观诉讼资源的投放。命题部分界定了研究的中心和线索：研究中心强调对当事人行为的研究，核心在于法律规范下甚至法律规范外当事人实际运作行为；研究线索则交代了影响当事人行为选择的成本收益、信息和心理三元变量经济分析的框架。此外，研究指出了作为实证方法的法律经济分析，及其所蕴含的计量法学研究同传统法学研究并存的意义。

第二部分是对研究对象的描述，进行了当事人行为选择的本体论分析，由第二章组成。依照本体论的分析要求，从词条（terms）解析到关系联系（relation）和层级分类（taxonomy），再到具象概念（concretization）的实例添加（instance）的框架展开。首先，在词条意义上解读了民事诉讼行为的六大学说，申明能够引发行为效果的行为是研究的内核以及研究的行为主体为狭义当事人，研究之题眼是当事人诉讼行为如何运作。其次，指出在关系联系意义上的当事人行为应通过多重选项来满足程序自治要求下的当事人诉讼参与，总结出选择权利、选择项目和选择效果的三位一体具体构造；并对行为选择进行层级化的分类，梳理了单一和多元选择、单意和合意选择以及意向性和拘束性选择三个层级，以满足本体论关联性内部建构的要求。最后，本部分还添加了对于当事人行为选择的法制史考察，分析了从初民社会的当事人行为选择的雏形到罗马法的萌芽发展，再至普通法与衡平法时代的当事人行为选择的变迁反复，又经近代法的复兴完备的四大阶段，也间接勾勒出民事诉讼法以选择为关键词的历史流变线路。

第三部分为研究的主体，是法律经济分析的具体展开过程，由第三、四、五章组成。从写作进路来看，研究坚持经济分析工具多元化，实际上蕴含了这样一种尝试，即民事诉讼当事人在行为选择过程中的决策，类似于经济学研究方法的三个发展阶段，也是经历了从纯粹的成本收益考量，再到面临信息不对称状态的博弈，以及上述两个过程中受到行为心理效应影响的行为经济学分析。借助这种全新的视角，通过经济人、理性人和真实人三个立场的切换，令研究法律经济分析工具的多元化展开获得了更具组织性的进路。而具体各章的结构安排，均是从诉讼制度与分析工具的联系、分析工具在诉讼法中的模型建构，以及分析工具在具体当事人行为选择中的运用三方面展开。

第三章以经济人为立场，分析当事人进行诉讼行为选择的基础是获得选择的正效用，即收益大于成本，这也是进行诉讼的隐含目的。规范的霍布斯定理，揭示了建构公力救济方式的诉讼经济学目的。通过诉讼符号学的分析，研究将具有通约意义的诉讼利益符号植入当事人行为选择决策，契合了成本收益分析模型进行同一单位度量的要求，以利于当事人准确比较法律市场中的各种纠纷解决机制。适用由此研究塑造的进行诉讼成本收益分析的基本模型，将能够推演出当事人选择决策的效用最大化。经过波斯纳双边垄断和解模型的再演绎，可知：和解的关键在于当事人选择和解存在合作剩余，即被告通过判决而产生的预期成本大于或等于原告可能通过判决获得的预期收益。而在更为复杂的普通共同诉讼和解中，还存在区别不同共同诉讼人的分离策略以及不区别共同诉讼人的混同策略。被告选择不同和解策略的情形是：（1）如果胜诉率预期高的原告占共同原告的多数，则被告采取混同策略可能性越大；反之，当胜诉率预期低的原告占共同当事人的多数，则被告倾向于采取分离策略。（2）诉讼标的越大，被告越可能进行分离策略。（3）各方进行诉讼的成本越高，被告越可能进行分离策略。在必要共同诉讼中，被告是否选择和解的情形是：（1）如果胜诉率高的原告占共同当事人的多数，则被告拒绝和解而寻求判决可能性越大；反之，当胜诉率低的原告占共同当事人的多数，则被告更可能采用和解策略。（2）诉讼标的越大，被告越可能选择进行诉讼。（3）各方进行诉讼的成本越高，则合作剩余的空间就越大，被告越可能选择和解策略。

第四章则从理性当事人行为选择的信息前提出发，分析基于诉讼知悉权而展开的三元诉讼知情体系：对抗式审判模式、运用法官职权进行"纠问"的官僚调查审判模式和双方合意共同获悉信息的协商模式。为了化解诉讼信息不对称状态，对抗模式采用双方竞逐举证，职权模式采用法官介入和分配举证，协商模式通过合意允许一方探知对方信息。借助博弈分析工具，可以考察当事人在知情体系下信息行为的偏好组合，在诉讼行为选择函数存在的情况下，通过博弈均衡求解当事人最优决策。证据行为选择的博弈，包含证据开示博弈以及证明责任分配博弈。证据开示一方最佳的行动选择是，在举证预算约束下，一方的举证应停留在能够对抗对方所实现的举证程度上，而非尽全力举证。对此，诉讼程序应引入当事人申请法官调查取证来校正。而此种制度下的当事人与法院之间的证明策略博弈是：原告在负有证明责任时，进行开示的申请；法院在原告进行自行举证时就不予进行调查取证的开示，而在原告无法进行自行举证的时候就进行调查取证以查明案情，但这会使得开示申请被滥用。博弈均衡结果表明：应建立强制开示申请的时限制度，要求双方在证据开示前提出申请，再将法院对强制开示申请的许可放在强制开示程序之后，以促使诉讼双方尽可能运用强硬策略，竭力发现证据信息。证明责任分配的博弈，就是考察诉讼证明的成本应当如何在当事人之间进行分配的问题。运用柯布－道格拉斯函数，当原告属于举证成本优势方的时候，原告应自行承担全部的证明责任，并被分配对部分被告证明责任进行举证；当原告处于相对举证成本优势方的时候，分配举证不应出现；被告的情况亦是如此。而反用这一公式，还能为法官判定举证责任倒置是否有效率，提供量化的依据。

第五章意在引入行为经济学分析，提示读者注重理性经济分析的"无用之因"，回归到"真实人"的考察视角。首先，研究检讨了仅以理性假设作为研究起点存在的问题，指出民事诉讼行为选择会因为当事人个人偏好、偏见和直观推断等心理原因，造成诉讼行为选择的理性不足。当事人个体偏好导致了在行为经济学意义上的行为选择类型化,影响因素包括做出选择决策的时点、小文字法的规则以及经验法则等。当事人的偏见,会带来选择进行中的惯习依赖、假象认知和情感认知。直观推断属于认识论上的简化决策,会借助既有的认识印象而形成心理学上的小数定律,造成选择决策的过度推断。其次,研究分析了诉讼选择所依托的愿景理论,并通过小型的诉讼行为选择问卷调查,验证了在诉讼行为选择中存在利得时风险厌恶而存在损失时风险偏好的愿景理论。最后,文章以恶意诉讼为样本,分析了基于常识/惯习、冲动诉讼和必要诉讼行为而建构的识别恶意的三原则,即常识标准、强度标准和关联标准。运用愿景理论,还可以得出产生收益的诉讼行为选择恶意概率较高,而引起负担的诉讼行为选择恶意概率较低的粗略结论。

第四部分是对当事人行为选择进行经济分析的总结,旨在借助上述分析所展现的当事人行为选择以及法律经济分析的效用,提示在中国司法改革中重视当事人行为选择设计以及适用法律经济分析方法的意义。司法改革植入当事人行为选择,能够形成对法官自由裁量权的微妙控制,并借助卢曼的"条件优势范式",活化诉讼程序。行为选择还能够促成当事人"第二次机会"的架构,为行为选择提供备位性的程序保障。在具体的制度建构中,我国司法改革应借鉴德国的辩论程序重启、美国的重新审理动议等机制。而进行司法改革的经济分析,能够在司法改革层面引入当事人行为和改革交易成本视角,解决程序配置司法运作资源的低效率问题,促进局部实质正义走向系统程序正义,并最终助益中国民事司法的良性运作和发展。

此外,还需要再次强调的是,即使本书采取了法经济学分析这一计量和模型化研究方式,并不意味着对传统诉讼法学研究的"悖反"。有观点认为,社会科学的研究应仿效自然科学严格划分价值与事实的做法,通过观察实验和严格计量等方法来提炼可检测的命题,并挖掘个中的科学规律,以期找到社会现象与事件之因果关系,从而借助所发现的规律来预测未来。[①] 然而,对社会科学实证经验研究而言,社会科学解释的逻辑所展

---

① 黄维幸:《法律与社会理论的批判》,时报文化出版公司,1991,第211页。

示的几大难题,[①] 仍旧是今天任何社会科学实证经验研究的梦魇。正因此，根植于实证经验主义的法经济学分析方法，亦只能成为与传统社会学的价值导向研究并列的一种方法，而非唯一的"霸权"研究范式。

---

① 包括社会科学不容易控制实验方法且控制方法本身就是研究对象；对象本身的历史空间和文化条件有相对性；调查对象可能因为调查而被输入新知识并改变行动等。See Ernest Nagel, *The Structure of Science*: *Problems in the Logic of Scientific Explanation*, New York: Harcourt, Brace & World, 1979, pp. 33 – 37. 转引自黄维幸《法律与社会理论的批判》，时报文化出版公司，1991，第 213 ~ 215 页。

第一章　作为选择理论范式的法经济学

> 法律素材融进经济学的结果是：既迫使经济学家们分析现实的多
> 种选择，又使他们认识到可供选择的制度方案的丰富性。
>
> ——科斯

一　法经济学简史

（一）法经济学的原始阶段

如果纯粹地将法经济学视为涉及法学和经济学两个不同学科的知识交叉，那么法经济学可以从关涉法律与经济的世界文明史中追溯其理论的渊源。古希腊柏拉图《理想国》中的《法律篇》，其中贯穿于全书的"第二等好"的城邦设计，包括地理环境、疆域大小、人口规模与来源、国家经济生活、阶级结构、政治制度、法律等细则，涉及了经济地理、人口经济等内容。亚里士多德的《政治学》，就有适用经济观念来分析法律的思想，譬如亚里士多德关于良法受到普遍遵守的论证，良法的三个标准中符合中产阶级的利益和考虑国家的具体情况，如国土、居民等，均是依据经济指标评价得出的。古罗马的贾斯蒂尼安在《民法集成》中也有运用经济分析法律问题的内容。即使在神学观笼罩下的中世纪经验哲学中亦存在如此的范例，如莫利纳就运用价值、效用、价格等经济学概念，来讨论抑制奢侈行为、管制垄断企业等同法律规则相关的公共政策问题。[①] 然而，由于中世纪时期的法经济学尚未作为一个学科被系统阐述，只是夹杂于具体法学问题的分析之中，散见在个别内容的论证之上，因此并不具有独立

---

① 钱弘道：《经济分析法学》，法律出版社，2005，第 60~61 页。

学科的意义。

（二）法经济学的雏形阶段

在经济学历史上，一般认为亚当·斯密开创了运用经济学分析法律的先河。其在《关于法律、警察、岁入及军备的演讲》系列文章中，提出了经济对于一国政府更替、法律制度演变过程所起的决定性作用。① 在《国富论》一文中，斯密更进一步地阐明了法律和政府的发展过程，并对人的自然权利以及法律规则的最大化方式进行了具体分析，指明了法律制度规则如何规范人的行为，尤其论及了司法判决实质上是一种利润最大化的经济行为，使得谋求个人利益影响到司法的效率及公正的论断。此外，斯密所分析的诉讼费用问题等，也开创性地为现代程序法经济学分析指引了路线。

可以说，这一时期的法经济学获得了两大思想渊源。萌发于孟德斯鸠的自然法学派，给予了法经济学理性的行为心理基础；及至文艺复兴到工业革命带来的欧洲思想大解放，包括孟德斯鸠关于贸易带来的共性正义观、贝卡利亚通过成本收益方法分析法律行为、费尔巴哈与边沁的功利主义法学派等，② 均奠定了现代法经济学的基础，并成为后来进行理性选择和社会福利分析的基本范式。典型如边沁在《道德与立法原理导论》中，就将惩罚视为"一项开支"或"投资"，其代表着潜在违法者所受的痛苦程度的"价值"必须大得足以抵消其违法行为的"收益"。

无独有偶，这种法经济学的萌芽同样孕育在早期经济学家的思想中。皮尔森就曾断言"法律本来就是政治经济学一个很自然的关注对象"，③

---

① 亚当·斯密对于历史上从初民社会的狩猎阶段到游牧阶段，从古希腊到古罗马的政治变迁，再到建立君主军政府、自主地政府，然后进入封建社会进行了一系列的分析，比较好地阐释了隐藏在政治、法律背后的经济逻辑。参见魏建等《法经济学：基础与比较》，人民出版社，2004，第141页。

② 以边沁为代表的功利主义法学，认为人的天性是避苦求乐，功利原则就是一切行为都服从这两种动力的原则。谋求功利是人们行为的动机，也是区别是非、善恶的标准；是自然人和政府活动遵循的原则，也是道德和立法的原则。最好的立法是达到"最大多数人的最大幸福"，最好的立法就在于促进社会幸福。法律的目标就在于实现上述目标，而法经济学作为优化配置利益的方法论，二者就有了一致的价值取向。关于边沁功利主义的分析，参见徐爱国《分析法学》，法律出版社，2005，第18～22页。

③ Heath Pearson, *Origins of Law and Economics: The Economist's New Science of Law, 1830 - 1930*, Cambridge University Press, 1997, p. 6.

而威廉·配第针对刑罚规则的价值，从增加社会福利的角度探讨能否通过适用罚款方式取代身体刑罚的方式，亦提出了经济刑罚价值观念。[①] 大卫·李嘉图就《谷物法》的施行，从收入分配的角度解析了谷物进出口管制存在的问题。[②] 此外，作为政治经济学巨擘的马克思，其研究的法律制度背后的经济根源，已经被国内外学者公认为一种"经济学的分析"。[③] 早在《1844年经济学哲学手稿》中，马克思就已对法律进行了经济学意义上的研究，其异化劳动的理论，探及了市民社会经济与法律间的内在联系，随后的生产普遍规律支配法的思想，形成了经济异化决定法异化的马克思主义法哲学基石——市民社会决定法，[④] 并为最终历史唯物主义的创立提供了思想雏形。[⑤]

尽管笔者将该时期界定为法经济学的萌芽阶段，但在学者的"广义法经济学"——对社会中法律现象和经济现象之间的关系进行研究的广义界定中，[⑥] 该时期的法律和经济学关系的研究已经"吻合"。因此，从这个意义上看，此阶段也是法经济学的开创阶段，即被以后经济学史称为法经济学第一次浪潮。该浪潮的发动者源自德国历史学派，而作为其在美国的变种或者继承者的制度学派才真正地开始运用经济学工具，来研究包括法律在内的制度或社会问题，并因此融入了20世纪初的所谓进步主义时代（Progressive Era）。随着作为法律经济分析之理论前提的效用序数论和边际主义的兴起，美国经济学界对法律制度进行了较为系统的经济分

---

① 参见〔英〕威廉·配第《配第经济著作选集》，陈冬野等译，商务印书馆，1981，第66页。

② 关于大卫·李嘉图对英国《谷物法》的具体分析，参见黄少安、郭艳《收入分配成本变动原理与国家农产品贸易制度的演变——对英国谷物法变革（1815~1846年）的重新解释及其对现实的启示》，《中国社会科学》2006年第3期。

③ 如国内的种明钊的法学与政治经济学结合说，张乃根的经济学研究的法理学定性；国外的庞德的经济分析本质描述。参见种明钊《马克思主义法学的理论基础与法经济学的建立》，《法学季刊》1983年第2期；张乃根《经济分析法学——评价及其比较》，上海三联书店，1995，第4页；〔美〕罗斯科·庞德《法律史解释》，邓正来译，中国法制出版社，2002，第136页。

④ 关于市民社会决定法的命题，参见公丕祥《马克思法哲学革命》，浙江人民出版社，1987，第117页。

⑤ 在逻辑上，市民社会决定法，为经济基础决定上层建筑的历史唯物主义内核提供了基于法律与经济关系个案的论证。

⑥ 魏建：《理性选择理论与法经济学的发展》，《中国社会科学》2002年第1期。

析，代表性人物及研究包括亨得·卡特尔·埃德蒙斯关于政府对经济规模的干预程度和规则政策研究，托马斯·尼克松·卡弗关于累进税与社会福利的研究，以及托尔斯坦·本德·凡勃伦对工商企业的新古典主义分析等。① 其中，提供了当代经济学和法学新的理论生长点的制度经济学的代表性人物康芒斯，在被誉为"法经济学制度学派的经典"的《资本主义的法律基础》和《制度经济学》著作中，提出关于"经济生活是受根源于习俗和法律以及通过产权概念联结的法律和经济一系列相互交叉的制度所支配"② 的观点，成为后续规范时代真正开启者们的思想起点。

概览此阶段，法律与经济的关系已经不仅是一种学说讨论的局部论证的对象，而上升为具有独立讨论价值的研究对象。并且，由于法学自身的研究就涉及财产关系等经济学领域的问题，③ 关于法律与经济关系的分析已经不再局限于对于"他命题"的论证，而是获得了"自命题"的意义，成为考察政治制度设计优劣、评价公共政策施行、提供制度改进方向的方法论界标。

（三）法经济学的规范阶段

法经济学的规范阶段，实际上就是现代法经济学的发展阶段。该时代的代表性人物是被美国法经济学会授予"四位奠基人"荣誉称号的科斯、卡拉布雷西、梅因、波斯纳，其中以科斯的开创性贡献最大。此规范阶段基本是以科斯发表的宏文《社会成本问题》为肇始，④ 并确定了规范时代法经济学的基本研究范式，即斯蒂格勒所表述的"在完全竞争条件下，

---

① 关于法经济学运动第一次浪潮的具体内容，参见李省龙《法经济学分析范式研究》，中国社会科学出版社，2007，第 217~221 页。

② 参见 Richard Adelstein, *Commons*，载〔美〕皮特·纽曼主编《新帕尔格雷夫法经济学大辞典》（第一卷），许明月等译，法律出版社，2005，第 365 页。

③ 曲振涛：《论法经济学的发展、逻辑基础及其基本理论》，《经济研究》2005 年第 9 期。

④ 科斯定理可以用一个经典的实例来说明：一个农场与一个牧场相邻，存在牧场的牛偷吃农场庄稼的事实。为此，农场主和牧场主要对因此而造成的损失进行谈判。在科斯看来，如果存在"零交易成本"（zero transaction cost），无论如何设定权利，都不会影响效益最大，因为牧场主和农场主都会考虑牛吃庄稼给各自带来的收益与损失并通过协商取得各自利益最大化。参见〔美〕科斯《社会成本问题》，苏力译，载〔美〕唐纳德·A.威特曼编《法律经济学文献精选》，苏力等译，法律出版社，2006，第 3~17 页。

私人成本和社会成本是相等的"。由此延伸涵盖了两大命题，即不论权利初始安排为何，只要交易成本为零则资源配置均为有效率的"有效性命题"，以及逆向的交易成本为零时资源配置最终结果与权利不同的初始安排无关的"无效性命题"。① 其中，是否包括无效性命题，成为区分强弱科斯定理的标准。由于在存在交易成本的现实社会中，不同的制度安排将会带来不同的经济绩效，由此，最优的产权安排就是将权利赋予最能有效利用它的主体的制度安排。交易费用概念的引入和科斯定理的提出，带来了法经济学运用的"第二次浪潮"，使得在新制度经济学启迪下的"用一种权利描写的概要，以及可设想的立法效用，成为经济学和法学之间的边界上的一个全新学科——即'法经济学'——的开始"。②

需要注意的是，芝加哥法经济学派主张的旧法经济学阶段在事实上仅存于法经济学的初期阶段。在 20 世纪 20 年代后期，院长威尔伯·卡茨领导的法学与经济学教授"联姻"的芝加哥大学法学院，开始引入亨利·西蒙斯这样的经济学家来从事公共政策的经济分析。在被誉为法经济学思想教父的新古典价格理论大师弗兰肯·奈特的学说影响下，阿伦·迪雷克特在 20 世纪 40 年代领导的法学院大学研究中心，使得标志现代法经济学启蒙的"有效竞争体制所要求的恰当的法律、制度框架的研究"（科斯语）进展到最有持久影响力的反垄断领域，形成了以提高效率为主要目标的传统芝加哥学派，并为后来的新芝加哥法经济学派"法学与经济学的结合打下了良好的基础"。③

20 世纪 60 年代以后在美国形成了以芝加哥大学和耶鲁大学为代表的当代法经济学，其中最为学术界所熟知的，是以理查德·A. 波斯纳为代表的新芝加哥法经济学派。④ 该学派最显著的特点，就是将微观经济学的价格理论直接应用于法律研究，并推崇在效率特征基础上，个人是理性效

---

① 参见魏建《法经济学：分析基础与分析范式》，人民出版社，2007，第 17 页。

② 王宏昌编译《诺贝尔经济学奖金获得者讲演集》，中国社会科学出版社，1994，第 170 页。

③ 参见〔美〕麦考罗、斯蒂文《经济学与法律——从波斯纳到后现代主义》，吴晓露等译，法律出版社，2005，第 65~66 页以下。

④ 这个时代就是芝加哥大学法学院新法经济学时代，区别于 20 世纪 20 年代的旧法经济学时代。

用最大化者，以使法律行为的边际收益大于或者等于边际成本。此时，法律规则扮演了一种"价格"标准供行为人理性取舍，即波斯纳指出的从经济或者财富最大化角度出发，法律的基本功能在于改变参与非法活动的激励。[①] 基于效率作为法律决策的实质目标，波斯纳开创性地将上述的分析工具广泛地运用在宪法、财产法、合同法、侵权法、反垄断法、程序法等领域，使得法经济学作为一门学科的体系得以完全展示在世人眼中。需要指出的是，考特和尤伦二人也是这一时期可以比肩波斯纳的、对学科进行系统化研究的著名学者。此外，耶鲁大学学派的代表，同时也是法经济学第二次浪潮中的代表人物卡拉布雷西，依据其在《风险分布和侵权法的某些思考》一文[②]对于侵权法的分析，提出了侵权法应当被看成一个诱使恰当的警戒行为的体系，财产损失的代价等同于执行这一体系之代价的观点。在 1970 年出版的《事故的成本——一个法与经济学分析》一书中，卡拉布雷西对责任规则的目标和作用进行了经济分析，并为进一步研究侵权法的经济分析奠定了基础，由此确定了法与经济学的耶鲁学派。[③]

规范法经济学（即现代法经济学）的研究，主要是通过运用当代西方经济学的成果（主要是微观经济学的成果），来研究法律体系下行为人的反应及其对社会资源配置的影响。这些研究又可以分为实证和规范两部分：前者是用经济学研究实际法律规则的效果；后者是用经济学决定最大化或最有效率的法律规则。[④] 经济分析最大的一个方法论立足点，就在于承认对法律的理解不能仅局限于法律本身，而应该看到法律不过是社会生活的秩序化，它要反映出社会经济关系等赋予的规定性。法律本身并不是一个自为的主体，形象地说，法律只是社会的一个面纱，重要的是揭示出

---

① See Richard A. Posner, *Analysis of Law*, London：Little Brown and Company, 1985, p. 75.

② Guido Calabresi, "Some Thoughts on Risk – Distribution and the Law of Tort," *Yale Law Journal*, 1961（70）, pp. 499 – 533.

③ 该学派也被称为法经济学纽黑文学派，其研究方法建立在公共政策分析和社会选择理论基础上。但是麦考罗、曼德姆还是将纽黑文学派视为芝加哥法经济学的一个分支。参见〔美〕麦考罗、曼德姆《经济学与法律——从波斯纳到后现代主义》，吴晓露等译，法律出版社，2005，第 104 页以下。

④ Hovenkamp, Herbert J., Marginal Utility and the Coase Theorem, *Cornell Law Review*, 1990（75）, pp. 783 – 810.

面纱后面的东西。① 因此，这是对法律进行经济学分析的学术分类，它应当属于与自然法法哲学等规范研究相对立的实证主义法哲学的范畴。②

（四）　法经济学的后现代阶段

进入 20 世纪 90 年代之后，法经济分析进入了一个先完善补充、后再度多元勃兴的发展阶段。20 世纪 90 年代，主要的研究集中于对 20 世纪 70、80 年代权威著作的完善与修订，但也涌现出以叙利丘斯和保罗·麦乐怡为代表的被称为"后波斯纳的法经济学"（Post – Posnian Law and Economics）的非主流法经济学。③ 麦乐怡提出了不同于波斯纳分析的范式，即认为不应仅将法学和经济学相结合，更应将其上升到个人对于经济意识形态的认知的哲学层面上来分析。换言之，法律经济分析应将法律作为一种关于政治权力和稀缺性经济资源，包容了一切不同意识形态及其相互作用的开放性创造过程。④ 相较之下，波斯纳的主流经济分析方法，则仅局限于微观经济学的价格理论之研究方式，使得法律经济分析错过了对各分支学派进行比较研究的机会，因而只能是"两面镜子的神话"。实际上，这也代表了当时对于法经济学批判的一部分声音。⑤

主流法经济分析学派，面临了来自以哈耶克为代表的、对其"效率"至上的不完备性的质疑，即法经济分析被认为将现实生活中处于有利地位和不利地位的人解释为合理的、自我选择的结果，而如此分析只是依赖于一种意识形态观念而已，必然与现实主义法学所批判的古典理论之矛盾内涵相类似。⑥ 实际上，此问题的症结也就是埃里克森所批评的"法律中心主义"。埃里克森通过农场纠纷解决的规范分析，论证了非正式规则在秩

---

① 魏建：《当代西方法经济学的分析范式研究》，西北大学理论经济学博士论文，2001，第120 页。

② 郑永流：《法哲学是什么》，载郑永流主编《法哲学与法社会学论丛》（第一期），中国政法大学出版社，1998，第 1～52 页。

③ 李省龙：《法经济学分析范式研究》，中国社会科学出版社，2007，第 226 页。

④ 具体分析参见〔美〕保罗·麦乐怡《法与经济学》，孙潮译，浙江人民出版社，1999，第 42～48 页。

⑤ 另外的批评来自"批判法律研究"运动的倡导者们，基于"法律的模糊化"和"法律政治化"两大准则，完全反对法经济学派的主旨，包括邓肯·肯尼迪、罗伯托·昂格尔、马克·凯尔曼等著名法学家。参见〔美〕理查德·A. 波斯纳《法理学》，邓正来译，中国政法大学出版社，2004，第 589、593～594 页。

⑥ 参见范季海《批判法学》，法律出版社，2008，第 89 页。

序治理中的重要性，并且认为人们做出选择并不是基于成本收益计算而是基于社会规范来达成效率结果，因此将法律视为解决外部性冲突的唯一方法的观点，自然是有缺陷的。① 德沃金从两个方面对主流法经济学派进行了强力的抨击。其一，经济分析以最大化的社会福利为目标，但最终行为人并不可能将个人取向置换为社会目标。② 其二，依托对法律方法论的阐释，对法律经济分析提出了更为严厉的批评：由于在不同的法领域和具体案件中，法律经济分析通过对权利的归属分配设计寻求随机个案中的财富最大化，从而使得法官可以不受任何既有法规的限制，导致了特殊的法外司法。③ 另外，经济学本身所面临的方法论问题，如被认为不符合现实情况的理性人和效用最大化假设，同样也会对法经济学的分析造成一定的影响。由此，基于对这些批判的深刻反思，并且随着现代经济分析工具的不断进化，法经济学也获得了新生，并且通过汲取法社会学、分析法学、行为法学和法人类学的理论精华，法经济学的自我理论涵盖力和解释力也得到了跨越性提升。此外，有效的实证性研究，特别是对法律规则在不同环境中经济效应的比较研究，也进一步纾解了法经济研究过度理论演绎和结论"假说"化之诟病的无力感。④

20 世纪 90 年代后期的法经济分析发展，主要呈现出在方法论上法社会学化的发展趋势，以及分析范式上以博弈论及反理性选择行为经济学为特征的两大发展。其中，法社会学化的发展主要是以小波斯纳为代表的社会规范分析，在其代表作《法律与社会规范》⑤ 一书中就基于经验证据指出了正式法律可能并非有效经济安排之必要条件的观点。这就在实证研究的层面上，有力反击了前述抨击法经济学运用的"法律中心主义"论调，也为法经济学的实际运用价值提供了直接的证据。而在微观层面，现代博

---

① 参见〔美〕罗伯特·C. 埃里克森《无需法律的秩序——邻人如何解决纠纷》，苏力译，中国政法大学出版社，2003。
② Ronald Dworkin, "Is Wealth a Value?" *Journal of Legal Studies*, 1980 (9).
③ 林立：《论经济学理念在法律推理中之局限性——以波斯纳的经济分析方法为例》，《浙江社会科学》2004 年第 5 期。
④ 魏建：《法经济学：分析基础与分析范式》，人民出版社，2007，第 9 页。
⑤ 我国已有相应的中文译本，具体见〔美〕埃里克·A. 波斯纳《法律与社会规范》，沈明译，中国政法大学出版社，2004。

弈论的发展为法经济分析中关于法律行为人之非理性行为的理论短板，找到了源于信息不对称或行为经济学的心理基础。申言之，非合作博弈理论（noncooperative game theory）认为，并非完全理性的参与人可以经过学习模型，而获得经过时间推移以寻求最优化过程的均衡。这种长期结果的形成，将更加符合现实行为人的行为方式。[1]

需要指出的是，经济学家纳什、泽尔腾和海萨尼做出的伟大贡献，[2] 亦使得大群体模型和扩展式博弈得到了进一步的深化，从而为法经济学指导面向普适群体的立法获得了最强大的科学工具。尤其在近些年，美国学者在心理学和哲学基础上所进行的崭新而又认真的探索，更好地衔接法制调整过程中经济目标实现的复杂性。[3] 由此，也使得经济学尤其是法经济学从纯粹的社会科学，走向了与自然科学紧密结合之划时代科学的十字路口。

二 法经济学范式

从学科研究本身出发，必须先确定拉卡托斯"硬核"[4]，才能在规范学科的意义上，进一步明晰学科的独立价值以及研究对象的分析路径。所谓法经济学的拉卡托斯"硬核"，就是指研究法律制度的经济分析范式或工具。依据在运用的具体阶段不同，法经济学范式可以分为三个部分。[5]

（一）谈判分析范式

谈判理论是依据自愿合作原理，运用价格理论将一项资源从估价低的主体手中转移到估价高的主体手中，从而提高资源的使用效率、优化资源的配置，进而提高合作双方的福利水平。这种谈判范式完全是在双方自愿

---

① 〔美〕朱·弗登博格、戴维·K.莱文：《博弈学习理论》，肖争艳、侯成琪译，中国人民大学出版社，2004，第2页。

② 张维迎：《博弈论与信息经济学》，上海三联书店、上海人民出版社，2004，第3页。

③ David A. Hoffman, Michael P. O'Shea, "Can Law and Economics Be Both Practical and Principled," *Alabama Law Review*, 2002 (53), pp. 338 – 339.

④ 拉卡托斯将一个科学研究纲领区分为"硬核"和"保护带"两个组成部分，前者是区别不同研究纲领的基础；后者是用来说明和解释硬核的辅助假设，其不断被调整、替换，以此来保卫并硬化内核。参见〔英〕拉卡托斯《科学研究纲领方法论》，兰征译，上海译文出版社，1999，第67～69页。

⑤ 对于经济范式的集大成研究，国内主要是山东大学的魏建教授。本书也依据其主要的观点来界定三个不同的研究范式。参见魏建、周林彬主编《法经济学》，中国人民大学出版社，2008，第85～88页。

达成一致的基础上，对交易对象、价格、数量、方式以及风险分配等进行协商。首先，通过对各方资源禀赋状况予以明晰，以确定竞争出价；其次，通过预测合作剩余，找出交易双方的评价差异，预测双方福利水平提高的可能程度；最后，在预测的基础上，明确各方获得的份额、分配合作中的风险，履行协议获得剩余。① 事实上，这在法理意义上契合了康德的法权原则——一种主观行动自由的权利：应当构造一种以主观权利形式出现的法律代码，可以使法律主体不受交往自由之要求的约束。② 由于存在对上述各个要素预测的内部障碍，以及外部性、垄断等外部障碍，可能导致合作失败，因此，建立法律制度以使私人协议失败造成的损害最小，就成为立法的基本原则——"规范的霍布斯定理"。在涉及权利的界定、流转和保护的财产法、契约法、侵权法，以及程序法等部门法的分析中，谈判理论发挥了基础理论的作用，因此也就成为法经济学在兴盛之初的主流分析范式。

（二）博弈分析范式

法律的博弈分析之所以成为主流分析范式之一，主要在于博弈分析的行为假设与法律行为具有更高的一致性。由于法律的施行应当关注制度设计下行为人之间的行为活动，然而，基于价格理论的谈判范式无法有效地观测对方在谈判过程中的反应而只能依据价格信号进行预测，并且在谈判过程中出现的信息不对称也导致只经过一元性的价格信息谈判难以达成合作，因此，价格制度之外的非价格制度体系必须在谈判中被有效考量。由于非价格制度的最显著特征是参与人之间行为的相互作用，博弈论作为分析对方反应的"对策行为论"，能够在考虑自身约束条件的同时也考察对方行为的约束函数（即使是假设性的），从而在个人理性最大化的目标下来评估对方应当进行的最优化反应，并据此选择自我行为价值最大化的行为。典型的法律博弈案例，就是囚徒困境理论。尤其在方法论层面上，博弈分析本质是一种源于数学的对策论，从而使其能摆脱社会学科的规范和价值标准来评价另一学科的弊端。另外，博弈论所关注的信息不完全和对策行为是法经济学的基础——交易成本的最主要来源，在分析中将这两种

---

① 参见魏建《法经济学分析范式的演变及其方向瞻望》，《学术月刊》2006 年第 7 期。

② 〔德〕哈贝马斯：《在事实与规范之间——关于法律和民主治国的商谈理论》，童世骏译，生活·读书·新知三联书店，2003，第 120 页。

交易成本的生成源泉结合在一起，并且运用数学工具对它们进行更加严密和具有可操作性的分析，从而使不同法律规则的交易成本分析更加明确，由此获得的立法建议亦更具可操作性。博弈论还解决了传统经济分析缺乏整体分析的问题，通过参与人的最大化行为是所有参与人最大化行为的函数的安排，使得个人的函数中包含了整体的影响，极大缓解了对法经济学仅强调效率价值的批评。[①]

（三）行为经济学

作为法律经济分析行为方法体系的行为经济学，主要是依据行为知识对法律提出具体的模型和方法，而行为知识主要经由实证研究来获得行为人的具体行为数据，并据此形成对于未来行为选择的判断。在这个意义上，行为经济学能够为法律经济分析带来关于假设重大的突破，即认为其不仅是对人类行为的假定而获得结果，而且是一种"可检验的预测"，其具有更高相关系数"R^2"的更强解释力。[②] 行为经济学所包含的内容有两个方面，一方面解释造成限制行为人进行理性选择的环境和因素，以此构建良好的法律外部环境；另一方面"应用行为科学的结论，判断法律规则约束下行为人的反应说明法律规则的效果，进而为法律规则的选择提供依据"。[③] 在本质上，行为经济学就是通过引入更加现实的人类行为概念，通过比传统经济学的最优化前提更为复杂的心理实证来分析理论，进而在方法论上避免了经济学以个人主义为出发点的"反家长主义"偏见，提出了更加符合公平感知以及法律体系间行为人互动特点的解释。

三 诉讼选择的法经济学进路

（一）以当事人行为为中心的命题阐释

在日渐去个人化的现代程序立法中，法律追求普适性特点往往会同现实的诉讼行为样态产生龃龉——针对个案当事人的诉讼行为的法律，并不

---

① 参见魏建《法经济学分析范式的演变及其方向瞻望》，《学术月刊》2006 年第 7 期。

② 参见克里斯丁·杰罗斯·凯斯·R. 桑斯坦、理查德·H. 塞勒《行为法律经济学的进路》，载〔美〕桑斯坦《行为法律经济学》，涂永前等译，北京大学出版社，2006，第 15～19 页。

③ 魏建：《当代西方法经济学的分析范式研究》，西北大学理论经济学博士论文，2001。

一定能够充分实现其立法目的，当事人（甚至是群体意义的当事人）源于强大习俗惯性而形成的个人价值，可能会悖于具体适法所需要的秩序状态，造成实然法与纸面法的冲突。尤其值得一提的是，在诉讼目的意义上，还涵盖了"私法秩序维持说"，但这种秩序被解读为针对的是社会整体而非个人的私法保护需要，由此诉讼目的可能会同个体诉讼目的相左。① 在这个意义上，尤其对原告而言，由于诉讼行为会在具体的诉讼过程中有所调整，故而难以在规范法的指引作用下进行有效识别。

　　法学家们如弗里德曼对于行为本身高度重视："如果没有人们的行为，规则不过是一堆词句，结构也不过是被遗忘的缺乏生命的空架子。除非我们将注意力放在被称之为'法律行为'的问题上，否则就无法理解任何法律系统，包括我们自己的法律系统在内。"② 马克思也强调："法律的直接目的在于影响人的行为或行为倾向，使人们的行为达到法律规则和原则所预设、所表达的行为模式，进而实现它的价值目标。"③ 拘泥在规范之间的法律研究，因为"法律工作者的工作内容总是法律的适用问题"，④ 凸显的是法律规范在工具论意义上存在的不足。这种习惯通过教义性原理对特定概念进行固化理解的做法，在便利适法规范涵摄的同时，也需要承担因对当事人"法外"行为关注不力而致误差的代价。由此，如何关注以案件为出发点寻求法律规范理解之外的当事人行为，须如上述论证所指出的，明确可能的行为选择内容——交织了作为确定性文本的规范和地方性知识的惯常法以及理性计量的适法性结果和感性认知的异法性做法——是做出更具有现实预判价值的行为司法评估的重心。鉴于此，本书的脉络，就是借助法经济学的工具，探索在诉讼场域中，当事人基于成本收益计算、信息不对称博弈、习惯行为影响三元变量下，对具体诉讼行为的选择适用问题。

（二）　以行为选择决策变量为线索的命题拓展

1. 当事人诉讼行为选择的成本收益计量

　　借由卢曼关于行为预期的分类，存在着行为人基于现实来重新调整自

---

① 关于民事诉讼目的的学说，参见李祖军《民事诉讼目的论》，法律出版社，2000；章武生《民事私法现代化的探索》，中国人民公安大学出版社，2005，第 7 页。

② 张文显：《法理学》，高等教育出版社，2003，第 61 页。

③ 《马克思恩格斯全集》（第 1 卷），人民出版社，1956，第 60 页。

④ 〔德〕N. 霍恩：《法律科学与法哲学导论》，罗莉译，法律出版社，2005，第 122 页。

己预期的认知性预期，以及他人并不会因为别人不按预期行事而调整自己预期的规范性预期。① 法律系统作为稳定预期的规则系统，本来可以为个案当事人双方提供确定的沟通和理解，但阿罗不可能性定理表明：由于不存在可靠的能够建立理性的集体选择的方法，所以个体的选择通过民主方式转化为集体选择的过程无法进行。这就使得进行行动决策的当事人必须一方面考虑他人的预期，一方面还需要与同样寻求自我满足的行动者相互对垒展开协商，以求达成秩序。②

在卢曼看来，法律应被理解为人类行为预期的三个维度：（1）时间维度，主要是人类对于当今世界的认知、经验和预期；（2）社会维度，主要是预期的制度化；（3）物质维度，主要是沟通媒介。③ 不过，上述的人类行为预期并非在理论预设的理想状态下形塑，而是被裹挟进入充满复杂性与偶然性的诉讼场域，使关于诉讼认知性预期规范与规范性预期规范难以实现卢曼时间、社会和物质三个维度的叠合，进而使得"法律越来越分离于一种具体的语境"。④ 对诉讼当事人而言，基于规范性预期的风险也随着法律与具体语境的这种分离而不断增加，使得法律仅仅成为行为的参考而已。正如波兰学者塔斯基所指出的关于特定逻辑语言的辨识问题，"除非我们跨出那种语言而利用它的一种元语言，否则陈述不能被称为真或伪"。⑤ 对于法律规范这种特殊的逻辑语言，呈现出托依布纳"自我关联的悖论"⑥ 问题，导致依法判定自身并非为了法本身的合法实现，而在于经由法获得其诉讼判决的利益。因此，对于当事人而言，诉讼行为从来都不是简单的规范法取向，而是一种稀缺资源经过法律活动后的再分

---

① 〔英〕马丁·洛克林：《公法与政治理论》，郑戈译，商务印书馆，2002，第355页。

② 魏武：《寻求不一致的一致——试论软法与协商民主机制的结构性耦合》，载罗豪才等《软法与协商民主》，北京大学出版社，2007，第203页。

③ Niklas Luhmann, *A Sociological Theory of Law*（影印本），Translated by Elizabeth and Martin Albrow，中国社会科学出版社，1999，第31~40页。

④ 〔英〕马丁·洛克林：《公法与政治理论》，郑戈译，商务印书馆，2002，第355页。

⑤ 〔英〕约翰·巴罗：《不论：科学的极限与极限的科学》，李新洲等译，上海科学技术出版社，2005，第265~266页。

⑥ 悖论在于：在法律制度中，关于合法与非法的区别被普遍使用，在某个阶段它将被适用于区别本身，这在逻辑上导致了法律的自我关联性并出现同义反复。See Gunther Teubner, *Law as An Autopoietic System*, Blackwell Publish, 1993, pp. 3 – 4. 中译本参见〔德〕托依布纳《法律：一个自创生系统》，张骐译，北京大学出版社，2004，第15~16页。

配过程。依托卢曼的社会子系统理论，当事人应寻求适合自身的媒介，以获得关于各种经验的主体间综合。对于为获得判决利益的诉讼当事人而言，这种媒介比诉讼行为更可能获得效益，这类似于经济系统使用盈利/亏损的编码，可以帮助行为人更为直观地分析诉讼得失而非立法确立的合法/非法编码本身。

2. 当事人诉讼行为选择的信息不对称博弈

单纯以成本收益的范式来看待诉讼的行为选择，可以获得非常直观的判断，但成也"直观"败也"直观"，直观在获得简洁性理解外观之后，尚需要支付对可变性外部环境尤其是对手的变化难以定性的代价。因为成本收益范式是以预判概率和对手行为为前提的，如果前提假设不准确，必然导致最终所预估的成本收益失灵。经济学强调的个人理性并不会与法学研究相左，但个人理性需要建立有效的信息基础，才能有效地进行个人决策。此外，个人决策的时序（sequence or time order）会给潜在对手造成决策的影响。① 这实际上是动态的诉讼以及次序的选择程序设计所必然导致的结果。

由此，作为可以进行一定程度行为描述的法律经济分析，势必要关照这种先后选择可能产生的一系列诉讼当事人问题。这就使得单纯依靠结果式成本收益分析，难以进行动态意义上的过程分析，从而产生了进阶选择范式。而博弈论所讨论的每个人行为都以其他人的行为预期为条件的策略性行为，能够比较有效地克服前述价格理论处理问题的谨慎，② 使得完全理性的当事人能从系列的对方行为假设和反馈中获得相对最优的结果。这一过程最经典的案例就是囚徒困境博弈。事实上，当事人获得进阶性的博弈结果，是建构在一种理性的证明推论基础上，沿着从前提到结论的过程，通过前提的显现（对造行为或者假设）来获得关于结论的证明。③

---

① 张维迎：《博弈论与信息经济学》，上海三联书店、上海人民出版社，2006，第4页。

② 〔美〕大卫·D. 弗里德曼：《经济学语境下的法律规则》，杨欣欣译，法律出版社，2004，第98~99页。

③ 在西方哲学历史上，以亚里士多德为代表的通过一种演绎推理来把握知识的认识路径，就是一种方法论上的基础论。参见王荣江《未来科学知识论——科学知识"不确定性"的历史考察与反思》，社会科学文献出版社，2005，第169页。

3. 当事人诉讼行为选择的心理因素影响

上述依据逻辑理性推演的范式，可能只是科学研究之理想图景下的"纸上谈兵"。诉讼主体为人的现实命题，决定了诉讼只能是当事人简单利益比较抑或复杂对策博弈的过程，但人的本位设定意味着主观性偏好以及性格特征差异的基本面，令诉讼还存在着诸多丰富的感性变量。法学对象研究过程中的上述感性问题，需要法经济学作为规范研究方法，以应对这种感性变化所要求的研究方法与研究对象之间的自洽性。从微观个体出发，感性本质上是源于个人的一种习惯性感觉，却很难简单地依据精确的数量计算或者在多重复杂前提假设下进行动态利益最大化的策略评估，而需要在对造两方的心理、性格以及愿景等基础上进行一定的揣测。行为经济学对类型化行为动机和行为模式的分析，有助于我们获得对隐藏在利益和策略之外的更多当事人感性行为的把握。

从外观描述来看，成本收益和进阶选择两种范式实际上是属于一种斯宾塞（Herbert Spencer）意义上的，用于进行行为目的和动机考察的方法，[①] 即通过对行为结果的效应比较，来决定做出或者不做出一定行为。因此，范式研究的重点并不在于行为人选择了什么，而是选择目的是什么。但其缺陷也是显而易见的，比如，行为结果的计算可能存在主观误差，或者因选择信息的错误而导致客观错误。当然，作为理性方法的成本收益和博弈论并不介意这种"攻讦"，因为研究法所预设的前提性问题并不是学科本身的问题。即使基于不充分甚至错误信息，当事人还是应当在彼时进行最大收益的决策，这并不会动摇理性方法的科学性，甚至可以起到学者所说的"用社会科学（主要是经济学和社会学）的方法去揭示被传统法学的概念和教义遮蔽的法律背后的问题和逻辑"。[②] 这种基于习惯

[①] 斯宾塞是英国哲学家．"社会达尔文主义之父"，他把进化理论适者生存应用在社会学。斯宾塞在此指的是进行进化论意义上的不同类别的行为或者事项的比较。参见〔美〕弗兰克·H. 奈特《风险、不确定性与利润》，安佳译，商务印书馆，2006，第50~51页。

[②] 该种观点认为"法律和社会科学不是一种学术进路，而是许多进路的粗略总称"。因此，在法律释义过程中对方法论的绑定批判，将导致对法律和社会科学的一种非典型性误读。参见王博阳《关于法律和社会科学的一种非典型性误读——与陈景辉先生商榷》，《政法论坛》2013年第6期。

和偏好的分析，也就因此具有了更为具化的行为外壳，故而是一种持久且稳定的行为表现。在此意义上，感性选择范式所弥补的仅是考察动机的不足，获得对诉讼行为更全面分析的可能。在具体的运用中，实际上就是通过对习惯的实证分析，来软化理性分析方法下的严格条件假设（就是将习惯获得的判断替换假设），从而获得像新制度经济学代表人物威廉姆森提出的"契约人"理论所设定的，用社会学假设充实经济学严谨却又虚弱的假设基础。① 这也暗合了西蒙（H. A. Simon）教授更加具有现实适用性的"有限理性"真实人的判定，从而为法经济学研究提供了更加贴近现实诉讼过程的工具。

四　诉讼选择的法经济学展开

（一）解析诉讼和解条件，创设共同诉讼和解模型

本书具体讨论了波斯纳双边垄断和解模型，论证了和解模型成立的条件是和解成本小于诉讼成本，并首次从诉讼信息成本的角度论证了多次和解程序的设置有助于促成和解。另外，本书还创设了共同诉讼和解模型，指出了普通共同诉讼和必要共同诉讼中，被告选择一体对待的混同和解策略还是选择区别对待的分离和解策略的判断标准抑或是和解的选择条件。这一结论也能够运用博弈分析工具，通过求解博弈均衡而获得确证。在司法活动中运用这一模型，能够为诉讼当事人特别是共同诉讼当事人客观评价和解的价值、确定不同和解策略等方面提供直接量化的判断工具；还能为法官在如何设定调解数额等具体问题上，提供有价值的参考意见。

（二）梳理诉讼知情体系，解释证据行为博弈

本书系统分析了基于职权、竞争和协商的三种化解诉讼信息不对称的模式，为司法改革中关于诉讼知情体系的完善提供了完整的体例参考。本书还首次对证据证明制度进行了博弈分析，指出了在证明责任确定的情况下，可以通过举证预算评估而分析证明责任分配的合理性。另外，通过原被告双方引入举证成本预算和举证投入规模的关联，可以计算双方证明责

---

① 参见董志勇《行为经济学》，北京大学出版社，2008，第6页。

任纳什均衡，进而来准确进行分别由双方承担某一证明责任的预算比较。这在实践中为法官平衡双方的证明责任、恰当地引入分配举证提供了精确的工具，也可以间接帮助当事人判断自行举证的最优效用。而通过对强制开示许可申请制度进行博弈分析可以发现，应当将强制开示的许可审批后置于证据开示阶段，以避免当事人可能的开示申请滥用情况。这为实践中节约司法资源，优化证据开示制度提供了合理的制度设计。

（三）辨明诉讼行为心理，甄别恶意诉讼情形

本书首次系统辨明了当事人诉讼行为存在的心理影响因素，逐一解析了诉讼中当事人行为选择可能存在的偏好、偏见、直观推断的成因及其具体表现。其价值有二：其一，帮助法官准确认定当事人行为表现背后的感性原因，为化解冲突、弥合分歧和舒缓情绪找到心理学路径；其二，增进当事人之间的相互谅解，排除外在的情感因素干扰，为和谐解决纠纷创造心理认知基础。通过行为法律经济学的愿景理论运用，可以将基于惯习、冲动和必要利益影响下的偏见起诉，排除在恶意诉讼范畴之外。本书指出，在收益和负担两种情况下，恶意诉讼发生高低概率变化。上述研究能够为完善恶意诉讼类型化立法、更为科学地辨明诉讼恶意，提供行为心理学上的佐证。

当然，运用法经济学解读影响诉讼法实际运行的诸多因素，并不是"拥抱法律虚无主义""认为法律原则不过是伪装"的后现代法学尝试。[1]法经济学本质是一种实证法哲学，恰如德国法学家霍恩形象比喻的，是"为正义准则开启实证法之门"。在现实大量的法律基本价值和正义观念来自现代欧洲法律、哲学及政治理念基督的、启蒙的和现代的传统这个历史基础上，自然法的基本原则和要求在宪法中被实证化。即通过具化的司法实践，使得包括在庭陈述权在内的基本要求能够成为宪法教义。[2]这种"成法"的识别和判定，需要在单一的诉讼规范法学研究领域之外，通过交叉学科的实证分析和数量学知识，来契合诉讼法学研究实务运作考量的迫切需求。对此，波斯纳更是毫不讳言："法律中缺乏的是严格的理论假

---

[1] Paul Carrington, "Of Law and the River," *Journal of Legal Education*, 1984 (34): 222.

[2] 〔德〕N. 霍恩：《法律科学与法哲学导论》，罗莉译，法律出版社，2005，第308页。

说、精密的测试设备、精确的语言、对实证研究和规范性研究的明确分辨、资料的数量化、可信的受控实验、严格的统计推论、有用的技术副产品、可测定结果的显著干预等等。"[①]

对于精确计量法学的反诘之声从来没有消退，总结起来，主要有如下两个论点：其一，法学作为规范行为人的规则体系，其具体适用需要因应复杂多变的行为人主客观情形，精确计量至少对于主观问题无法回应；另外，计量科学本身所需要的量纲、计量、测量的方法和结果可检验性等，均难以在大量的个案司法运作中推行甚至根本不能获得。其二，法学是否需要精确计量也值得商榷，因为法律价值指向的公正并非依靠计量标准来确认，而是基于更大范围的群体性共识，而共识仅仅源于集体意识的确认，并且也只是相对的结论而已。但这些反驳实质上还是没有脱离实证法学产生伊始的争辩底线，即法学研究是否应当以"一种科学的态度，反对先验的思辨，并限定在经验材料的范围之内"。[②] 不同学派的争执并不是本书研究的内容，但问题是在程序法中的当事人特定选择行为，更需要立足的理论基础在哪里？显然，在当事人进行具体的诉讼行为选择时，仅有实在法具有通用的影响力。[③] 而实在法对于行为人的指引作用，并非单纯停留在纸面法的预期上，而需要落实到实践中的法的考察。作为分析的理论资源，实证法学能够提供基于经验学上的解释。[④] 但对于理性行为的

---

① 〔美〕理查德·A. 波斯纳：《法理学问题》，苏力译，中国政法大学出版社，1994，第89 页。

② 〔美〕博登海默：《法理学：法律哲学与法律方法》，邓正来译，中国政法大学出版社，1999，第 115 页。

③ 法律实证主义者倾向于认定正义就是合法律性 (legality)，实在法应当同伦理规范以及社会政策区分。See Friedrich Kessler, "Natural Law, Justice, and Democracy," 19 *Tulane Law Review* 32, at 53 (1944), and "Theoretic Bases of Law," 9 *University of Chicago Law Review* 98, at 105 – 108 (1941). 中文翻译参见〔美〕博登海默《法理学：法律哲学与法律方法》，邓正来译，中国政法大学出版社，1999，第 117 页。

④ 布莱克就认为科学研究必须恪守三个基本原理：（1）科学只分析现象而不探究本质；（2）科学的观念应该是具体的、可以与经验相参照的；（3）价值判断不能求诸经验于世界。实际上这个观点减轻了法学作为科学研究的责任。不过，其在某种意义上也强调了本书基于实证精确化的定量分析的重要性。同时，这个观点也摆脱了强调价值判断可能的对于法学论证任务的压力。参见季卫东《法律变化的定量分析和预测（代译序）》，载〔美〕布莱克《法律的运作行为》，唐越、苏力译，中国政法大学出版社，2004，第Ⅲ页。

决策而言，单纯的一个宏观的概要式结论并不能充分满足当事人的实际估算需求。而获得有效支持比率、对造不同情形反应的概率、平均的流程成本和时耗等方面的信息，会令当事人以至于程序改革者有一个更加精确的行为落脚点。

实际上，法学研究强调理性主义从来就是主线索。但理性方法并不能仅仅停留在一味强调法的"应然"问题的价值判断上，而需要结合法的技术特性（规范法的纯粹科学特性）和实用主义考察的沃土，来栽培洞悉未来法律运作结果的方法论参天大树。在这一方面，布莱克的实证尝试提供了进路——通过对诉讼社会结构的分析形成的"判例社会学"，提供了"包括社会地位、关系距离、权威性、组织与案件、诉讼当事人以及权利主张之间的函数关系的客观知识，将有助于律师和当事人进行正确的预测和选择"。[1] 本书的写作，亦是对于这种建立在实证基础上的数学性法学研究方法的追随。通过对当事人选择行为现象的分析，探究外部的制度环境（包括诉讼法典以及其他政策规范）和内部当事人因素（影响力、资源力、心智力）对于形成诉讼决策的影响，并力求通过函数化来提供诉讼行为的精确预测。实际上，这也是本书采用法经济学分析方法的必然使命——改变法作为非此即彼的价值判断的所谓"全输全赢"的一体化结果模式，充实传统诉讼法研究过度集中于应然性宏大结论形成的刚性空白，以此为作为复杂利益裁判的司法程序提供更加具有规范感和指引性的自由裁量和两造合意的弹性空间。

我们观察到，在程序立法文本中，往往更习惯于原则性的表述。这实际上是立法中应然性价值判断思维的一种延续，即能够提供行为方向，却疏于（或是不能）提出更有法律规范意义的行为模式。目前的解决方法，可能还是交由法官自由裁量这一笼统又不甚细密的大帽，去遮盖实际立法不能的粗陋。但自由裁量权的范式为何，裁量的权柄幅度多大，评价自由裁量的结果标准孰在，均需要我们提出更有说服力和客观性的新进路。而量化精确作业的尝试，也可能是在符号意义上的对于协调不同当事人价值

---

① 季卫东：《法律变化的定量分析和预测（代译序）》，载〔美〕布莱克《法律的运作行为》，唐越、苏力译，中国政法大学出版社，2004，第Ⅲ～Ⅳ页。

观和主观认知所能够获得的较好的具有通约性的媒介。在这个意义上，具有外在一致性和内谐实定法的量化法学，将不仅是一个摆平利益分配的刻度天平，而且是彰显程序正义的平等外观和遵循预定规则的制度载体。

五　实证经验主义的余思

自启蒙时代以降自然科学技术的迅猛发展，使得建构在实验和精确数量科学基础上的实证经验主义思潮在脱离了哲学社会科学的母体之后，获得了强势的社会影响力，并逐渐对社会科学本身产生了巨大的影响。实证法学、法社会学被不断重视，令纯粹的经院学派领受了巨大的实证浪潮的压力；"经济学帝国主义"对于传统法学研究的冲击更是屡见不鲜，甚至使得传统法学研究方法"一时语塞"。以至于有观点认为应令社会科学的研究群起仿效自然科学的做法，严格划分价值与事实问题，以观察实验和严格计量的方法，做成可以检测的命题，并借此发现社会科学规律，以期能够发现社会现象和事件之因果关系，并由发现规律而预测未来。[①] 但作为社会科学实证经验研究而言，奈苟提出的社会科学解释的逻辑所展示的几大难题，[②] 依旧还是今天任何社会科学实证经验研究的梦魇。但也正因如此，实证经验主义绝对也只能成为与传统社会学价值导向研究并列的一种方法，而不能成为唯一的研究"霸权"话语。

在这个基本的学术方法共识下，运用实证经验主义，并采用法经济分析方法的本书研究，首先要做的其实是弥合实证经验主义方法同传统法学价值观的差异性问题。结合诉讼法本身的一个进化过程，从程序工具定位到程序本位再到程序自治，传统的法社会学一般是基于卢曼的法律与社会理论，来获得一种"通过程序的法律自治"论证的共识：作为封闭体系的法律，其事实并非在直接因果关系中从外部输入的，而是经由法律系统

---

① 黄维幸：《法律与社会理论的批判》，时报文化出版公司，1991，第211页。

② 包括社会科学不容易控制实验方法，控制方法本身也就是研究对象；对象本身的历史空间和文化条件有着相对性；调查对象可能因为调查而被输入新知识并改变行动等。See Ernest Nagel, *The Structure of Science: Problems in the Logic of Scientific Explanation*, New York: Harcourt, Brace & World, 1979, pp. 32 – 37. 转引自黄维幸《法律与社会理论的批判》，时报文化出版公司，1991，第213~215页。

的运作在法律内部建构起来的;[①] 通过 "法律作为期望的促进",[②] 使当事人在诉讼营造的空间和权利义务方式转化之后,依据诉讼流程来追求自己的目标,最终使得纠纷的解决过程依法律的逻辑展开,并实现法律的目的;通过上述过程的 "作茧自缚" 效应,[③] 强化了当事人经过程序获得法律以及法律评价的正当化和可接受性。

但预期如何作用?作用效果如何?当事人具体的行为范式及其实际的行为判断,恰恰构成上述分析的论证短板——缺乏实用价值,卢曼的系统论法律科学在西方法学不受重视就是一个例证。[④] 在这个意义上,通过对于当事人选择行为的进一步法经济学实证描述和再抽象的模型预期,能够获取从程序本位再到程序自治的深层根源;能够通过创设当事人具体选择行为的决策预期模型,破除系统论在程序自治中缺乏自检验的 "古典力学模式" 窠臼,使得决策预期获得检验的稳定性模式;通过经济学实证的数据收集及分析,能够回答法社会学仅仅更着力于个案描述所不能解释的通用性预测难题。而本书论证的理路,就在于通过基本的诉讼法理对诉讼法进化的过程进行梳理,找到基于成本效益、信息博弈以及感性偏差等内容的法经济学同法理学之间差异性的解释,借由法经济学模型来解释或者阐述关于法律规范的效率性价值,并借此印证法律程序本位价值观的合理性。

---

① 〔美〕马丁·洛克林:《公法与政治理论》,郑戈译,商务印书馆,2002,第302页。

② 其论证可以通过卢曼的规范预期链条来分析:"直接介入的当事人可以通过第三方规范地、冷静地预期他人对自己有何种规范预期,所有参与预期的各方都发现他们自己在一个完整的规范结构中直接面对着规范:统治者——事实上即便上帝也是如此——与被统治者在法律方面处于相同的位置,偏离这种预期内容的人的预期是错误的,他们的行动是应受指责的。" Niklas Luhmann, *A Sociological Theory of Law*, London: Routledge & Kegan Paul, 1985, p. 200. 转引自吴泽勇《从程序本位到程序自治》,《法律科学》2004年第4期。

③ 季卫东:《法治秩序的建构》,中国法制出版社,1999,第18~20页。

④ 沈宗灵:《现代西方法理学》,北京大学出版社,1992,第332页。

第二章　民事诉讼当事人行为选择本体论

人类社会的历史是或者说应该是从无选择转向有选择的历史。

——劳伦斯·M. 弗里德里曼

第一节　民事诉讼当事人行为选择的界定

一　民事诉讼行为的界定

日本诉讼法学者细野长良教授曾指出："同不研究法律行为，就不能谈民法一样，不研究诉讼行为的一般的性质及其内容，就不能谈诉讼法。"① 但遗憾的是，民事诉讼行为却没有如同民法上的法律行为那样，引起学者更多的重视，这不可不谓世界民事诉讼法学研究之"怪现象"。

从词源来看，据德国学者勒赫考证，"诉讼行为"（Prozesshandlung）一词最早是由 18 世纪德国自然法学者 Nettelbladt（1717～1791 年）在其著作中提出的。但此时诉讼行为被归于私法诉权学说的统领，诉讼行为被视为私法行为而并不具有独立意义。具有独立意义的词源，直至 19 世纪中叶，普鲁士的民事诉讼法才在民事诉讼法草案理由书中使用"诉讼行为"这一概念。普国民事诉讼法只规定当事人因为实行诉讼所为的行为，及法院在诉讼程序进行中所为的行为为诉讼行为。德国民事诉讼法，仿照当时施行的普国民事诉讼法和民事诉讼法草案，使用诉讼行为的用语。但上述立法并未延承大陆法系法典编撰进行定义释义的传统，没有对诉讼行为进行界定。因此，对诉讼行为的理解主要源于学者的论述。从行为人、

---

① 〔日〕细野长良：《民事訴訟法要義》（第三卷），礦松堂书店，1934，第 73 页。

行为目的、行为效果等方面观察，先后有六大代表性学说，详述如下。①

第一种学说为德国诉讼法学者瓦希主张，其从行为主体出发，认为诉讼主体所为的一切行为都是诉讼行为。但诉讼主体需要在诉讼关系产生前就得到确认而诉讼行为本身又会形成诉讼关系的前后矛盾，同时，定义没有界定出诉讼主体可为何种行为，此说也就失去了实际应用的意义。

第二种学说为德国诉讼法学者 Erolisch 提出，其认为有诉讼能力的人所为的行为才是诉讼行为。但该说难以涵盖无诉讼行为能力人的诉讼行为被法定代理人追认生效的特殊情形，因为如果没有先行存在诉讼行为，则不能被视为追认。显然，诉讼能力只能被识别为诉讼行为的前提要件，如果缺乏这个要件，那么上述行为应当被识别为诉讼的表见行为。

第三种学说系德国诉讼法学者 Erank 提出的根据行为的形式而规定诉讼行为的定义，即符合诉讼法定形式的行为，才是诉讼行为。实际上，这个学说是前述要件说的强化，但其将外在的行为形式等同于诉讼行为内容本身，不能准确地表达诉讼行为的实质。特别是诉讼法存在一些特殊的没有形式的诉讼行为，将会使得这个定义不能自圆其说。而且某些规定了行为形式的诉讼行为，即使欠缺某项形式，也可能因为对造放弃抗辩而被追认。

第四种学说是德国诉讼法学者魏斯曼·巴鲁（Paul）等人认为的构成诉讼程序的行为即诉讼行为。该说从界定上来看无可指责，因为诉讼行为指向的就是构成诉讼程序。但从其实际运用看，则有循环论证之嫌：定义中并未指明构成诉讼程序的是什么行为，缺乏对实际内容要件的界定，也就没有实际适用价值。

第五种学说则是完全摆脱了前述四种学说的窠臼，从行为的目的和行为的效果方面来说明诉讼行为定义。在该界分下，又有如下几种观点：（1）"能够在诉讼法上引起一定效果的行为就是诉讼行为"，② 即所谓的

---

① 王锡三：《资产阶级国家民事诉讼法要论》，西南政法学院法律系诉讼法教研室，1986，第十三章。

② 德国诉讼法学者 Seuffen 提出了这个观点，日本学者也多持此观点，如谷口安平、伊藤真教授；我国的多数学者也持此观点。参见〔日〕谷口安平《程序的正义与诉讼》，王亚新、刘荣军译，中国政法大学出版社，1996，第 135 页；邵明：《民事诉讼行为要论》，《中国人民大学学报》2002 年第 2 期。

诉讼行为"效果说"，凡适合发生诉讼上效果的行为，都是诉讼行为。但该说被日本法学家细野长良以一个精巧的案例所反驳：依照该学说，杀害诉讼当事人的行为会产生诉讼程序的中断效果，则杀人也应当认为是诉讼行为显然是没有道理的。对此，这个学说试图从诉讼上的效果做文章，区分行为效果类型为直接的效果与间接的效果，而对此说加以完善。因为产生效力的直接事实是当事人死亡，该事实附加发生诉讼程序中断的效果；至于死亡是基于什么原因发生的则属于间接的原因，不在诉讼行为范畴。(2) 德国诉讼法学者魏鲁斯曼根据诉讼法的规定主张，以本来开始、发展、终结诉讼关系的行为为限，这些才是诉讼行为。但该说仅仅细分了效果的三个方面，本质上同上述观点没有差异，还是没有明确区分行为发生直接的效果和间接的效果。(3) 德国诉讼法学者斯太因、洛克信等主张，既然根据效果难以识别产生原因，应转为根据行为的目的定其性质，即诉讼行为是为了诉讼的目的而存在的行为。[1] 但行为目的往往同诉讼目的相左，如拒绝出庭行为、违背诉讼诚实信用行为、诉讼的撤回、和解等，均不是有悖诉讼正常进行之目的，故其难以成说。[2]

第六种学说为"要件与效果说"，即诉讼效果以及诉讼要件都符合民事诉讼法规定的行为才是诉讼行为。[3] 这就将诉讼行为等同于"构成诉讼程序所示是合乎诉讼法上定型之行为，并足以发生诉讼法上效果者"。[4]

本书采"效果说"，并且区分直接效果和间接效果作为诉讼行为识别的依据。盖原因在于：前述几种学说的关键差异，在于"要件"与"效果"这两个概念的运用；而在动态诉讼的视域中，这两个概念是可以并存的，所异者在于判定效果时是否援引法律效果这个标准。若引入"法律效果"要件予以识别，则可以将上述两个概念合二为一：若引发诉讼效果的行为需要符合程序合法性要件，就将诉讼行为纳入了法定行为的范

---

[1] 〔德〕克劳斯·洛克信：《德国刑事诉讼法》，吴丽琪译，三民书局股份有限公司，1998，第222页。

[2] 参见〔日〕细野长良《民事訴訟法要義》（第三卷），礦松堂书店，1934，第75～80页。

[3] 〔日〕三ヶ月章：《日本民事诉讼法》，汪一凡译，五南图书出版公司，1997，第309页。

[4] 陈朴生：《刑事诉讼法实务》（增订版），台湾海天印刷厂有限公司，1981，第114页。

畴中，即具备诉讼要件之诉讼行为才能构成；若效果要件不按照法律判断，而只是客观地承认适法性后的一切效果，则二者差异就是行为范围大小，"效果说"可以吸纳"要件效果说"，除了前述的合法性行为外观外，还包括可引起不合法行为外观所致之法律效果。如当事人逾期提出证据而致举证失权效果，原告在存在仲裁协议前提下而提出诉讼被驳回等。

从概念的构成上分析，民事诉讼行为还包括主体要件的问题。特定到本书的命题，则民事诉讼行为主要是指当事人的民事诉讼行为。[①] 考虑到民事诉讼处分权主义和辩论主义程序的条件下本书题眼界定的"选择"的可进行性，本书讨论的当事人应为狭义当事人，仅指原告和被告，当事人行为均为狭义原被告当事人行为，并在下面的表述中使用当事人行为这一略称。

二　当事人行为选择的界定

（一）对选择的界定

对选择进行界定，首先应当辨析一个问题：当事人是否行使诉讼权利，以及由此表现出的积极抑或消极的行为是否也同时意味着当事人进行了一次行为的"选择"？或者说，关于权利性的行为是否就必然属于当事人行为选择的范畴。通常法学理论所界定的选择，是通过选择自由（freedom of choice）的角度来理解的——建立在当事人行使权利基础上的自由选择。[②] 因此，行为选择根源于当事人权利，并且反过来也成为诉讼权利之一。其体现了诉讼关系架构中的当事人"自由体系"。这可以通过私法诉权渠道，获得民事诉讼当事人程序自由的正当性依据。从词源来看，选择的核心含义是从类群中挑选，[③] 建立在诉讼权利基础上的诸多行为，可

---

① 民事诉讼行为依据法律关系主体的不同，可以细分为当事人诉讼行为、法院诉讼行为、检察院诉讼行为。但民事诉讼行为论的主要内容应为当事人诉讼行为，因为当事人诉讼行为很大程度上左右诉讼的结果。参见〔日〕三ヶ月章《日本民事诉讼法》，汪一凡译，台湾五南图书出版公司，1997，第309页。

② 布莱克法律辞典对于"选择"（choice）并未直接做出界定，而是将其等同为"选择自由"词条。See Bryan A. Garner, Editor in Chief, *Black's Law Dictionary* (Eighth Edition), London：Thomson West, 2004, p. 689.

③ 《辞海》没有直接解释"选择"词条，但将"选"字释义为"挑选"，将"择"字释义为"择选"，即均为从类群中择取之义。参见《辞海》，上海辞书出版社，1989，第780、1181页。

以通过权利积极或者消极的行为表现，主观上来进行"为"或者"不为"的两种"选择"。

从本书的立场出发，这种关于权利是否行使的"选择"，应并入当事人行为选择的范围中。权利的"选择"本身属于自然法学派所界定的"主观"权利，放弃权利的行为被视为主观做出了否定或者放弃该权利的选择。但在客观的行为意义上，这种主观的决定并没有进行实质性的行为选择。① 但因为是否行使权利会带来不同的行为效果，所以尽管客观上并不具有差异性的选项，还是应当将权利行使与否视为当事人行为选择。

广义的当事人行为选择除了包含这种主观选择之外，还同时并存主观与客观复合性选择。比如，拥有举证权的一方当事人，可以选择性地对自己并不负有举证责任的事项进行举证。这既包含了当事人自己主观的举证选择，客观上也对待证对象进行了选择。

在这个意义上，前述提出的关于当事人权利行使与行为选择辨析的问题，实际上是在当事人行为选择中采复合性选择标准还是或然性选择标准的问题，本书持或然性标准。具体在诉讼行为语境，选择必须还要满足三个特征的要求：（1）选择是一种主体性意志的反映；（2）选择是主体自由意志支配下的行为；（3）选择是在主体知情下的行为。② 即由拥有选择权的主体，在自由意志下对知情的选项进行择选的行为。

（二）对行为的界定

论题中能够被当事人据以选择的行为，同民事诉讼法意义上的"诉讼行为"存在一定的差异。论题中的行为应归类于布莱克所强调的"法律运作行为"（the behavior of law），而不属于法律行为（legal act）。这个有点绕口的问题并非本书独有，朱苏力教授在翻译布莱克此著作的书名时，就曾经指出沈宗灵教授在为此书做介绍时所译的"法律的行为"就

---

① 关于权利的"主观"判定，可以追溯到14世纪的哲学家威廉，而现代的人类自然权利学说的根源，最早出现于16世纪西班牙著名法学家维托利亚教授的著作中。参见〔英〕彼得·斯坦、约翰·香德《西方社会的法律价值》，王献平译，中国法制出版社，2004，第17页。

② 王伟：《民事程序选择权研究》，西南政法大学诉讼法博士论文，2008，第22~23页。

更容易引起误解。① 实际上，诉讼中当事人所选择的，是一种当事人如何具体运作法律的实质性行为，而非书面的适法性法律行为，属于 law in action 而非 law in book 的问题。不过，两个概念是存在交叉的：大多数当事人的法律运作行为，均会以诉讼法的指引作为出发点而被纳入法律的行为范畴中，二者的关系可以通过图 2－1 来说明。

法律
行为　法律运作行为

图 2－1　法律运作行为与法律行为关系

本书关注的诉讼中当事人行为选择，是指当事人在法律之下行为如何运作，是借助经济学方法探讨当事人进行诉讼行为选择的规律性含义。② "之所以用了行为一词而不用规律，就是为了强调他的命题是经验性的，而不是那种带有很浓的本质主义（essentialism）色彩的事物'内部的规律'。"③ 在这个意义上，关于诉讼当事人行为选择的研究，也将会更加契合经济学研究中的经验主义特点。

（三）当事人行为选择的概念

综合上述对于"选择"以及"行为"的界定，本书设定的当事人行为选择的概念为：外观上要求从复数的诉讼行为类别中进行择选；内涵上为当事人拥有进行上述挑选的权利自由；表现上是能够因为行为的选择而形成不同的诉讼效果。必须要强调的是，这个界定是三位一体的统一化概念，即必须同时符合外观、内涵以及表现的要件才能够构成诉讼中的行为

① 苏力：《译后记》，载〔美〕布莱克《法律的运作行为》，唐越、苏力译，中国政法大学出版社，1994，第 240 页。

② 法律运作行为指的是法律作为独立主体的自身的行为或规律，是一种法律指引下的行为规律。这也是苏力教授一直强调的。参见〔美〕布莱克《法律的运作行为》，唐越、苏力译，中国政法大学出版社，1994，第 1 页。

③ 苏力：《译后记》，载〔美〕布莱克《法律的运作行为》，唐越、苏力译，中国政法大学出版社，1994，第 240 页。

选择。实际上，这也意味着当事人所有的行为选择都必须符合诉讼法的规定方可成立，即进行行为类型限定才能产生诉讼法规定的效果；而同时并存两个或者两个以上的、会产生不同诉讼法效果的类型限定行为选项，供当事人依选择权挑选。比如，起诉可以选择口头方式或者书面方式（《民事诉讼法》第120条），其符合行为选择的外观和内涵条件，但因为均形成相同的诉讼效果所以并不属于当事人的行为选择。

　　如果从更为纯粹的诉讼法权利构造出发，可借助谷口氏的三级构造对诉讼中当事人选择权概念进行定型：[①] 处于最上位的原理性概念为当事人处分权；在该处分权下得到承认的处于实定性权利的具体权利体系，如程序选择权、诉讼请求选择权、特定的诉讼事项约定权等；以及为了保护具体权利而发挥实现其内容的手段性权利，如选择事项知情权、法律援助请求权、请求法官释明权等。反过来，诉讼权利概念的多重构造分析，应试图避免拉伦茨的抽象概念式体系界定问题——将抽象程度较低的概念涵摄于较高等概念之下，并最终归结到最高概念上的纯形式逻辑，[②] 以防止诉讼行为选择沦为"选择"这一高位概念的下位文义解释的"诠释学上的循环"。但若从细分的三重结构来解读更为完整的诉讼行为选择概念，实际上更加接近于黑格尔在逻辑学辩证中提出的抽象和具体的二元概念论。对此，拉伦茨通过类型和规定功能来充实概念的"意义脉络"。[③] 这也间接证明了行为选择的界定还须回到后述的关于类型和功能的解说中。

第二节　民事诉讼当事人行为选择的识别

　　在民事诉讼法的场域下，基于当事人处分权和诉权运用之要求，诉讼行为的分析重心，本身更聚焦在作为程序启动者和有效推动者的当事人身

---

① 谷口安平教授依据佐藤幸治将人权区分为"背景性权利""实定性权利""具体性权利"的结构，提出了原理性概念、具体权利概念和手段性权利概念的权利概念构造。参见〔日〕谷口安平《程序正义与诉讼》（增补本），王亚新、刘荣军译，中国政法大学出版社，2002，第182~183页。

② 〔德〕卡尔·拉伦茨：《法学方法论》，陈爱娥译，商务印书馆，2003，第317页。

③ 〔德〕卡尔·拉伦茨：《法学方法论》，陈爱娥译，商务印书馆，2003，第333页。

上。而无论是启动还是推动诉讼程序，均取决于当事人主观自由选择。这也是民事诉讼作为解决私人权益纠纷形式，尊重当事人个人意愿的制度要求。由是展开，关于当事人选择性行为的识别，将探寻这种契合实体和程序要求的自由选择的权利根源，并在文义层面解析行为选择的具体内涵和具体分类。

一 民事诉讼当事人行为选择的权利来源

（一）作为权利的诉讼行为选择

作为完整的概念识别，尚需要回应当事人诉讼行为的特性要求而做进一步之深入。当事人诉讼行为特性，包含了任意性、撤销性、期限性和效应性四个基点。[①] 这实际上更接近于前述瓦希的"一切行为"说，而与"效果说"大相径庭。但对诉讼行为特性的这个判定仅是从学说外观入手而得出的中间结论，尚不足深及于权利根源寻求特性与学说的统一。无论是本书命题的行为选择，抑或是学说特指的行为，行为均应隐含行使该行为的权利的前提。前述已经界明行为选择即为权利自由这一命题，突出地证明了行为选择与行为这两个文义上存在不同表述的概念，实际上在权利层面上具有高度同源性。这是因为在诉权意义上，当事人因要求法院裁判之权能而进入了诉讼场域，[②] 由是当事人所为之一切诉讼行为，都是诉权之实现的表现。被各种具体诉讼权利具化了的诉权，则因当事人通过自行决定何种诉讼权利当被选用而具有实际操作意义。[③] 这就印证了弗里德曼的断言："个人选择是巩固许多基本权利的核心理念。"[④] 而诉讼行为所蕴

---

① 常怡：《民事诉讼法学》（修订版），中国政法大学出版社，2002，第 29~30 页。

② 无论是肇始的萨维尼的保护私人权利而派生的诉讼私法诉权说，还是后续的个人要求国家进行裁判公法诉权说，均指明了个人请求获得国家裁判权这个基础。在本书视域中，诉权学说纷争的这个权利核心是私权，还是表现为更加复杂的抽象权、具体权、宪法权等，并没有改变请求裁判权这一主线。具体的学说分析，参见李木贵《民事诉讼法》，三民书局，2006，第 25~40 页。

③ 学者们一般认为诉权应当包括司法请求权和公正请求权两个方面，并可以分别展开为起诉权、撤诉权、程序参与权（主张权、陈述权）、程序公开权等内容。参见王亚新《社会变革中的民事诉讼》，中国法制出版社，2001，第 268 页；田平安：《民事诉讼法原理》，厦门大学出版社，2004，第 320 页。

④ 〔美〕弗里德曼：《选择的共和国——法律、权威与文化》，高鸿钧等译，清华大学出版社，2005，第 47 页。

含的选择自由，也契合了罗尔斯在分析公民自由的概念时所提出的"将自己视为自由"的终极价值判断，① 即在诉讼这一宏大的国家权力体系架构下，微观的私权个体因权利天赋而具有同国家公权的互动关系，从而享有选择进入公力救济与自由进行诉讼行为的权利。这也可以视为划分公权力界限的应有之义。

就程序制度设计而言，采用蕴含选择特性的诉讼行为制度架构也是必然的。邱联恭教授所忧之当事人"俾其实体利益及程序利益……受程序制度之运作、使用或未能予以使用所减损、消耗"的情形，② 就是因普适性的诉讼程序，往往难以因应多元复杂之诉讼实际操作需求。对此，行为选择的灵动设计可以较为有效地防止程序普遍适用的僵化，以强化当事人依诉权主体身份而应有的主体性地位。事实上，强调当事人行为选择的自由，是为克服诉讼中强大的职权模式所带来的私权淡化问题，因为国家特质可能造成"渗透而又蔓延的，威严而又专权的，有效力而又低效率"③的超越组织意义的行动现象。对此，私法学者在分析行为经济学的方法论时有较为精辟的论证：行为经济学的非理性行为观点会动摇私法所赖以存在的基础，即当事人意思自治原则，进而可能带来国家"家父主义"介入的合法理由，使得国家和私人之间的屏障定位偏向于压缩自由一极，从而动摇了作为传统民法理论之基础的自由主义政治思想。④ 若抛弃诉讼工具说这一成见，赋予当事人在权利救济上的自主自治，则可促使当事人在权利的序贯脉络中获得一体化感受的自由。

（二）当事人选择自由的限制

当事人行为选择并非任意的自由，而是必须受到一定的限制，这主要是因为程序具有分化与独立的天然作用。"分化是指一定的结构或者功能在进化过程中演变为两个以上组织或角色作用的过程。这些分别项目各自

① 当然，这种自由必须建立在所谓的"善观念"，即处于公平正义观念允许的范围之内。参见〔美〕约翰·罗尔斯《作为公平的正义——正义新论》，姚大志译，上海三联书店，2002，第38页。

② 邱联恭：《程序选择权论》，三民书局，2000，第33页。

③ 张静：《旧传统与新取向——从法团主义看"国家与社会"的分析模式》，载刘军宁等编《自由与社群》，生活·读书·新知三联书店，1998，第398页。

④ 徐国栋：《人性论与市民法》，法律出版社，2006，第73页以下。

具有特殊的意义，因而要求独立地实现其价值。于是明确相互之间的活动范围和权限就成为程序的应有之义。分化和独立会带来这样一种现象：为了达成一定目的而进行的活动，经过不断反复而自我目的化。这种现象被称为功能自治（functional autonomy）。程序中的功能自治性是限制当事人任意选择的基本的制度原理。"① 日本诉讼法学者谷口安平先生所称的"角色分担"行为模式，② 即通过不同诉讼参与主体的角色扮演，使得各个主体所施行的具体行为选择，能够被划分各自角色内涵的"功能自治"程序所制衡，形成彼此受制于规范下的相对诉讼自由。在这个意义上，当事人的行为选择受到其他当事人行为的限制。

从自由主义的理论出发，约翰·密尔（John Stuart Mill）指出：自由所蕴含的"个人偏好"并不能被理解为自由的现代形式——一种对于行为人自愿性行为不问功利结果的普适性尊重。③ 具化在诉讼的场域，当事人的选择并非一种绝对自由或者个人偏好的无节制蔓延，更多时候会依托类似于"理性选择"的思考决策，在适当的当事人处分权范围内进行有限度的诉讼选择。诉讼行为选择规范的选项设定，能形成目标范围的指向，可以为当事人提供一般选择所不具备的方向感；而纠纷解决的愿景，能够促使双方当事人最终摆脱各自行为的任意性，而在制度轨道善用选择。

二　民事诉讼当事人行为选择的类型

（一）当事人诉讼行为分类通说

对于诉讼行为的分类，存在很多划分的标准。如依据行为主体的不同，分为原告诉讼行为、被告诉讼行为、诉讼担当人诉讼行为等；依据行

---

① 季卫东：《法律程序的意义——对中国法制建设的另一种思考》，中国法制出版社，2004，第24页。

② 〔日〕谷口安平：《程序的正义与诉讼》，王亚新、刘荣军译，中国政法大学出版社，1996，第100~103页。

③ 密尔认为：自由可以借由主观和客观两种利益状态来甄别。前者更符合"意思自治"的绝对自由表述；而后者也是自由主义所坚持的，必须接受某些特定的公共利益观念的介入，形成相对自由的行为范畴。参见〔英〕约翰·密尔《论自由》，许宝骙译，商务印书馆，2005，第四章。

为阶段的不同，分为诉前行为、诉讼系属中行为，并可以再细分之；依行为的内容不同，分为意思表示和事实行为；依行为是否合法，分为合法行为和非法行为；以行为的法律性质与后果之间的关系为标准，分为权利性行为、义务性行为和责任性行为等。①

比较有影响力且广为接受的②是德国学者哥尔特休米德（James Gold-schmidt）提出的，以行为产生诉讼法效果是否需要结合法院行为为标准划分的取效行为（Erwirkungshandlung）和与效行为（Bewirkungshand-lung）。③ 所谓取效行为，是指当事人向法院提出特定审判的行为，以及为实现该目的而提供相应的诉讼资料和证据的行为。前者主要指提出诉讼请求；后者包括主张和提供证据，其处于以前者为基础和为明确前者之理由的手段性地位，即当事人在提出诉讼请求的基础上才实施主张行为，在提出主张的基础上才实施举证行为。与效行为，是指当事人实施的不必经法院介入就能够直接产生诉讼法上的效果的行为，其以引起法院特定的裁判为目的。按照德日学者的一般性解释，所有取效行为以外的当事人诉讼行为，即请求、主张、提供证据以外的诉讼行为，都属于与效行为。因此，与效性诉讼行为的范围相当广泛，其性质也不尽相同。大多数与效行为是向法院提出的，例如，撤诉或撤回上诉；但也有的是向对方当事人提出的，例如，撤回诉讼代理权的通知行为；而有的则是向第三人提出的，例如，对第三人进行诉讼告知的行为。④ 还需要注意的是，有些诉讼行为可同时为取效行为和与效行为。如提起诉讼，一方面发生诉讼系属的法律效果，此为与效行为；另一方面也是取效行为，因为提起诉讼须待法院的判决才有意义。⑤

（二） 当事人选择性行为的分类

如果纯粹地从分类的角度出发，只要获得进行分类的合理标准就可以

---

① 张家慧：《当事人诉讼行为理论研究》，西南政法大学诉讼法博士论文，2000，第5页以下。

② 江伟主编《民事诉讼法学原理》，中国人民大学出版社，1999，第266~267页。

③ 参见〔德〕汉斯－约阿希姆·穆泽拉克《德国民事诉讼法基础教程》，周翠译，中国政法大学出版社，2005，翻译说明第1页。

④ 〔日〕三ヶ月章：《日本民事诉讼法》，汪一凡译，五南图书出版公司，1997，第311~313页。

⑤ 陈荣宗、林庆苗：《民事诉讼法》，三民书局，1996，第460页。

对研究对象做出学术的类型化区分。因此，上述关于上位的诉讼行为的区分，也可以直接适用于当事人选择性行为类型化研究过程。但这种研究范式本身仅具有方法论的意义，缺乏对于研究对象自身特点的关注。当事人选择性行为，应符合法学研究方式的具体要求，即特定于本书法经济学范式的划分——将符合选择本质的当事人行为设定为可供选择的制度安排"菜单"。①

1. 单意选择与合意选择

依据决定诉讼选择意思来源的不同，可分为单意选择与合意选择。前者指仅依据一方之意愿即可做出具有诉讼效力的选择决定；后者指需要双方（含共同诉讼中的多造）形成一致的意思表示方可获得具有诉讼效率的选择决定，是一种共同行为选择。合意选择相对比较容易识别，由于其依据双方合意，具有契约的形式，故一般的诉讼契约行为均可以视为合意选择。例如，仲裁协议、诉讼管辖地协议、关于举证时效约定，以及群体诉讼担当人的选任等。单意选择则是当事人选择性行为的主要方式，一般仅涉及个人诉讼权利事项的行为选择，可以细分为程序启动选择（如起诉、上诉、再审申请以及具体落实这种申请的选择等②）、诉讼请求事项选择（如对竞合的诉讼标的择一而诉、涉诉处分权内容的选择）、攻击防御方法选择和诉讼主体选择等。其中，诉讼主体选择还可以再区分为诉讼主体身份选择（如第三人是选择加入诉讼成为第三人，还是作为诉讼辅助人介入；作为连带责任人依诉讼请求而被确认为诉讼被告或者第三人）和诉讼主体范围选择（如非必要共同诉讼的共同诉讼人的选定）。

2. 单一选择和多元选择

依据所获结果的数量不同，可以将选择划分为单一选择和多元选择。

---

① 赵世义：《资源配置与权利保障——公民权利的经济学研究》，陕西人民出版社，1998，第 76 页。

② 如当事人决定起诉之后，可能会在竞合的诉讼管辖地选择其一来进行起诉。这种情形还可以具体化更为复杂的瑞典民事诉讼程序中的替代性法院（Alternative fora）制度：在对物管辖或者准对物管辖诉讼中（action in rem or quasi in rem），允许原告在不知道被告本国住所或者居所的时候，直接向金钱之诉的被告财产所在地、诉争动产所在地或者诉争行为地的分区法庭（the District Court）起诉。参见王景琦《欧美民事诉讼程序》（英文版），法律出版社，1998，第 140 页。

二者的界定十分直观，以选择所获得的具有法律效力的结果数量来辨析，只通过选择获得一个选择结果为单一选择，而能获得两个或者两个以上的选择结果为多元选择。单一选择最为常见的形态，就是在有且仅有两个备选行为项目时进行选择。在广义上说，单一选择可能涉及前文讨论的"权利"行为的问题，即确定"是"或"否"的二重权利行使状态，可以被判定为进行了单一选择，在此不再赘述。而狭义理解的单一选择，则要求具有客观意义上的选项，典型的诸如竞合的诉讼标的选择、简易或者普通程序的启动选择权。还有就是，在存在三个及三个以上的备选行为项目时进行的单一选择。当然，这样的具体划分更多具有的是外观意义上的识别功能，并不涉及选择本身实质。

多元选择，可再细分为并列式选择和进阶式选择。前者是在选择之中同时获得两个或者两个以上的行为内容选项，后者是通过顺序技术在先后连续的选择中得到两个或者两个以上的行为内容选项。并列式选择较为常见，比如，客观之诉的合并，选择性诉的合并和预备诉的合并，当事人可以选择提供两个甚至多个并列请求。① 进阶性选择则比较特殊，比如，在诉讼进行中，如果当事人选择了和解解决的方式，在后续的和解过程中还需要继续进行关于和解方案的二次选择。当然，判定进阶式选择存在一个视域的问题，即判定行为选择在诉讼场域中的行为时段。若仅从先后行为做出的时点看，进阶行为选择也可以被视为两次单一选择的结合，但所异者在于这两次单一选择具有先后的连续性。

进行这一区分的意义是：评估当事人诉讼行为的权利自由空间大小，从而获得关于行为强度与程序制度设计弹性之间的关系。一般而言，同时并存多个选项，意味着给予当事人更多的意思决定空间以及更加符合私法目的的程序保障。意即选项的多元化存在，一方面，具有在诉讼架构中更好地调和法官裁判与各造意思的制度结构，因为多选项意味着通过选择可以更为全面地提出当事人能够接受的行为方案，从而为法官择一而判提供

---

① 对于预备之诉，当事人的选择体现在如何确定预备各个诉之间的顺序；对于选择之诉，在于当事人可以选择能够供给法官选择其一进行裁判的各个诉。关于客观之诉合并的情况，可以参见〔日〕高桥宏志《民事诉讼法：制度与理论的深层分析》，林剑锋译，法律出版社，2003，第35页。

了更大的余地；另一方面，多元选项也提供了活化裁判的可能，避免严格适用法律而可能产生的僵硬纠纷解决结果，从而最大程度平衡和优化纠纷各造的利益状况。

3. 意向性选择和拘束性选择

从行为选择产生效力的确定性区分，可以将当事人选择性行为分为意向性选择和拘束性选择。意向性选择并不必然产生确定的法律效力，允许行为人依据客观情况变化而改变该选择；而拘束性选择一经做出即具有法定拘束力，一般不允许变更。意向性选择比较明显地体现为运用程序选择权的行为，如选择了除仲裁之外的其他非诉讼纠纷解决方式（ADR），当事人可以在运用了该 ADR 之后而再行提起诉讼；寻求调解结案后只要最终不签收调解书，亦可转向最终的判决。① 另外，法律允许行使撤回权的诉讼行为也可以归入意向性选择，典型如启动诉讼的行为。拘束性选择则更具有程序的安定性，集中在那些一经做出就必须发生法律效力而不得撤回或者改变的诉讼行为。例如，当事人选择提出了诉讼攻击防御的方法之后，其方法不得任意改变，诉讼异议权一般经过选择适用后也不得变更，这种情形还包括对于当事人诉讼身份的确认。

这一分类注重诉讼程序过程中行为选择交互式功能的分野。是否确定产生诉讼效力，关系到当事人选择性行为分类的分析性功能和描述，并且更为深刻地反映在霍恩所谓的“根本性法律原则”和“伦理价值”的查证上——包括人的尊严、信任保护、信守合同等哲学基本价值。② 允许类型持续变动的意向性选择将会使同处于行为选择场域下的对造形成不确定的预期。滥用意向性选择权，直接违背了诉讼诚实信用原则，进而可能产生诉讼拖延以及程序难以推进等恶果。这也提示我们，在或然性的意向性选择中，除了关注对于当事人来说更为自由的程序权利运用和良性的适用价值，也应当关注合理运用本身的反向制衡问题。③

---

① 《民事诉讼法》第 97 条。

② 〔德〕N. 霍恩：《法律科学与法哲学导论》，罗莉译，法律出版社，2005，第 122 页。

③ 如诉讼中的调解，为了防止被滥用的流弊，加拿大司法改革中一般设置了调解意向与最终判决差异额度作为一方负担诉讼费用依据的制衡措施，避免调解当事人恶意压低（抬高）调解报价。See Ethical Principles for Judges, part IV, item 10, http：//www.cjc - ccm. gc/cmslib/general/ethical - e. pdf. 2014 - 8 - 8.

三　小结

综上所述，当事人行为选择，在外观上，应满足复数的诉讼行为法定形式，即具备复数选项和择选的权利；在行为内涵上，表现为当事人的行为权利，并且最终获得"不同选项，不同效力"的概念系统。基于行为选择本身的特性，对其进行类型化研究，可以从单/合意选择、单一多元选择和意向拘束选择三个角度入手，获得当事人诉讼权利谱系宽度的信息，进而也可以考察诉讼程序的活化程度以及法官在这一系列的权利选择过程中所扮演的角色。

需要注意的是当事人行为选择的基本问题分析，不仅为了呈现一个较为完整的行为具体内容和整体运行框架，而且为了程序正当性和私权纠纷解决权威能够被更为系统地确认。弗里德曼认为现代权威是一种选择权威，现代国家和现代权威结构所具有的正当性在于促进、引导和实现个人的选择。法律程序仅仅作为解决冲突的多元选择的方法而已。① 这意味着作为诉讼权利载体之一的行为选择本身，是落实诉讼程序多元价值的工具，并通过技术性的选项设定，来夯实较诉讼程序工具价值更坚实的个人权利基础。还需要特别注意的是：对于拥有司法改革权的法官群体，这种改革很容易悖反于为私权纠纷解决而设立的司法终极取向，使得司法置换为"为司法"的特权工具。强调个人的向度，意味着强调自由个体拥有的实在主张、权利和选择，这也才是"私法原本具有决定性意义的位居其上的秩序要素"。②

第三节　民事诉讼当事人行为选择简史

苏力指出：当代中国法学著作的基本结构方式往往会限于一种时间式"自然的"单位结构索引，但可能缺乏福柯提出的学术著作思想组织所突

---

① 〔美〕弗里德曼：《选择的共和国——法律、权威与文化》，高鸿钧等译，清华大学出版社，2005，第47页。
② 〔德〕卡尔·恩吉施：《法律思维导论》，郑永流译，法律出版社，2004，第239页。

出的合理性文化建构所蕴含的功能，即得出理论思路一致性背后的功能脉络。[①] 而本书力图实践的这种一致性思路，在于纠纷解决程序中行为选择的前后序贯，并以此形成论述的结构和逻辑。不过正如梅特兰所言：全部历史是如此的一个整体，以至于任何想描述其中一部分的人都会感到他下笔的第一句话便撕破了一张没有接缝的网。[②] 在这个意义上，本书分析的初民社会、罗马法时代、普通法及衡平法发展、近现代司法制度，以及21世纪最新的世界司法改革，并不在于获得一个完整的当事人行为选择历史，或者说进行绝对精确的知识考察，而在于深描当事人的行为选择在纠纷解决程序中的变迁，并抽象出司法制度史的一个发展线索。[③]

一 初民社会：家父权下的原始当事人选择

"从历史角度看，程序法不断发展的过程，即排除当事人自由选择障碍的历史；从发展结果看，现代程序法通过'知情体系'及'自由体系'的确立，为当事人提供了广阔的在程序运行中自由选择的空间，在这个自由空间里，当事人在知晓程序规则的前提下，其行为无受非自己意志而施加强制的影响，自由地对规则不禁止的权利内容进行选择，并承担由此产生的后果。"[④] 人类社会纠纷解决的历史，本身就是源自人最初自力行为，并逐步演变为更加具有波斯纳强调的节约成本、财富最大化[⑤]的初民仲裁体系。

[①] 福柯：《作者是什么》，载王逢振、盛宁、李自修编《最新西方文论选》，漓江出版社，1991，第 449～450 页。转引自亦同时参见苏力《思想的组织形式——正义/司法的经济学译序》，载〔美〕理查斯·A.波斯纳《正义/司法的经济学》，苏力译，中国政法大学出版社，2002，第Ⅸ页。

[②] 〔美〕罗斯科·庞德：《普通法精神》，唐前宏等译，法律出版社，2001，第 89 页。

[③] 使用线索一词，是为了避免在进行当事人行为选择的历史分析中可能的关于"法的家族性"或"法圈"成长因素存在的误解，因为我们尚没有任何证据证明这种源于某一法系的诉讼行为具有足够必然的历史传承特点。法律传统的形成应当是在人类发展到相当成熟阶段以后的产物，而诉讼本身的不甚发达令诉讼法的"家族性"或者"法圈"的判断显得相当可疑。关于"法的家族性"或"法圈"使用，参见易继明《私法精神与制度选择》，法律出版社，2003，第 113 页。

[④] 王伟：《民事程序选择权研究》，西南政法大学博士论文，2008，第 3 页。

[⑤] 参见〔美〕理查德·A.波斯纳《正义/司法的经济学》，苏力译，中国政法大学出版社，2002，第 180 页。

在加利福尼亚州的 Yurok 印第安人，就经由一方当事人，选择雇请两到四个人，作为交互者（crossers）来往于双方以了解各自主张和辩解，并收集证据进行最后的裁判。① 该裁判制度的成因在于如果选择了私力救济的报复行为，初民社会组成的亲属群体具有强大的对抗私人执法的保护作用；另外，为了实现社会秩序也需要对报复行为进行限制。不过吊诡的是，对于个人行为的这种限制，并不意味着人就因此成为初民社会习惯和亲属群体关系网络的囚徒，而龟缩于狭小的个体空间内。因为在缺乏公共强制机构聚合和治理的社会中，强调个人性特点的荣耀感存在特殊的威慑功能，会使得个体化的人格特征替代社区制度机构的功能而具有特定个体自有的特点，形成基于家长制的英雄治理观。②

个人的选择是通过作为个体的英雄式的家长来体现，并由此成为整个家族群体的选择，具有强烈的对外部特性。可见，这一时期的个人选择是通过特殊个体（家族家长）的选择相互融合来实现的，波斯纳将此称为选择的融惯性。这一时期的纠纷解决印证了这种融惯性：对于家族内部的纠纷解决，家长"权威"自然使得家长可以径行决定纠纷裁判的结果；③而对于家族之间甚至部落族群之间的争议，也更是需要通过家长完成终极的谈判、斡旋甚至战争。④ 梅因因此就得出一个判断：古代法律在根本上是依附于家长权的。当然，私有财产制度瓦解家长权经济基础的过程在促进了从身份到契约的社会演进的同时，也使得古代社会法律的考虑单位由"家父"统治的家族转化为个体，并间接销蚀了"家族依附"。⑤ 真正独立的个人行为选择也将出现在历史的舞台上。

---

① William M. Landes & Richard A. Posner, "Adjudication as a Private Good," *Journal of Legal Studies*, 1979（8），pp. 235 – 245.

② 参见〔美〕理查德·A. 波斯纳《正义/司法的经济学》，苏力译，中国政法大学出版社，2002，第144页。

③ 中国的家与族实际上构成了整个中国传统社会（国家）的基础性诉讼机构。如泰州人"每日家长坐堂上，卑幼各以序立，拱手听命"；《义门规范》亦强调对于子孙私置田产的违规行为，由"家长率众告于祠堂"。参见李交发《中国诉讼法史》，中国检察出版社，2002，第313~314页。

④ 《荷马史诗》所描述的著名的特洛伊战争，实际上肇始于海伦背叛的婚姻纠纷，但是最终被演绎成为一场战争来解决的两国争端。战争以及最终的处理均由交战双方各自的英雄作为纠纷解决者来进行。

⑤ 〔英〕梅因：《古代法》，商务印书馆，1959，第96页。

二　罗马法：当事人选择的程序法源

回溯世界法制历史，就不能回避罗马法。被耶林称为罗马帝国三次征服世界中最为持久的罗马法，[①] 演绎了人类法制文明历史上最早的完备诉讼程式。而罗马法之所以对今天的诉讼还具有深远的影响，主要在于其所蕴含的自然法精神使得人们开始对仅依托风俗习惯进行诉讼进行反思，并且渐次消除了法律的宗教和礼节的性质，使得法律面前人的意图被确立和尊重，提高了人的主体地位。[②] 因此，借助"知情体系"构造中人的自主性和主动性，罗马诉讼程序摆脱了神明裁判时代的天授裁决，化解了依靠威权信仰而实质性正义缺失的纠纷解决正当性困局，走向了英国法学家波洛克爵士所说的"人作为理性和社会动物本身的自然法中心思想"[③] 的轨迹。"诉讼纯属是私人的事"[④] 令享有高度自主权的当事人获得了选择的权利，并为程序制度的选项设计提供了正当性的基础。罗马人坚信自然与社会都存在秩序，从中所孕育出的对于人的价值的认识，使得更加兼容于复杂人类社会纠纷解决的程序模式被创设出雏形。

整体上分析，罗马法的主体法、权利法和契约法的三重特殊品格，成为迎合当事人需求的最佳制度选择。主体法，使得当事人的主体资格和行为能力被确认，受制于他人甚至神权的诉讼得以回归到它的本体，此时的法官是完全处于被动地位，诉讼的主动权在于当事人[⑤]。权利法，使得基于权利对等这一形式正义所延伸的当事人权利能力得到宣告和落实，并因

---

① 耶林在其《罗马法精神》一书中，对于罗马法进行了著名的评价："罗马帝国曾三次征服世界，第一次以武力，第二次以宗教，第三次以法律。武力因罗马帝国的灭亡而消灭，宗教随着人民思想觉悟的提高，科学的发展而缩小了影响。惟有法律的征服世界是最为持久的征服。"参见周枏《罗马法原论》（上），商务印书馆，2002，第12～132页。

② 〔美〕乔治·霍兰·萨拜因：《政治学说史》（上），盛葵阳、崔妙因译，商务印书馆，1986，第196页。

③ 〔美〕乔治·霍兰·萨拜因：《政治学说史》（上），盛葵阳、崔妙因译，商务印书馆，1986，第211页。

④ 陈桂明：《诉讼公正与程序保障——民事诉讼程序之优化》，中国法制出版社，1996，第161页。

⑤ 参见周枏《罗马法原论》（下），商务印书馆，2002，第933页。

此可以在诉权意义上使得国家提供裁判成为义务，[①] 当事人的选择开始具备权利的外观和保障。典型如承审员（judex）（享有对讼争进行最终裁判的权力）[②] 的选任，是通过当事人在长官编造的承审员名单（album judicum）中自由选择一人的方式来进行。契约法，利用当事人双方合意一致性对诉讼选择自由进行限制，以控制当事人行为选择不会异化为单方强制。通过对造之间的制衡，建构更具有平等性的诉讼空间。上述承审员之选任，一般是由原告提名而由法官加以任命，但如果被告不同意原告提议，原告另选一人，依此类推直至被告同意为止。[③] 这一两人互动博弈合意的做法，被司法制度史证明是很有生命力的，甚至延续到18、19世纪，推动了以自我利益最大化为取向的功利型个人主义（utilitarian individualism）的出现。[④]

　　然而，从公元3世纪初开始的罗马帝国全盛时代的瓦解，引发了对罗马程序法有重大贡献的罗马法学的急剧衰弱。虽然查士丁尼《民法大全》可谓实体法之不朽，但严格的法典化和法律的一元性，使得诉讼程序在失去了丰富的学说汇纂源泉的滋养之后，便显得十分简单粗糙。[⑤] 罗马法下繁荣的当事人的行为选择，也在程序法的萎缩之后，变得黯淡无光。

---

① 罗马法的法定诉讼要求原告须有法律规定的诉权作为诉讼的根据，法律按照各种权利的性质分别规定应履行的方式和诉权。法官不得拒绝受理（denegare legis actionnem）符合法律规定的诉权。因此，诉权可以视为当事人获得国家解决纠纷裁判的权利，这也就同时意味着国家具有进行裁判的义务，国家主宰诉讼的地位退却，而当事人成为诉讼的主体。关于国家义务说，参见常怡《比较民事诉讼法》，中国政法大学出版社，2002，第139页。

② 承审员一般由有经验、值得信赖的人员担任，包括"临时承审员"和"组织法院的承审员"两种。当事人拥有选择权的一般是前者，并且由其负责事实审部分。关于古代罗马法中的这种制度，具体可参见吴泽勇《诉讼程序与法律自治》，《中外法学》2003年第3期。

③ 周枏：《罗马法原论》（下），商务印书馆，2002，第930页。

④ 功利型个人主义和表现型个人主义，是美国社会学家贝拉提出的关于个人主义的类型划分：前者注重市场的个人博弈利益最大化，寻求共赢，并在政治上强调对于政府的控制，在道德上要求个人自我控制和纪律约束；后者则是注重自我表现而不是自我控制，推崇自我喜欢的生活方式，强调个人主观和快乐是衡量成功的标准。参见〔美〕贝拉等《心灵习性：美国生活中的个人主义和公共责任》，翟宏彪等译，生活·读书·新知三联书店，1991，第187页。

⑤ 参见徐亚文《程序正义论》，山东人民出版社，2004，第101~102页。

三 普通法与衡平法：被压制的选择时代

遗憾的是，前述罗马法时代的"原始意义的当事人主导实际上在封建时期就已经被历史割断和尘封了"。① 因为封建时期纠问主义的盛行，限缩了当事人在诉讼中的选择空间。即使这样，严格的令状制度还是凸显了当事人选择的重要性："对于原告而言，选择正确的令状成为很重要的事……如果当事人无法找到适用的令状，原告就在程序上被驳回而败诉。"②

不过，即便这样，因为纠问主义而使得当事人行为选择萎缩的情形，也仅出现在教会法庭和中央王室法庭这一层面。③ 地方层面的郡法庭（county court）和百户区法庭（hundred court）④ 则呈现出承认地方司法自治和当事人选择权的二元化特点。在此类法庭审理的案件中，当事人拥有一个特殊的逆向程序选择权，可以通过向文秘署申请移卷令（Writ of Pone）或者误判令（Writ of False Judgment）将案件从郡法庭转到中央王室法庭。⑤ 不过由于缺乏具体的诉讼权利配套，当事人即便能拥有变更审级的权利，也还是为了便利于代表大共同体的中央王室对于地方上小共同体司法权的控制。所以，对于当事人而言，进行这种选择，与其说是一种真正实用的程序选择，不如说是促进法治统一的上诉制度。不过，在最基层盛行的庄园法庭权利诉讼（action in the right）⑥，遵循浓厚的形式主义

---

① 参见张卫平《诉讼构架与程式——民事诉讼的法理分析》，清华大学出版社，2000，第35页。

② 潘维大、刘文琦：《英美法导读》，法律出版社，2000，第15页。

③ 教会法庭控制了民事诉讼中婚姻、遗嘱继承、宣誓契约等案件的管辖权，并且对于寡妇、孤儿等不幸者拥有属人管辖；王室法庭也开展了争夺管辖权的斗争，包括对教会法庭向教皇上诉的控制，对自由教役地产诉讼的管辖权，以及通过设立并列管辖权获得更为广泛的原本由教会独占的宣誓契约案件管辖权等。

④ 源于地方自治行政基层组织的马尔克公社，兼具了行政和司法双重职能，后来因为封建分封而逐渐落入地方贵族手中并被发展成为郡法庭。其主要受理对人诉讼（personal action）和不能在庄园法庭（封建领主法庭）实现司法公正的不动产权益诉讼（real action），后来被限缩为受理契约和侵权的小额案件。See Baker J. H., Milsom S. F. C., *Sources of English Legal History Private Law to 1750*, London：Butterworths, 1986.

⑤ See Baker J. H., *An Introduction to English Legal History*, London：Butterworths, 1990, p. 27.

⑥ 即直接对地产权本身进行救济的不动产权益诉讼形式。

诉讼模式，使得当事人的行为选择得到了落实。比如，在法庭上，当事人关于自己权利的主张需要选择具有最为久远依据的权利基础，同时还被要求权利基础之间存在不能间断的代代相连，这属于一种当事人法律适用的行为选择。又如被告拒绝答辩，当事人还可以选择依据最自由的决斗断讼（trial by batter）方式来裁断土地归属。不过对于选择这种诉讼的当事人而言，其诉讼推进绝对是极其复杂且充满风险：在 1199～1201 年的一个案例中，原告拉夫就因在其陈述中没有特别指出国王亨利一世去世的具体时间而败诉；而在 1203 年的另一个案例中，原告则因没有说清财产的传承关系而败诉。① 为了解决这种沿袭程式诉讼带来的选择困难，当事人还可以寻求王室法庭提供的资审团（grand assize）审判。资审团审判实际上是王室提供给当事人的与传统的神明裁判（ordeal）并列的一种裁断方式，由当事人的邻人来裁断争点和证据，组成人员一般是当地有名望的人。由于邻人们更了解案情也更具有直接相关性，裁判结果也更加合理，因此王室法庭成为解决此类纠纷的主要场所。资审团审判被认为是后来陪审团的雏形。②

尽管出发点并非简单地赋权当事人增加程序选项，按照"无令状者无救济"的古老传统，若当事人无法在老化僵硬的皇家法院程序下获得适当令状，他们还可以转向通过请愿书"求助"国王以获得另外的救济。③ 若国王受理，案件便划归御用大法官代为处理，并据此发展出特殊的衡平法院体系。不过，即使是为弥补普通法不足而发展起来的衡平法，彰显的仍是日渐强大的职权主义审判趋势：衡平法大法官获得了将当事人传唤到庭审讯和主导审判的诸多特权（如面向被告的严厉刑罚），④ 并可以依据个人倾向采用合适的方式审理事实和适用法律（虽然大法官需要

---

① 李红海：《早期普通法中的权利诉讼》，《中外法学》1999 年第 3 期。

② 李红海：《普通法的历史解读——从梅特兰开始》，清华大学出版社，2003，第 112～113 页。

③ 比如因为欺诈而形成的合同纠纷，普通法的欺诈罪并不能解决合同文本问题，而只能交由大法官法庭管辖。

④ 达马斯卡所梳理的关于罗马——教会法研究的法官"令人敬畏"的特点，可以成为衡平法职权主义的一个来源。参见〔美〕米尔吉安·R. 达马斯卡《比较法视野中的证据制度》，吴宏耀、魏晓娜等译，中国人民公安大学出版社，2006，第 262 页。

秉持正义良心和公正理念进行裁判）。① 随着案件数量的不断增加，1474年就出现了专门的"衡平法院"（Courts of Equity），这对于法官摆脱王室和教会的控制很有意义。但同时伴生的强大法官职权，也意味着当事人在诉讼中进行自由选择的空间再次被挤压了。

总体而言，虽然衡平法的产生和适用在救济途径上给予了当事人另外的"程序选择权"，但"程序选择"之后，当事人的具体行为依旧被笼罩在强大的法官职权阴影下，而难以充分地对诉讼行为类型进行自由选择。恰如庞德所概括的：尽管自由化时代已经到来，但严格遵循法律令状的严格法时代仍在延续……这是一个在法律制度之外发展的纯粹由道德观念浸润的阶段……有一段时间经常陷入向不依法审判的回归运动之中。②

不过应当承认的是：后期逐步规范起来的衡平诉讼程序，还是给了当事人一定的选择空间。在面对被告的自我辩护（抗辩和申辩）时，衡平法赋予原告两种选择，进行否认（exception）或者再申辩（replication）。前者是原告认为被告的应答书没有足够清楚地申明事实或者陈述离题、存有错误时，可以否认被告的应答书，这将导致被告修改或取消应答书；后者是原告承认被告的申辩符合法律规定，但某些地方与事实不符，则可以提出新的证据，以证明被告的辩护无效，且被告需要再次进行辩护。这种否认或者再申辩并不仅是一种形式上的归类，由于对应了针对被告的不同效果，所以具有现代当事人行为选择的差异效果价值。

另外，由于衡平法时代交织着商业活动的勃兴，相关的商事裁判因其特殊的效率性要求以及复杂的交易对象，使得专门的商事法院体系以及具有及时性、非正式性和参与性特点的商事审理程序应运而生。③ 由此，当事人对于"管辖权、准据法、解决纠纷的方式等的程序选择就成为更好地维护权利、实现权利必须考虑的问题。这种选择活动使程序问题变得日

---

① Gary Slapper and David Kelly, *The English Legal System*, Cavendish Publishing Limited, 2004, p. 4.

② 〔美〕庞德：《普通法的精神》，唐前宏等译，法律出版社，2001，第 49 页。

③ 如在行会法院和城镇法院（Pepoudrous），审判应当在一天内完成。专门的法律审判人员也被排除在审理程序之外，使得商事案件"应当按照良性和公平原则去处理，在法律上的细枝末节上争执是不适当的"。参见〔美〕伯尔曼《法律与革命——西方法律传统的形成》，贺卫方等译，中国大百科全书出版社，1993，第 423、422 页。

益重要，也日趋复杂”。①

四　近代法：当事人行为选择的形塑时代

从近代法的发展中，当事人行为选择获得了其基本的内涵——当事人主体性、程序知悉权和处分行为。② 主体性确定了选择的主体以及复合于主体之上的权利体系；程序知悉权确保了进行选择的信息基础，并进而发展为有效选择的知情体系；处分权是进行选择的基本权源，为选择提供具体的行为正当性和行为后归责基础，处分行为是具化的行为体系。

首先，当事人的主体性是近代法律个人化复归的必然结果。穿透中世纪神权的迷雾，被重新发现的人的价值开始了强大的勃兴，并在商品经济风起云涌中催生出了资产阶级。交易的平等与自由渴求，使得宗教裁判视身份以确定证明效力、依教会释义而获得法律适用的做法开始被社会所抛弃；而高度集约裁判权的衡平法也不断因法官集权带来的腐败和不公正裁判有所消解。随着新兴商人阶层的兴起，抛弃了神权和强权二维压制后的人本价值被文艺复兴（Renaissance）、宗教改革（religion reformation）、罗马法复兴（Revial of Rome Law）的“3R 运动”崭新时代所鼎新，当事人主体性也对应地在诉讼过程中凸显出来。19 世纪的法律个人主义思潮，不但推动了不干涉经济的自由市场发展，也催生了梅因所界定的社会契约进步运动。此时，根源于罗马法的近代民事诉讼，继承了罗马法中私人对其财产在善意相互关系限度内享有充分自由的做法，③ 令商人阶层所推动的当事人全面参与诉讼有了法源上的精神支柱；契约精神宣扬的平等和对于国家权力的限缩，令当事人有效参与诉讼就此蔚然成风。

其次，效率性的诉讼需求，促进了以选择权为基本配置的诉讼构架的生成。进入 19 世纪的民商事活动，因资本主义勃兴而使得民商事关系出现了井喷式的增长，相关的民商事纠纷也相应激增。因此，无论是当事人

---

① 徐亚文：《程序正义论》，山东人民出版社，2004，第 109 页。

② 关于当事人选择性行为与主体性、程序知悉权和处分行为的关系，参见王伟《民事程序选择权研究》，西南政法大学博士论文，2008，第 23～28 页。

③ 〔英〕彼得·斯坦、约翰·香德：《西方社会的法律价值》，王献平译，中国法制出版社，2004，第 171 页。

还是司法系统，均有高效处理纠纷的强烈需求。而除了上述依赖于当事人主体性而有效且自治地推动诉讼进程之外，在诉讼架构上的对应调整也就成为必然。一方面，通过选择权给予当事人足够的诉讼行为自由，能够因应复杂的民商事纠纷解决需求；另一方面，规范化的诉讼选择机制，也通过预设选项使得司法权能准确地控制诉讼发展而符合程序规则之治的现代法治制衡特性。在这个时期开始的两大法系独立发展的背景下，这种基于选择规则之治的模式，也分别契合了各自发展需求：除了通用于两大法系的给予当事人足够的知情规则告知外，习惯于法典化且更强调法官裁量的大陆法系，能将选择规则纳入法律体系并给予法官裁量以路径指引；习惯于判例法且更强调当事人主导的英美法系，选择规则无论据何种法律渊源形成，均朝向于有效避免当事人过度自由、形成有序理性诉讼空间的发展方向。

最后，广泛有效的诉讼参与，令当事人处分权获得权利来源。依学者所概括的"民事诉讼的对象决定了民事诉讼应以当事人处分权主义作为基本法理"的判断，[①] 个体必然要求主导决定他们权益的程序，这也是现代"正当性程序"的应有之义。而为控制衡平法官过度裁量权，满足公平商业纠纷裁判的现实需要，当事人的参与被赋予了丰富的行动内容：商业竞争感给予了双方诉讼辩论对抗的制度启蒙，个人财产个人处分逻辑令双方诉讼处分权获得正当性且契合实体利益取向，经营风险自负观念形塑了双方诉讼责任自我承担的原则。与此同时，构成当事人行为选择的三大支柱——辩论主义、诉讼处分权和诉讼归责机制完全成形，因应了商人阶层勃兴和3R运动激荡的主体价值和个人权利张扬的氛围，在拓展了诉讼权利空间的同时，也使当事人获得了更多权利选项下的自由，以应对繁复庞杂的商事纠纷解决需要。

---

① 李祖军：《契合与超越——民事诉讼若干理论与实践》，厦门大学出版社，2007，第165页。

第三章　当事人行为选择的成本收益

不必要的法律将吞噬金钱。

——霍布斯

第一节　诉讼目的与成本收益

一　为什么而诉

（一）诉讼目的与诉讼利益

为什么而诉，与其将讨论立足点放在关于诉讼目的的学说讨论，不如转变为谁是诉讼主体的先决问题。这一写作思路并非在于否定诉讼目的学说之地位，[①] 而是因为诉讼目的学说在于探求"为什么要有民事诉讼制度之设计"，是"诉为什么"的宏大命题；而本书所讨论的当事人诉讼行为，则更加关注微观视域下当事人的目标实现问题，即在当事人启动诉权后，司法依法裁判当事人在法律上的讼争并实现的当事人的利益。这一界

---

① 新堂幸司提出民事诉讼应予实现的最高价值为解释论及立法论指向，以此作为判断目的论在民事诉讼中是否足以成为立法论、解释论的指标，并提出所谓"目的論棚上げ說"（目的论束之高阁说）。参见新堂幸司《民事诉讼目的论的启示》，《法学教室》昭和 55 年第 1 号——昭和 57 年第 17 号，共连载 17 篇。转引自李木贵《民事诉讼法》，三民书局，2006，第 1～24 页。高桥宏志教授援引集团诉讼制度作为说明：因为只有民事诉讼目的具有勾连立法实践的中介作用，才可以成为诉讼操作之实用。但无论是权利保护说、私法秩序说，还是纠纷解决及程序保障说，目的论并没有发挥有用的机能，因为无论基于何种学说都可以使得立法论及解释论获得正当性依据。权利保护说可以依"小额权利应当保护"立论，秩序说可以说赔偿或者停止损害是私法秩序要求，纠纷解决更是通用有诉则有纠纷之理由，程序保障则自然认为集团诉讼程序就是使得当事人具有实质性程序保障。作为基准或者指标的目的论具有极大的摇摆性，故而其作用尚存疑。参见〔日〕高桥宏志《民事诉讼法》，林剑峰译，法律出版社，2003，第 14 页。

定涉及法定权利实现目的还是纠纷解决目的的讼的定位问题，前者表达了法官适用实体法处理纠纷，严格限制国家和法官权力的近代市民理念；后者表达了国家或社会对付自身矛盾的本能反应。但谷口安平教授认为这些观点均建立在更为抽象的诉讼制度设立的"理论层次"意义上，缺乏一种与类似诉讼的同种制度相互关联来构筑诉讼目的理论的视野。①

实际上，谷口教授的上述观点更加接近于当事人的诉讼视角：仅依私法诉讼"不告不理"之基本原则，诉讼裁判在于寻求"法"存在于实体利益（如因特定实体法上权利经裁判存在，即特定实体法规范被适用时所可能获致的利益）与程序利益（如因程序之使用或减免适用所可能获致之劳力、时间或费用之节省）之平衡点，而非仅指在诉讼外从客观上据以判定某私权存否时之实体法规范适用。② 其运行机理可以分述如下。

1. 基于利益推动的诉讼目的

德国法学家耶林主张权利之本质为法律所保护的利益。③ 故而，权利与其背后的利益相关性是不容否认的。有学者据此提出了"利益保障说"，认为宪法在赋予公民主权时，同时赋予了公民自由权、财产权及生存权等基本权利，并为保障和实现上述基本权利而赋予其诉讼权。④ 实体法规范所代表的实体利益，还要融合当事人进行诉讼行为所牵涉之程序利益，成为诉讼纠纷解决中裁判机能转变和个人利益观念张扬的"双核"。由此，我们可以获得关于讨论诉讼目的与成本收益问题的第一重关联——利益介质。季卫东教授曾经指出，"程序是个人将利益转变成权利以获得安定感的装置"。⑤ 反过来看，在实现权利的程序进程中，权利必须最终能够还原成为利益，才符合制度与意愿相互契合的一致性。因此，在程序与利益的关系上，小岛武司曾毫不讳言地承认："在民事诉讼中，忘却了

---

① 〔日〕谷口安平：《程序正义与诉讼》，王亚新、刘荣军译，中国政法大学出版社，2002，第 46～47 页。

② 李木贵：《民事诉讼法》，三民书局，2006，第 1～24 页。

③ 梁慧星：《民法总论》，法律出版社，2001，第 62 页。

④ 公民主权是一种宪法原则的学术观点，与国家主权相对，其认为公民本身为宪法的权力来源，并将此作为公共资源配置的判断依据和公民利益正当化的理论基础。另参见李祖军《诉讼目的论》，法律出版社，2000，第 153 页以下。

⑤ 季卫东：《法治程序的建构》，中国政法大学出版社，1999，第 85 页。

诉讼目的与诉讼成本间的平衡杠杆，法院的作用便难以挂齿"，[①] 而当事人进行诉讼行为也必将围绕着如何获得最大程度之实体利益与程序利益评估而展开。应当提及的是，社会学意义上的选择更多与生理意义上的欲望相互联系，[②] 但实际上可以借由理性评估而将欲望具化为更清晰且可度量的利益，这也间接证明了诉讼目的与诉讼选择之间的关系。

2. 利益介质下的诉讼成本收益

由于民事诉讼目的可以置换为更加直观的利益形态，即诉讼利益最大化，因此，上述结论很容易转化为与论题相关的成本收益问题。这可以进一步解释为当事人进行纠纷解决的经济目的，即"巩固实体法的威慑力，实现实体法的目标"以及"纠纷解决管理成本的最小化"。[③] 前者对应实体利益，可以设定为适用实体法所能够获得的收益；后者对应程序利益，波斯纳将其总结为纠纷解决管理成本（administration cost of disputes resolution）的最小化加上错误成本（error cost）[④]。由是观之，当事人进行诉讼的经济动机，就是相较于其他的纠纷解决方式，诉讼能够提供一个实体收益最大化而程序成本最小化的结果。[⑤] 虽然存在诸如负值诉讼（negative value suits）[⑥] 等特殊情况，但整体上以获得更高收益为目的的诉讼总是多数的。

（二） 规范霍布斯定理下的诉讼目的——私人利益实现可能考察

上述对于诉讼目的理解，仅仅解释了进行诉讼的主观动机，尚未更为

---

① 〔日〕小岛武司：《诉讼制度改革的法理与实证》，陈刚、郭美松等译，法律出版社，2001，第 59 页。

② 参见〔英〕迈克尔·阿林厄姆《选择理论》，陆赟译，译林出版社，2013，第 1～11 页。

③ 魏建、周林彬主编《法经济学》，中国人民大学出版社，2008，第 241 页。

④ Posner, "An Economic Approach to Legal Procedure and Judicial Administration," *Journal of Legal Studies*, 1973 (2), p. 399.

⑤ 魏建：《法经济学：分析基础与分析范式》，人民出版社，2007，第 147 页。

⑥ 负值诉讼又被称为轻率诉讼（frivolous suits），是指那些从表面上看原告提起的预期收益低于诉讼成本的诉讼。从经济理性分析，这种诉讼本不应该发生，但是现实诉讼依旧不乏例子。比较著名的如姚明起诉可口可乐公司侵犯肖像权的一元钱诉讼案，河北律师乔占祥状告铁道部火车票擅自涨价，中国政法大学法学硕士郝劲松就火车地铁上消费不开发票和北京铁路分局与北京地铁公司打了六场标的仅为一元的官司等。负值诉讼具体的内容，参见 Cooter, Rubinfeld, "An Economic Analysis of Legal Disputes and their Resolution," *Journal of Economic Literature*, 1989 (27), pp. 1067 – 1097.

全面地解释私人诉讼目的的全部，这主要是由于诉讼程序的展开还存在纠纷解决机制的权威以及裁决可执行的问题，即前述诉讼利益实现的可能。对行为动机的分析增加了当事人利益可实现度的变量，会使纠纷解决目的更加复杂，因此必须引入规范的霍布斯定理来做更为深入的分析。

1. 霍布斯定理与公力救济

规范的霍布斯定理，指的是国家通过建立法律结构，使私人协议意见分歧所造成的损失降低到最小。① 霍布斯定理假设了彼此争斗不已就会两败俱伤的前提，但考虑到保护财产上可能存在的规模经济，借助于社会契约论内含的"至少一次全体一致同意"的群体约束力，② 就需要组建一个用于承认和履行各方产权的政府进行谈判，以便于达成"社会契约"。为了消除合作障碍而进行谈判的谈判者的权利越明确，他们合作的可能性就越大；反之，则合作的可能性就越小。

在现代社会中，代表公权的国家天然具有居中裁判的权威，能对各方谈判和协议执行进行有效的监督和控制，"用一个机构建立一套保护产权与社会发展的大规模武力系统比建立许多小规模的私人武力系统更有效率，所以用国家的公力救济取代私力救济更能带来规模经济效益"。③ 霍布斯本人将司法权纳入国家主权范畴（其实也就是国家范畴），就证实了司法权是"听审并裁决一切有关世俗法与自然法以及有关事实的争执的权力"，以"免除个人自我防卫自己权利所致的战争状态，从而符合按约建立国家的目的"。④ 这促使纠纷解决的权力汇聚于国家手中，在诉讼目的意义上，也同时赋予了国家进行诉讼解决纠纷，维护法律秩序的义务。⑤

---

① 〔美〕罗伯特·考特、托马斯·尤伦：《法和经济学》，上海三联书店，1994，第136页；and See Cooter, "The cost of Coase," *Journal of Legal Studies*, 1982 (11), pp. 1 - 34. 亦同时参见〔英〕霍布斯《利维坦》，黎思复、黎廷弼译，商务印书馆，1985，第128～132页。

② 〔法〕卢梭：《社会契约论》，何兆武译，商务印书馆，2003，第17～18页。

③ 冯玉军：《法经济学范式的知识基础研究》，《中国人民大学学报》2005年第4期。

④ 〔英〕霍布斯：《利维坦》，黎思复、黎廷弼译，商务印书馆，1985，第138页。

⑤ 这种思想契合了"自由法学运动"，使得国家司法能够通过诉讼来对民事案件进行创造性法律适用，实现私法秩序构造。参见常怡《比较民事诉讼法》，中国政法大学出版社，2002，第55～56页。

2. 更具确定性的权利实现可能

诚然，具体环境下的当事人会受到社会诉讼文化、现实诉讼评价①等诉讼环境的影响，而且诉讼本身的门槛设置，诸如专业性的陈述需要优质的诉讼资源支持，贫穷当事人急迫获得赔偿的心态，等等，均会使当事人进行诉讼的意愿被遏制。但不可否认，对不具备足够纠纷解决能力的当事人而言，更具有强制力和可实现预期的诉讼机制是解决纠纷首要、可能也是唯一的途径。作为纠纷解决发起者的原告至少可以动员国家司法公权的力量来参与纠纷解决。即使这种诉讼纠纷解决可能存在复杂化甚至高成本等问题，但只要具有确实可信的实效性，当事人会更趋向于这种具有确定性结果的公力救济。这个结论的正确性还可以通过反证来证明：如果诉讼的执行实效性不强，则更多当事人就会趋向于私力救济。实证调查也支撑这点：我国民事判决执行率大致为 40% ~ 50%，若"执行难"成为公力救济的常态，会导致更多人寻求私力救济。②

二　当事人行为选择决策与诉讼符号系统

（一）选择决策的符号学解读

所谓的当事人行为选择决策，指的是诉讼当事人借助不同的诉讼信息，对诉讼选择事项进行的判定决策。事实上，完整的诉讼过程充斥着诸多纷繁芜杂的信息类型：从最为初始的诉讼请求，到隐含其中的诉讼标的；从己方提出的攻击防御方法，到对造应对的辩驳举证，再到法官的释明引导，构成了对任一方当事人而言均是极其庞大的信息总汇。这使得诉讼信息认知需要寻求有效的识别依据。依据美国心理学家霍斯顿等人提出的"认知是心理上的符号运算"理论，③ 认知的最终目标是建立关于客体的符号化表征并贮存于头脑中，使认知客体形成符号化的内在表达。这是符号的内隐行为，是产生"符号外显行为"的基础。④ 面临不同类型的信

---

① 实证调查显示，影响诉诸公力的因素包括情感关联度、系争利益大小、力量对比和年龄性别差异。参见兰荣杰、何继业《个体间纠纷的自决机制研究》，载左卫民等撰稿《变革时代的纠纷解决——法学与社会学的初步考察》，北京大学出版社，2007，第 13 ~ 14 页。

② 徐昕：《论私力救济》，中国政法大学出版社，2005，第 142 页。

③ 朱智贤：《心理学文选》，人民教育出版社，1989，第 359 ~ 362 页。

④ 陈宗明、黄华新：《符号学导论》，河南人民出版社，2004，第 42 页。

息，符合当事人目的的行为决策需要将上述各个类型信息设定为能被有效整合的比较同一的"符号"性内容。通过引入交换过程的研究方法，符号学为具体诉讼程序中的对话或交换关系系统中的意义和价值建构提供了理论框架。① 符号学这种卓越的工具效能，可以为我们识别出法律交换系统的各种实质性内容和交换模式，揭示诉讼当事人选择过程中存在的交换系统持续不断的替代及置换。

首先，诉讼决策需要一个信息涵摄的过程，并且通过一定的赋意编码，使其所摄信息之间能够被统一比较判定。这涉及当事人决策认知的两大基本问题，即决策认知的最终符号是什么，以及如何将诉讼信息转化为符号。对于第一个问题，最终符号为何须依据诉讼当事人的认知能力水平而定，将在下述部分阐述；而对于第二个问题，则涉及符号的意义。"除非我们将指称对象同集体意识联系起来，不然它们不可能具有意义。"② 由于符号的意义是在认知主体与外部世界的相互作用中产生的，符号的集体意义便凸显出来。因此，当事人的诉讼决策符号须建立在普通人的认识基础上，诉讼信息其实亦仅是一种吉尔兹式的"地方性知识"，融入当事人常识、常理、常情的直觉判定中。③ 因此，不同于精致的符号学体系，当事人的诉讼符号将会建立在一种更接近私法本源的自然正义观感上，由经验式的个人好恶得失感受取代法的规范性。

其次，这一分析实质上接近于凯尔森所阐释的 19 世纪初以前法律科学将"实在法只同自然法，即同正义密切结合起来"的状态，④ 呈现出诉讼决策判断与"初始"法律科学发展阶段认知的异曲同工。基于自然正义观念下的利益所得，就成为一种最明确的诉讼效果而被当事人践行成普遍认同的诉讼目的。诚如卢曼指出的，"提供一种使组织得更好的观察成

---

① 〔美〕马洛伊：《法律和市场经济——法律经济学的价值的重新阐释》，钱弘道、朱素梅译，法律出版社，2006，第 32 页。

② 丁尔苏：《语言的符号性》，外语教学与研究出版社，2000，第 60 页。

③ 不过，诉讼专业代理制度破坏了这种简单判定，使得诉讼信息符号转变为一种专业的"法言"系统。此时，律师的过度介入，令诉讼被异化为形式上的要素而不是实质上的要素并取得支配地位，形式规则可能取代事实真相成为诉讼的关键。参见张建伟《司法竞技主义——英美诉讼传统与中国庭审方式》，北京大学出版社，2005，第 168 页。

④ 〔奥〕凯尔森：《法与国家的一般理论》，沈宗灵译，中国大百科全书出版社，1996，第 426～427 页。

为可能，并且能够与更高的系统复杂性相适应的含义形式"使得诉讼行为人在进行选择的比较认知中，获得了从"他人"向"自我"的实现，[①]完成了被赋意的法律性符号从集体意义再到个人意义的循环流动。

（二）认知能力与识别作用

何梦笔（Carsten Herrmann - Pillath）强调"存在认知主体是人类社会演化有别于基因演化的重要特征"，[②]德国哲学家卡西尔把人定义为"符号的动物"，用来取代"人是理性的动物"的定义，并突出了"符号化的思维和符号化的行为是人类生活中最富于代表性的特征"。[③]由于介入了决策的主体而使得符号机制能够在诉讼的动态进程中被更好地识别，这需要在一般当事人决策能力的语境下进行更为细致的考察。

从当事人决策能力来看，直接成本收益总是经简单理性就能够被简易地识别，而复杂的法律程序运作和实体法律适用，则难以为当事人直接识别并进行准确判定。即使经专业性代理人的阐释，当事人一般也只能形成对法律确认利益而非对法律本身的认识。仅需要在数量维度上比较的成本收益，很容易以经济利益"符号"，注入作为"认知开放"系统的法律中，来沟通卢曼系统论中法律系统的封闭循环过程，实现一直在现实社会发挥作用的法律自我调整。[④]此时，基于直接利益符号的诉讼识别，能够无碍地在诉讼双方之间甚至在双方同法官之间形成不需要翻译的"媒介"。迦达默尔就天才地申明了这个道理："理解并不是重构而只是媒介。"（Understanding is not reconstruction but mediation）[⑤]这说明在诉讼的场域中，双方所需要完成的决策思考过程，也被聚焦在如何探讨获得一个能够彼此理解的媒介建构中。而利益性的符号就能够成为这种媒介：基于

---

① 〔德〕N. 卢曼：《社会的经济》，余瑞先、郑伊倩译，人民出版社，2008，第 162 ~ 163 页。

② 何梦笔：《演化经济学的本体论基础》，载〔瑞士〕库尔特·多普菲：《演化经济学：纲领与范围》，贾根良等译，高等教育出版社，2004，第 238 页。

③ 〔德〕卡西尔：《人论》，甘阳译，上海译文出版社，1986，第 33 ~ 34 页。

④ 魏武：《寻求不一致的一致——试论软法与协商民主机制的结构性耦合》，载罗豪才等《软法与协商民主》，北京大学出版社，2007，第 203 ~ 204 页。

⑤ A. Gadamer, Hans - Georg, *Truth and Method*, New York: Seaburg Press, 1975, p. 99. 转引自王海龙《导读一：对阐释人类学的阐释》，载〔美〕吉尔兹《地方性知识》，王海龙、张家瑄译，中央编译出版社，2004，第 7 页。

当事人相互之间以及不同行动方案中对于决策结果认知的需要，利益性的符号能够直接通过大小的量化比较而具备被识别的优势，这也使得作为诉讼决策基础的成本收益方式，被当事人自然而然地应用。

对于当事人而言，诉讼法下的选择，便是其实施不同行为的"隐性价格"，双方之间的关系只不过是另外一种形式的交易。诉讼据此可以被理解为在诉讼法规范下，保证具有不同禀赋的行为者能够互利作为的一种救济性安排，也是行为者使得预期效用最大化的落实性行动。棚濑孝雄因此总结道："从当事者的立场来看，诉讼完全是一种具体的救济手段……但是因为需要在诉讼费用和维持诉讼期间自己的生活等方面得到援助……"[1] 这再次说明了直接的利益考量将是当事人最现实的决策需要。

三　小结

对于解决民商事纠纷的民事诉讼，隐含在当事人微观个案中的利益竞逐，是启动并推进诉讼的主要动因，也是诉讼的主要目的之所在。但因为利益的多元化外观和复杂的现实表达形式，在具体诉讼中会有更具间接性的诉讼信息交流，导致了当事人在个案利益竞逐中的认知困难。认知作为一种心理上的符号运算活动，需要找到能够对应于具体利益的统一客观符号来获得当事人在诉讼行为认知决策中对于同质利益（如不同财产之间利益比较）的量化比较和异质利益（如证据证明效果与实际可获得利益的比较）的通约比较。

由此展开，上述符号应当具备从个体到集体的普遍认同且能够从集体再回到个人的可接受性。换言之，关于诉讼的问题就转化为如何寻找到能够满足诉讼各造及法官的群体认知的直接利益指代性媒介。此时，采用既有的能够产生普遍信任关系的货币媒介，[2] 能够借助成本收益对于具体的诉讼行为的评价实现各诉讼参与主体共同认识的生成。此时，解决纠纷的诉讼，就能够在通约货币媒介层次上，因应当事人对于诉讼的认知，并实现不同利益的货币符号表达。这就意味着在后续的诉讼成本收益模型中，

---

① 〔日〕棚濑孝雄：《纠纷的解决与审判制度》，王亚新译，中国政法大学出版社，2004，第162页。

② 郑也夫：《信任论》，中国广播电视出版社，1999，第十章。

为不同诉讼收益的指标比较找到了可以相互联系转化的量纲。[①] 纠纷的化解，就成为简单的货币符号数量大小的比较权衡，这也为民事诉讼法的经济分析提供了数量化的基础。

第二节 行为选择的成本收益模型

一 法律经济分析的成本收益模型

（一）完全理性假设

理性是经济学的基础，更是指引人类行为的手段。伴随着经济学理论的演进，以核心层次的纯粹形式理性作为起点，理性依据拉卡托斯"科学进步的研究纲领框架"——从最初广泛使用的内涵丰富而外延狭小的假设发展到内涵精练而外延扩大的解释力和适用范围更大的假设——沿着形式理性理论、预期效用理论、自我利益最大化理论和财富最大化理论的脉络，验证行为人进行理性选择的行为范式。[②] 首先，形式理性，要求行为人的手段与其目的的一致性最大化，即比较不同行为（手段）方案之间的成本和收益，是进行成本收益比较的基础。其次，预期效用理论，揭示了不确定性下选择决策者预期效用最大化实现的基本规律，其中效用函数的引入使得不同行为具有了通约的、可传递的比较条件，使得选择能够通过程序达到最优。再次，自我利益最大化理论可以避免休谟式的"他人幸福影响"问题，[③] 更准确地将决策目标限定为决策者自我利益的取向，排除了利他行为对于利益决策的干扰。最后，财富最大化理论通约了异质的利益形式，使得货币收益成为判定行动人选择的圭臬，并可以进一

---

① 量纲是物理学中的一个重要问题。它可以定性地表示出物理量与基本量之间的关系；可以有效地应用它进行单位换算；可以用它来检查物理公式的正确与否；还可以通过它来推知某些物理规律。而由于法律经济分析经常面临的是不同类别的利益比较，在进行成本收益分析前，必须将这些异类的利益进行量纲的转化。参见谈庆明《量纲分析》，中国科学技术大学出版社，2005，第2~3页。

② 魏建：《法经济学：分析基础与分析范式》，人民出版社，2007，第25~27页。

③ 休谟认为：人类的社会本能，使得人们在判断一种行为的功利问题时，应同时关注其对于人的自身幸福的影响，还要关注其对于他人幸福的影响。参见舒远招、朱俊林《系统功利主义的奠基人——杰里米·边沁》，河北大学出版社，2005，第42页。

步援引价格体系而展开预测性分析。

以理性为起点，波斯纳指出："法本身——它的规范、程序和制度——极大地注重于促进经济效益"，① 法律制度就是一种促进资源有效配置的规范方法。诉讼法律场域下的有效配置，就是令当事人付出最小的成本，获得最大程度的诉讼效益。完全理性理论，使得作为行为选择决策者的诉讼当事人，具备进行选择的理性向度。基于形式理性要求，当事人进行不同诉讼行为的目的及手段获得了逻辑上的一致性；基于预期效用理论，可以令行为决策前瞻于实际结果，从而使不同行为的比较具备了实质内容，也使得精确的比较成为可能；自我利益最大化理论令决策者成为"自己是自己利益最好的判断者"，而避免了主观判定可能的偏颇之处；财富最大化使得比较具有通约的利益形式，为不同的行为选择方案打通了最后的比较障碍。实际上，完全理性的假说只不过重申了在资源稀缺状态下的人性普遍规律，斯宾诺莎一语道破天机："人人是会两利相权取其大，两害相权取其轻……这条规律深入人心，应该列为永恒的真理和公理之一。"②

（二）理性选择的法律市场

诺贝尔经济学奖得主奥曼认为理性是"给定一个行为人拥有的信息，如果他最大化他的效用，那么他就是理性的"。③ 韦伯深化了经济学效用论，认为只有目的合理性（工具合理性）与价值合理性行动才属于合理的社会行动，即理性选择实际上应当依据行为人主观目的和实际社会价值来衡量。在具体的行为选择过程中，可以依据行动理论理性的"行动者、目标、情景、规范取向"四个要素进行综合评估。④ 行动者的认知能力，决定了理性选择的合理程度，但显然并不一定等同于最佳；目标设定符合目的理性，是选择决策的指引；情景描述了判断所在环境情形，而规范取

---

① 〔美〕理查德·A. 波斯纳：《法理学问题》，苏力译，中国政法大学出版社，1994，第493页。

② 〔荷〕斯宾诺莎：《神学政治论》，温锡增译，商务印书馆，1982，第215页。

③ See Aumann R. J. , "Agreeing to Disagree," *Annals of Statistics*, 1976（4），pp. 1236 - 1239.

④ 〔澳〕马尔科姆·沃特斯：《现代社会学理论》，杨善华等译，华夏出版社，2000，第46页。

向则是重视制度约束，二者构成选择的外部环境，属于客观标示。① 需要注意的是，进行理性选择，还存在四项基本的理论假设：其一，行为人是自身最大利益的追求者，具有动机行为一体性；其二，在特定情境中有不同的行为策略可供选择，具有选项；其三，行为人具有智识判断能力，从而确信不同的选择会导致不同的结果；其四，行为人主观上对不同的选择结果有不同的偏好排列。② 满足这些假设，选择才会存在，行为人才会有进行符合其目的选择的激励。

建构模型还必须具有模型运行的匹配的环境。法律的市场类比，一般被解读为把法律类比为一种价格体系，即通过法律规范设定每种行为的"法律定价"。法律定价就如同隐性的市场一样，形成法律规则下的行为选择约束条件，实现对行为人追求其利益最大化的有效控制，并借此达到法律对社会资源的最佳配置。③ 行为人作为"经济人"的假设，也同样适用于这个法律定价市场。基于前述的完全理性设定，为最大化自我利益行为人，势必选择对其最具有效益的"法律定价"行为规范，在实现法律对于人们行为调整的同时，也使得法律规范设定本身具备了调整乃至优化当事人行为的可能。同理，理性选择的诉讼人，应在法律规范设定的法律价格体系中，结合具体案情，依据其认知能力和目的意识，比较各种法律规定下可能的行为价格和收益，从中选择那个净收益最大的行动方案。

（三）成本收益理论

成本－收益（cost－benefit）理论是经济学的基础性理论，是评价理性的生产者、解释市场产品定价和供应状态的主要工具。成本收益理论可以在供求范围下，计算出确定最大化的利润数额和最大化收益的状态，在经济学理论上称为利润最大化的原则——当出现边际收益等于边际成本时

---

① 情景和规范，涵盖了制度和文化的内容。霍奇逊指出制度和文化在影响和形成目的本身方面有重大作用。制度结构和常规、社会规范和文化不仅影响行为，而且也影响对世界的看法以及追求的目标。转引自〔美〕乔治·雷瑟《社会学理论》，马康庄、陈信木译，巨流图书股份有限公司，1988，第73页。

② 丘海雄、张应祥：《理性选择理论述评》，《中山大学学报》（社会科学版）1998年第1期。

③ 魏建、周林彬主编《法经济学》，中国人民大学出版社，2008，第81页。

利润达到最大化。①

依据这一原则，只要存在边际收益大于边际成本或者小于边际成本的情形，生产者都必须调整其产量，在经济学上意味着这两种情况下生产者都尚未实现利润最大化。而只有在边际收益等于边际成本时，才表明已实现了利润最大化。企业对利润的追求要受到市场条件的限制，不可能实现无限大的利润；这样，利润最大化的条件就是边际收益等于边际成本。理性的诉讼当事人，其用于纠纷解决的投入也应当符合成本收益理论，在其诉讼边际成本收益相等的情况下，能够获得最大的法律净收益。这就构成了当事人据以进行行为选择的基本决策基础——确定诉讼均衡点，实现诉讼成本收益最大化。

二　当事人行为选择的成本收益模型

在成熟的法经济学研究中，法律作为公共产品的一种，具化在诉讼司法程序上就如同市场过程一样——"形形色色的法律消费者（追求利益最大化的当事人双方）为争取将资源配置给自己，以承担诉讼费和其他费用的代价选择了审判程序——这种能替代市场自愿谈判的最佳解纷方式"。②在法律市场中，不同的诉讼程序产品的供给，也可以在成本收益的模型中进行建构，并据此为行为当事人提供事先的预判。③一般而言，从行为的特点来看，当事人为了更为准确地预判诉讼程序产品的供给对于行为当事人的影响④（反映为成本率收益公式的斜率），应采用长期曲线（包络曲线）⑤来设定判断的模型，并依据边际收益规律来确定最佳的行为内容。

当事人行为选择的总成本 TC（Total Cost），包含了显性的进行该选择

---

① 〔美〕斯蒂格利茨：《经济学》，黄险峰、张帆译，中国人民大学出版社，1999，第285页。

② 冯玉军：《法律的成本效益分析》，兰州大学出版社，2000，第52页。

③ 这就是被用以衡量各种成本收益的规范经济学的具体适用，从而为当事人提供比较各种不同诉讼行为的预测。关于规范经济学的分析，参见〔美〕斯蒂格利茨《经济学》，黄险峰、张帆译，中国人民大学出版社，1999，第20页以下。

④ 在法律经济分析中，"个人是理性最大化者"，意味着"个人会对价格刺激做出反应"。参见〔美〕麦考罗、曼德姆《经济学与法律——从波斯纳到后现代主义》，吴晓露等译，法律出版社，2005，第74页。

⑤ 英文为 Containing Net Curve，指的是长期的平均成本曲线（LAC），是由无数短期平均成本曲线（SMC）做连续包络线而得。参见高鸿业《西方经济学》，中国人民大学出版社，2005，第174页。

所耗费的成本（DC，Direct Cost）以及隐性的选择该行为就不能进行其他选择的机会成本（OC，Opportunity Cost）。[①] 当事人选择性行为的收益（TR，Total Receive），可以表现为行为通过诉讼程序所获得的利益。这包括终局裁判所确定并可以被强制执行的实体法利益（MLR，Material Law Recieve），也包括降低实现实体法利益风险的程序保全利益或者获得有利裁判的其他程序利益（PLR，Procedural Law Recieve）。如诉前财产保全申请行为获得的实现裁判利益、证据法意义上的对方自认利益、法官依职权调查取证的证据利益等。依据理性人的假设，当事人行为选择只要在 TR > TC 的情况下就可能发生；而基于成本收益的利润最大化原则，当事人应该选择能获得最大化的（TR - TC）行为。这一情况可以用公式 3 - 1 表示：

$$P_{max} = （TR_i - TC_i）\qquad\qquad 公式 3-1$$

需要指出的是，有担心认为法律行为并不一定如同经济学的成本收益曲线表现一样，会存在因为产量上的连续变化而对应引发的边际收益和边际成本的线性变化的情况。但社会成本理论回应了这种担忧：任何一种权利的初始配置都会产生高效率资源配置，也都需要社会交易成本（市场或者非市场的）并影响收入分配，问题的关键在于如何使法律选择一种成本较低的权利配置形式和实施程序。[②] 换言之，在同等收益恒定情况下，行为人选择相应的法律行为，实际上只是个人进行以较低成本获得收入的一次选择决策。

第三节　诉讼和解选择的成本收益分析

对于潜在的纠纷解决而言，采用诉讼方式必须付费，这是为了防止当事人可能的滥诉行为。而这个费用一般由双方当事人中的败诉方承担。因

---

① 此处的机会成本并不特指于该阶段下当事人不能进行其他选择的排他性程序行为选择，如选择进行仲裁就不得再提起诉讼。在非排他性的程序选择项下，当事人有权在进行第一次选择获得不利结果后，再次进行后续的选择。典型行为如同意进行诉讼调解，而后调解不成再要求诉讼裁决。此处的机会成本可能表现为因为启动调解程序导致诉讼判决延迟而可能引发的诉讼贴息成本。

② 蒋兆康：《中文版译者序言》，载〔美〕理查德·A. 波斯纳《法律的经济分析》，蒋兆康译，中国大百科全书出版社，1997，第 18 页。

此，对于风险较高的案件当事人而言，寻求较为低廉的救济途径是一种理性的选择。[①] 诉讼成本昂贵的特征（包括法院审判成本与律师费用以及由此耗费的当事人机会成本等），使得当事人选择进行诉讼的预期沉没成本（sunk cost）[②] 大为增加。在经济学家看来，放弃诉讼意味着节约的诉讼成本可以重新在当事人之间进行分配。毫无疑问，只要双方都确信适用和解的收益会大于诉讼收益（每一个当事人渴求和解产生诉讼剩余最大化）[③]，则双方会按照占优博弈战略（dominant strategy）[④] 而自动选择和解。

一　波斯纳双边垄断和解模型的结论

（一）双边垄断和解模型概述

波斯纳认为，和解有效存在的原因，是双方当事人之间最低条件或保留价格存在重叠区间。但由于原告只能与被告和解，被告只能与原告和解，且每一方当事人都会力求和解对诉讼的剩余最大化，这就造成了双方当事人对诉讼和解的垄断地位。[⑤] 波斯纳的双边垄断和解模型，就意味着追求剩余最大化的双方当事人，是决定垄断和解结果的最终因素；而使得和解发生的关键在于选择和解存在合作剩余，即被告通过判决而产生的预期成本大于或等于原告可能通过判决获得的预期收益。

我们可以选择一起典型的商业违约案件作为讨论样本，分析当事人在纠纷解决中选择和解或诉讼的具体博弈过程。假设违约人给相对方造成了

---

① 我们认为，所谓的败诉当事人不是绝对的，因为败诉的确定与当事人的纠纷解决策略选择、标的选择、代理人素质以及外部客观条件（比如证据的意外灭失）有关。

② 沉没成本是指一项开支已经付出且不管做出何种选择都不能收回。这与败诉的诉讼费支出是一致的。有关沉没成本参见〔美〕斯蒂格利茨《经济学》，梁小民、黄险峰译，中国人民大学出版社，2000，第40页。

③ 〔美〕理查德·A. 波斯纳：《法律的经济分析》，蒋兆康译，中国大百科全书出版社，1997，第724页。

④ 这是一种典型的占优博弈策略，双方均有进行诉讼和不进行诉讼的两种策略，前者会产生诉讼费用投入而后者不会。只要能够保证通过后者获得的纠纷解决结果与诉讼结果利益之差在双方诉讼费用投入之内，则双方就应当选择不进行诉讼。这是一种双方均能够获得博弈利益的占优策略。关于占优策略博弈论的分析，参见〔美〕拜尔等《法律的博弈分析》，严旭阳译，法律出版社，2004，第24页以下。

⑤ 参见〔美〕理查德·A. 波斯纳《法律的经济分析》，蒋兆康译，中国大百科全书出版社，1997，第723~724页。

10000 元的损害 C，而总诉讼费用 P 将花费每个当事人 1500 元。如果当事人一致选定事前和解，作为违约方，任何少于 11500 元的数额 W_1 都会促使其选择和解；作为相对方，则任何高于 8500 元的数额 W_2 都会使其选择和解，因为双方的和解状态会比不和解来得经济。此时，诉讼费用 P 就成了和解可能的合作剩余 W。由此，我们得出一个基本公式 3 - 2：①

$$W = P = W_1 - W_2 \qquad\text{公式 3 - 2}$$

据此结论，诉讼费用越高，双方当事人和解的可能性就越大，这符合一般的经验法则。

（二）关于和解的信息不对称模型

1. 选择和解的条件

问题到此，我们只是考虑了上述当事人和解的一种特例，即违约人的败诉率是 100%，相对人的胜诉率为 100% 的情况。而现实中，这种胜败诉率的可能性会发生变化。为继续充实上述公式，我们必须引入胜诉、败诉率的变量以及和解的费用。假设违约人认为相对人的胜诉率为 Δt_1，那么违约人的败诉预期就变成 $C \times \Delta t_1 + P/2$；相对方的胜诉率为 Δt_2，那么相对方的胜诉预期就变成 $C \times \Delta t_2 - P/2$；设和解的总费用为 Q，并且可以在双方之间进行平均分配，那么我们可以发现进行和解的条件是：

$$W_2 < W_1 \qquad\text{公式 3 - 3}$$

即

$$C \times \Delta t_2 - P/2 + Q/2 < C \times \Delta t_1 + P/2 - Q/2 \qquad\text{公式 3 - 4}$$

整理上述不等式可以得出：

$$C\,(\Delta t_2 - \Delta t_1)\ < P - Q \qquad\text{公式 3 - 5}$$

因此，当双方当事人彼此能够就胜诉预期达成一致看法时，则公式 3 - 5 左边为零，此时，只要和解成本小于诉讼成本，那么当事人双方就必然选择和解。同样地，只要违约人对相对人胜诉的预期高于相对人自身的

---

① 该等式有效成立还需要如下假设：双方当事人的风险中立，案件利益、诉讼成本也是对等的，和解费用为零，相对人为原告。

预期，那么公式 3 - 5 左边为负数，只要和解成本与诉讼成本持平即可。
而只有违约方对于相对人败诉极具信心时，和解才有可能被诉讼取代。[①]

　　2. 其他影响和解的外部因素

　　一种选择和解的情况，是在开始诉讼后进行和解或者调解。之所以会发生这种诉后选择和解/调解，在于当事人进行博弈的条件会随着诉讼进程而相应发生改变，从而影响双方当事人彼此对对方胜诉的预期。随着诉讼的深入，基于证据开示等原因，双方当事人的信息不对称状态逐渐发生变化，朝着削弱不对称状态发展。这造成双方当事人对对方胜诉预期逐渐一致，即（$\Delta t_2 - \Delta t_1$）的值逐渐接近于 0，因此公式 3 - 5 条件的达到就变得越发容易了（和解费用小于诉讼费用）。另外，如果诉讼之前的和解失败，也可以通过向被告披露原告遭受的高损失，为后续的双方的和解抬高筹码。当然，这一行为的代价是双方需要为可能的多次和解支付费用。为了解决这个问题，一个可能的针对诉讼的改进就是更有力地压缩诉讼阶段，促使案件能够从速实现一体化审判。因为诉讼阶段越长，当事人就越缺乏尽快披露个人信息的激励，使得（$\Delta t_2 - \Delta t_1$）的值增大，导致需要更多次的和解程序来逐渐增进双方的信息了解程度。[②]

　　双方当事人对于诉讼风险的偏好可能的不同，也会导致双方诉讼或者和解博弈结果的不同。波斯纳认为："如果双方都厌恶风险，那么诉讼的可能性就会有所下降。"[③] 换言之，双方进行和解的可能性就会增加，因为诉讼判决所具有的一体性，[④] 使得当事人败诉的成本极为巨大，所以厌

---

① 依据博弈信息对行为选择倾向的影响，一般是相对于总体的正义而言，责任的概率低且责任所造成的损失高时才会形成诉讼。参见〔美〕拜尔等《法律的博弈分析》，严旭阳译，法律出版社，1999，第 291~292 页。

② See Douglas G. Baird, Robert H. Gertner, Randal C. Picker, *Game Theory and the Law*, Cambridge, Mass.: Harvard University Press, 1998, p. 259. 中文译本参见〔美〕拜尔等《法律的博弈分析》，严旭阳译，法律出版社，1999，第 290 页。

③ 〔美〕理查德·A. 波斯纳：《法律的经济分析》，蒋兆康译，中国大百科全书出版社，1997，第 726 页。

④ 因为民事诉讼并不是依当事人完成的举证比例而相应分割标的（即当事人的诉讼请求）的，相反，只要一方完成相对优势的举证（比如 51%），那么判决就会将全部的标的予以100% 实现。相对于和解的讨价还价，显然这种整体标的的判决必须承担更大风险。关于证明比例与审判结果（诉讼请求实现额）的关系，具体参见陈慰星、程春华《证据法的经济学分析》，载樊崇义主编《诉讼法学研究》，中国检察出版社，2003，第 251 页以下。

恶风险的当事人会倾向于更有余地的和解选择。相反，如果一方当事人倾向于非理性的冒险（风险偏好），那么他将诉讼进行到底的决心就会增大，所以一般法经济学也将选择进行诉讼的模型称为"乐观模型"。[1]

3. 模拟案例检验

回到上述的虚拟案件中，再假设 $\Delta t_1 = 80\%$ ， $\Delta t_2 = 90\%$ ，和解的费用为每人 500 元。代入和解判定公式 3 - 5，我们发现：因为 1000 元 < 2000 元，双方选择和解更加符合彼此的利益。对违约方而言，其和解最高付出的代价是 $C \times \Delta t_1 + P/2 - Q/2 = 9000$ 元，而此时相对人的最低要求仅为 $C \times \Delta t_2 - P/2 + Q/2 = 8000$ 元。在和解数额 $t \in$ （8000～9000）元的情况下，违约人的满足度为（9000 - t）元，相对人的满足度为（t - 8000）元，双方当事人可以获得总共 1000 元的合作剩余；[2] 而如果双方选择诉讼，假设原告胜诉，获得全部 10000 元的赔偿，那么扣除其实际诉讼支出实得 8500 元，其满足度为 8500 - 8000 = 500 元，被告却为此支出 11500 元，满足度为 9000 - 11500 = - 2500 元，双方当事人就没有合作剩余，社会总收益就变成 - 2000 元。显然，只要和解数额 $t \in$ （8000～9000）元，双方当事人的收益均会因此优化，选择和解使得双方处在一个帕累托最优状态。

二   共同诉讼下的和解策略选择[3]

由于共同诉讼当事人内部关系复杂，在具体的和解过程中会出现很多

---

① 乐观模型是 Landes (1971)、Gould (1973) 首先提出的，并先后经过 Shavell、Cotter、Rubinfeld、Baird、Gertner 和 Picker 的完善。乐观模型揭示了坚持诉讼到底的当事人信心，只有乐观地认为自己确定获胜的当事人，才会坚持诉讼到底。See Landes, "An Economic Analysis of the Courts," *Journal of Law and Economics*, 1971 （14），pp. 61 - 107. Gould, "The Economics of Legal Conflicts," *Journal of Legal Studies* 1973 （2），pp. 279 - 300. Shavell, Steven, "The Social Versus Private Incentive to Bring Suit in a Costly Legal System," *Journal of Legal Studies*, 1982 （11），pp. 334 - 339. Cotter and Rubinfeld, "An Economic Analysis of Legal Disputes and Their Rubinfeld," *Journal of Economic Literature*, 1989 （27），pp. 1067 - 1097.

② 满足度等于高出相对人最低获得的部分加上低于违约人最高付出的部分。

③ 本部分写作主要参阅了魏建教授对不同类型原告（高、低胜诉率原告划分）进行的分离策略与混合策略和解的分析。由于笔者也参与相关章节的写作，特此进行说明。具体参见魏建、周林彬主编《法经济学》，中国人民大学出版社，2008，第 248～249 页。

特殊情况，特别是各国关于共同诉讼的不同立法体例，造成了和解选择分析的巨大困难，涉及社会选择理论所压缩的"如何做出集体决策"（collective decisison）的分析。① 因此，对共同诉讼的当事人关系识别，一般可以依如下两个方面进行：其一，复数当事人之一的和解行为是否具有独立性；其二，复数当事人之一和解行为有效与否是否需要获得他人的许可。② 相对于

① 〔德〕沃尔夫·盖特纳：《社会选择理论基础》，李晋、马丽译，格致出版社、上海人民出版社，2013，第1页。

② 我们可以列举出中、德、日、美四个有代表性的国家来进行比较法分析。我国的当事人共同诉讼，一般区分为必要共同诉讼和普通共同诉讼。对诉讼标的有共同权利义务的必要共同诉讼人在得到其他共同诉讼人承认的情况下，其行为效力及于其他共同诉讼人；但是普通共同诉讼的行为效力不及于他人。日本民事诉讼法理论将共同诉讼视为"主体的诉的合并"或者"主观的诉的合并"，要求当事人的一方或双方为复数。共同诉讼包括普通共同诉讼和必要共同诉讼。普通共同诉讼一般是各个共同诉讼人与相对人之间存在分别的请求，且彼此判决效力不发生关联，诉讼标的对于各共同诉讼人不必合一确定。按照发生原因上的不同（是基于权利或义务共有，还是基于同一事实或法律），再区分为固有的必要共同诉讼和类似的必要共同诉讼：前者与我国的必要共同诉讼一样，要求利害关系人必须全体一同起诉或被诉为适格；而类似的必要共同诉讼，属于可以分割的共同诉讼，以部分共同诉讼人为当事人的诉讼亦可。三ヶ月章教授就认为在"可以提起个别诉讼的条件下，为使其判决的效力及于第三人而偶尔形成的共同诉讼关系，以合一为必要条件……但该共同诉讼关系持续期间，不允许对各共同人作相互不同的判断"。德国民事诉讼理论将共同诉讼（Streitgenossenhaft，也被称为主观诉的合并）分为两类：一类是出于简化程序的利益而在同一个程序中结合众多诉讼的简单共同诉讼，包括鉴于诉讼标的的共同利益和因同一个法律理由或者事实理由而产生的权利义务，以及建立在同类的事实理由和法律理由基础上的同类请求权和义务；另外一类是更为复杂的必要共同诉讼，包括诉讼法上的必要之诉和实体法上的必要之诉。程序法必要之诉涉及"某个共同诉讼人的独立合法的诉的判决的既判力延伸到其他共同诉讼人"，所以有许多学者避免使用"程序性必要共同诉讼"这一概念，而倾向于采用"必要的统一实体裁判（确认）"的提法。实体法的必要之诉主要是共同诉讼人对以诉主张的权利只共同拥有诉讼实体权限，或者涉及只能共同履行被诉求的给付的多个被告被起诉的情况。以美国的制度为例，《联邦民事诉讼规则》第19、20条是关于"当事人的强制合并"（Jointer of Parties）的规定。合并包括强制合并和任意合并：前者是为了避免不合并的部分当事人缺席可能引发的诉讼不利益，又可以再区分为必须强制合并的必不可缺的当事人（Jointer of indispensable parties）情形和法院可以决定是否合并"必要当事人"（Jointer of necessary party）情形；后者一般只要求共同诉讼人有共同的法律问题或者事实问题，这种做法有点等同于类似的必要共同诉讼，属于可分诉讼。就与本部分相关联的内容来说，重点在于考察在不同的共同诉讼过程中，共同诉讼人之间是否就和解（包括是否和解以及和解数额）具有牵连性或者独立性。参见常怡《比较民事诉讼法》，中国政法大学出版社，2002，第365~370页；〔日〕三ヶ月章《日本民事诉讼法》，汪一凡译，五南图书出版公司，1997，第231页；〔德〕汉斯-约阿希姆·穆泽拉克《德国民事诉讼法基础教程》，周翠译，中国政法大学出版社，2005，第137~141页；汤维建《美国民事诉讼规则》，中国检察出版社，2003，第97~98页。

原告而言，被告一般因为诸如证据距离较近、专业优势而对胜诉概率判断方面具有信息优势，故可以先从被告的角度，推测多个共同原告和解的情形。依据共同诉讼中当事人的关系，可再细分为必要共同诉讼与普通共同诉讼进行讨论。

（一）普通共同诉讼的和解策略选择

普通共同诉讼的共同当事人关系往往比较松散，各自对于诉讼的判断也可能不同。为此，各个共同诉讼人一般均有不受其他共同诉讼人之干预，各自拥有独立实施诉讼之权能。[①] 在具体的实践中，就存在普通共同诉讼各原告独立与被告进行和解的情形。被告可因不同当事人的特殊情形，施行不同的和解策略。

设在共同诉讼人内部存在两种不同类型原告：一类为胜诉概率较高的原告 Ph，一类为胜诉概率较低的原告 Pl，则 $Ph > Pl > 0$。经过估算各自的胜诉额度和预期成本，可得两种类型原告预期收益分别为 $PhD - Cp$ 和 $PlD - Cp$。（Cp, cost of plaintiff）对于被告而言，其只能获知存在两种原告类型，但不知道具体对象是谁。设共同原告为 1，a 代表胜诉率高的原告在共同原告中所占之比例，（$1 - a$）代表胜诉率低的原告在共同原告中所占之比例，可得所有原告平均胜率 $\bar{P} = aPh + (1 - a) Pl$。

设被告针对高低胜诉率预期的原告的和解报价为 Sh 和 Sl，被告可以采用令全体共同原告均接受的混同策略进行和解，也可以仅采用针对低胜诉率的原告的分离策略进行和解。

1. 混同策略（Pooling Strategy）

如果被告准备一揽子进行和解（即不甄别高低胜诉率原告，而同全体共同原告和解），则其混同策略和解方案提出的统一的和解报价应大于或等于高胜诉概率原告的预期判决收益，即 $Sh \geqslant PhD - Cp$。而高的和解

---

① 我国台湾地区学者均持类似的意见，姚瑞光认为他造对于共同诉讼人一人之行为及其一人说之思想，其利害不及于其他共同诉讼人；王甲乙、杨建华、郑建才认为各共同诉讼人与相对人之间有个别之请求，且就此所谓之判决效力互相无关；骆永家认为各个共同诉讼人有独立实施诉讼之权能。参见李木贵《民事诉讼法》（下），三民书局，2006，第 8～31 页。

结果自然也兼容低胜诉率的原告预期，最终被告最为能够同时为全体原告所接受的最低和解数额，应等于高胜诉率原告的最低预期数额，即 Sh = PhD − Cp，此为混同策略的和解选择。

2. 分离策略（Splitting Strangely）

因为普通共同诉讼中不同的共同原告可以独立选择和解，被告可以针对不同对象进行分离策略的区别对待：令被告的出价 PlD − Cp ≤ Sl < PhD − Cp，此时，被告的出价低于前述的混合策略出价，只有低胜诉率预期的原告会同意进行和解。最终被告为低胜诉率预期原告所接受的最低和解数额，应等于低胜诉率原告的最低预期数额，即 Sl = PlD − Cp。

3. 被告的和解选择

如前所述，被告通常会面临采用混同策略和解还是分离策略和解的选择。最终被告如何确定提出的和解数额以及策略，取决于选择后的预期成本的大小。混同策略的被告预期成本为确定的 PhD − Cp；分离策略的被告成本，则相对比较复杂，需要预估原告的高低胜诉预期比率，可计算为 a（PhD + Cd）+（1 − a）（PlD − Cp）。（Cd, cost of defendant）被告采用分离策略，要求分离的预期成本小于混同策略的预期成本，即为 a（PhD + Cd）+（1 − a）（PlD − Cp）< PhD − Cp，整理可得：

$$（1 − a）/a × （Ph − Pl）D > Cp + Cd \qquad 公式 3 − 6$$

我们可从有利于上述不等式成立的变量条件分析，发现促成被告采用分离策略的选择原因。若代表高胜诉预期的原告比例的变量 a 越大，则此时不等式左边的值越小，这意味着被告应采用混同和解策略进行报价更为合理；若代表共同原告胜诉率高低的 Ph 与 Pl 差异越大，意味着此时不等式左边的值会越大，这意味着被告采用分离和解策略进行报价更为合理；若诉讼标的越大，则也会因为不等式左边的值相应增大而意味着被告应采用分离和解策略。对于诉讼成本的变量而言，若双方诉讼成本越高，被告若欲和解，则应当采用混同策略。

整理可得被告选择不同和解策略的谱系：（1）如果胜诉率预期高的原告占共同原告的多数，则被告应采取混同策略，即不区分胜诉率高低统一向共同原告提出和解报价；反之，当胜诉率预期低的原告占共同当事人的多数，则被告倾向于采取分离策略，区分不同胜诉率原告，分别提出不同和解报价。（2）如果共同原告中对于胜诉率高低的预期差异较大，则被告采用分离和解策略更为合理。（3）如果诉争的标的额较大，被告则应尽可能采用分离策略进行和解。（4）各方进行诉讼的成本 C 越高，被告越应该以混同策略寻求和解。

（二）必要共同诉讼的和解策略选择

虽然必要共同诉讼在诉讼法理上相对比较清晰，但是对于想要和解的被告而言，却更为复杂。因为必要共同诉讼的共同当事人存在"一体化"的联系，和解必须获得全体共同当事人的同意才能实现。结合上述分析的结果可以得出：导致和解的情形是原告的和解收益大于判决预期胜诉收益，且此时和解结果小于被告通过判决的预期成本。

$$D\left[aPh + (1-a)\,Pl - Pd\right] \leqslant Cp + Cd \qquad 公式\ 3-7$$

$$D\left[a\,(Ph - Pl) + Pl - Pd\right] \leqslant Cp + Cd \qquad 公式\ 3-7'$$

公式 3-7 右边值属正值就能使公式成立；如果被告的胜诉率 Pd 预期高于原告的加权平均预期，则公式 3-7 左边一定为负值，公式也能自然成立。当然，上述不等式在设定时，我们并没有考虑和解需要支付的其他费用。如果存在和解费用，则要求双方存在合作剩余（即还需要满足和解行为费用比诉讼行为费用低廉），并且双方当事人愿意就合作剩余的分配达成一致意见（即在和解费用的摊销方面如何由被告合理进行补贴），才可能达成和解。

解析上述不等式，我们同样得出被告是否进行和解选择的谱系：（1）如果胜诉率高的原告占共同当事人的多数，则变量 a 变大，此时和解难度增加（或者说需要满足的和解报价将会更高），则被告应选择拒绝和解而寻求判决以求一搏；反之，当胜诉率低的原告占共同当事人的多数，由于 a 变小，则被告更可能采用和解策略。（2）诉争的标的额 D 越大，和解支付的成本显著增加，合作剩余空间变小，被告选择进行诉讼更为合理。（3）各方进行诉讼的成本 C 越高，则合作剩余的空间就越大，被告越应当选择和解策略。

三　关于混同策略的案例验证

（一）案例概述

20 世纪 60 年代初，日本化肥和塑料公司 Chisso 所在地水俣湾（Minamata Bay）因为排放汞，造成了附近居民慢性汞中毒，并引发了严重后果。事件共造成 378 人死亡，不计其数的居民患病致残。[1] 1959 年发现该病的直接原因就是人们吃了水银中毒的鱼，而水银是 Chisso 公司排放到附近海域的。在受害者的强烈抗议下，Chisso 公司同意调解，并提出总共 20 万美元的赔偿，遭到受害者拒绝。后来市长出面威胁要解散受害者团体，不赔偿任何损失。受害者团体与公司达成协议：对死者每人赔偿 830 美元，丧葬费每人 55 美元；对病人每人赔偿 280 美元，包括一切现在和将来的赔偿，并一次付清。

但随着后来类似的环境群体性致害案件的出现，日本政府将案件从卫生和福利部转交到国际贸易和工业部。此时，水俣案件的受害者分为三派：一派直接与公司谈判，一派主张由卫生和福利部组织进行调解，而一派则主张通过诉讼解决。结果，前两派最终和解，在 1970 年达成了一个新的赔偿协议，每人总共获得赔偿 5500 美元，每年每人 140 美元。而诉讼的一派最终获得了每人 6 万美元的赔偿。法院判决的既判力还拓展到其他没有进入诉讼的一切受害者。[2] 详细的诉讼情况如下：

1969 年 6 月水俣病的受害者向法院提起了第一次诉讼，原告为 28 户家庭，共 42 名患者。该诉讼在 1973 年 3 月以患者方面的全面胜诉而告终。此后通过与东京本部的交涉，氮肥公司与患者间正式签署了协议，并

---

[1] See Tamashiro H., Akagi H., Arakaki M., Futatsuka M., and Olt LH, "Causes of death in Minamata Disease: Analysis of Death Certificates," *Int Arch Qccup Eviro Health* 54 (2): 135 – 146, 1984. 据最新的数据，已被正式确认的水俣病患者有 2955 人。See Environmental Health Department, Ministry of the Environment, Minamata Disease: The History and Measures（http://www.env.go.jp/en/chemi/hs/minamata2002/summary.html），下载日期 2014 年 2 月 28 日。

[2] Frank Upham, *Litigation and Moral Consciousness in Japan: An Interpretive Analysis of Four Japanese Pollution Suits*, New York: Holt, Rinehart & Winston, 1975. 转引自朱景文《解决争端方式的选择》，学术中国（http://www.xschina.org/show.php? id = 11778），下载日期 2009 年 7 月 22 日。

确定了患者将得到 1800 万到 1600 万日元的受害赔偿金及每年 72 万到 24 万日元不等的年金（退休金）补偿的规则。尽管协议确定了致害企业的赔偿责任，但由于受害者不断被发现，人数增加导致了企业无力支付。此时，重新认定国家赔偿责任与界定患有水俣病患者的范围成为摆在纠纷最终解决面前的新问题。这些问题再次以民事诉讼方式涌向熊本、福冈、大阪、京都、东京、新潟等法院，并在最后促使了国会受理此案。[①] 直到 1995 年，中央政府才最终接受了和解方案。历时 20 余年的不断抗争，国家、地方政府、企业和诉讼原告之间最终才达成了约 1 万人每人获得 260 万到 400 万日元的谅解金，这一事件才得以最终勉强和解。[②]

（二） 共同诉讼下的和解策略展开[③]

鉴于水俣案件的巨大公共影响力和复杂程度，随着案件的深入，在双方无法就合理的侵权解决方案达成一致的时候，越来越多的人选择了诉讼。但进入诉讼只是改变了双方侵权补偿责任厘定的场域，继续的诉讼和解同样在诉讼中进行。这可以进一步借助法律经济分析工具来予以研判。

1. 关于侵权人纠纷解决的策略选择分析

（1） 仅致害公司作为被告。

在致害公司为被告的共同诉讼中，本案共同原告人（高胜诉率预期当事人）实际的胜诉判决额为 PhD - Cp = 60000 美元，共同原告人（低胜诉率预期当事人）实际的调解接受额为 PlD - Cp = 5500 美元；代入分离策略的计算公式，可知，如果公式成立需要满足 54500a < 54500。由于 a 为高胜诉率预期的原告在共同诉讼人所占的比例，故而 a < 1，不等式得以成立。显然，此时致害公司应当选择分离策略解决纠纷。

（2） 致害公司和中央政府作为共同被告。

从最终处理的结果推测，中央政府实际上采用混同策略，提供给共同

---

① 张弘、吴华、浅野直人：《日本的环境法和民事诉讼的动向》，《研究生法学》2001 年第 1 期。

② 〔日〕谷洋一：《水俣病事件中受害者的斗争与市民的支援活动》，付二林译，载王灿发主编《环境纠纷处理的理论与实践》，中国政法大学出版社，2002，第 258～259 页。

③ 魏建、周林彬主编《法经济学》，中国人民大学出版社，2008，第 248～249 页。

诉讼原告较高额度的和解报价。结合我们前述的结论，进行和解意味着此时原被告方的胜诉预期应当是比较接近的，而从本案延宕至 1995 年才结案，可以说本诉原被告之间信息不对称基本不存在，关于诉讼胜诉比率的认知基本一致，故而进行和解可能性很大。实际上，这也符合我们另外的一个直观的经验判断，即诉讼如果进行过长，则进行和解的可能性也就随之提高。

当然，受害人同时将中央政府或者地方政府作为共同被告在民事诉讼法法律层面并不现实。但从现实的大型环境侵权的处理过程分析，政府必然会在其中扮演主要的角色。从致害人的角度出发，政府的这种介入也促使致害人会在一定程度上提高和解的赔偿报价，促成以更为柔和的非裁判方式解决纠纷；反过来，这同时也有助于致害人能够更为妥善地摆正商业利益，平衡在投资地的综合利益，实现对于侵权地有效补偿和可持续商业发展的双赢。

2. 关于受害人纠纷解决的策略选择分析

（1）作为个体的受害人。

显然，对应于致害人所提出的和解分离策略，每个受害人均是作为个体予以应对。由于谈判的时间以及信息不对称等问题，受害人往往因各自情况而有所差异。这是使得上述分离策略得以发生的客观条件。为了摆脱受害人因为个体利益差异而容易被"各个击破"的个体困境，比较好的应对策略应当是寻求类同利益个体的聚合，以形成利益相似而且谈判力较强的"小团体"。

在具体的环境侵权案件中，由于可能的侵害范围较大，很多受害人限于地域或者接受救助的时效性而难以进行有效的团体聚合，这可以通过设定一定的措施来改善个体受害人的处境。可以采用环境侵权责任前期补偿基金方式，对于符合条件的个体受害人，在需要紧急救助的事项（如医疗救助、生活救助以及其他人道救助等）发生时予以先行拨付，待最终赔偿责任数额确定，再行扣除。

（2）作为团体的受害人。

由于团体受害人系由可能的不同利益者聚合而成，而团体受害人在纠纷解决过程中通常可能会面临对方的"混同策略"的一体化处理。虽然从整体收益情况看，混同策略的整体获益最高，但是对于团体内部的个体而言，有一定的"分配正义"问题。[①] 即不同的利益受害人，在同一团体中获得一体的对待，使得本应该获得更多赔偿的个体无法在团体内部的分配中获得相当对待。

从具体的环境侵害操作出发，这种团体引发的赔偿资源的分配性悲剧，可以借助入团契约的约束性条件来予以化解。通过团体发起人设定团体的补偿标准，细分各个入团个体的利益当量，从而从最终谈判获得的赔偿中再行按照比例支付。实际上，这是一种大型团体的解决思路。关于团体如何同环境侵害人进行谈判的策略可以淡化具体数额标准，从而依据受害人的受害程度和需要补偿的情形由团体与侵权人共同确认每种幅度的补偿基准。

3. 基于谈判成本的核心结论

从对作为环境侵权人的污染企业的实证调研来看，减少冲突，促成纠纷及时化解是一种较优的选择；而受害人一方也希望能够及时全面地获得补偿。双方的博弈最优解，在于能够将谈判成本尽早吸纳为补偿数额，减少双方谈判带来的补偿数额贴息问题。[②] 在这个意义上，包括企业、地方政府与受害人在内的环境侵权诉争各造，也应当各自划出对应的"谈判成本"，作为实际的侵权赔偿数额的预算项目。以此建立的双方诉讼程序选择成本基础，势必更有利于形成趋向一致的高效和解结果。

---

① 关于这一问题的深入分析，参见〔美〕罗尔斯《正义论》，何怀宏等译，中国社会科学出版社，1988，第261、263页。

② 关于这一结论的法律经济分析，具体参见陈慰星《民事诉讼当事人行为选择的经济分析》，西南政法大学博士论文，2009，第48页。

第四章　当事人行为选择的信息系统

知之为知之，不知为不知，是知也！

——孔子

生活充满了不确定性和策略行为。

——萨缪尔森

第一节　诉讼知情体系与当事人信息行为

一　诉讼知情体系的基本构造

从正当程序所需要的公开原则出发，建构面向当事人各方的诉讼知情体系，促进与案件相关的事实、知识、资料、根据等理性认识的形成，是现代程序的基本结构。[①] 反过来，基于卢曼分析的程序的反身作用，处于信息端点的当事人也将依据自身对诉讼信息持有的情况，展开对各种诉讼行为的选择。现代诉讼通过先悉权赋予了当事人知悉诉讼信息的权利基础，在具体司法实践中，演绎出了知情权和诉讼职权相互交错融合的三元知情体系，并依据期望协调一致的原理，促成各方当事人形成可以被相互认知的诉讼行为预期。

（一）诉讼知情体系的权利基础

现代诉讼的知情体系，一般建立在一种被称为"先悉权"（discovery）的诉讼权利上。美国学者将其解释为"使律师可以获得了解、

---

① 季卫东：《法治秩序的建构》，中国政法大学出版社，1999，第26页。

对方将使用某些证据的权利。……这一权利通常只限于书面陈述、政府调查人所取得的供词或者鉴定人（专家证人）对物证所作的鉴定报告"。① 这个制度是为了让刑事辩护方能够在审前就知悉控方全部指控的罪名、事实、证据和法律依据，并为辩护做充分准备。而先悉权赖以实现的制度平台，源于衡平法实践中的"发现申请"（bill of discovery），② 即允许当事人或者代理律师通过向法官申请动议，从对方当事人和其他与案件相关的证人那里获取信息（在这个意义上，发现程序实际上源于职权调查模式）。而大陆法系的知情体系，主要在于所谓的合法听审权（Das rechtliche Gehör）所涵盖的知悉权（受通知权）和陈述权对于事实厘定之作用。③ 虽然听审权更多指向与保障法院之裁判正义和正确性，但由此同样使得对方在这种面向法官的信息系统中间接获益，而使得建构于程序保障法理下的现代大陆法系民诉构造更臻于合理。

但需要注意的是，除了"不在现场"等特定证据外，先悉权制度下的信息流动仅仅是一种控方向辩方单方面展示的"单行道"（one way street）制度。④ 当20世纪初期当事人主义诉讼的基础理论从"竞技论"转向"真实论"的司法理念风起云涌之际，单行道的做法已经不能很好地满足探知案件的实际要求。在民事诉讼中，由于对等且平等的双方构造迥异于刑事诉讼控辩双方的悬殊实力状态，这种"单行道"的片面信息流转机制，自然在民事诉讼平等原则的推动下，要求在原被告双方之间平行展开，实现工具层面的"武器平等"（equality of arms）。因此，现代意义的双向的诉讼信息流动体系，就始于这个时期生效的美国《联邦民事诉讼规则》（1938年9月16日）。该法首次实现双方间平等双向的信息交流，得以经过证据开示前置程序较好地满足"每一方当事人都必须应对

---

① 〔美〕小查尔斯·F. 亨普希尔：《美国刑事诉讼》，中国政法大学教务处，1984，第183页。转引自张建伟《司法竞技主义——英美诉讼传统与中国庭审方式》，北京大学出版社，2005，第210页。（需要指出的是，张文在引注亨氏著作时注明印制单位为"中国政法大学出版社，教务处"，经查证为误，遂于此改为"中国政法大学教务处"。——作者注）

② 汤维建：《美国民事诉讼规则》，中国检察出版社，2003，第179页。

③ 姜世明：《民事程序法之发展与宪法原则》，元照出版有限公司，2003，第28~30页。

④ 张建伟：《司法竞技主义——英美诉讼传统与中国庭审方式》，北京大学出版社，2005，第213~214页。

方当事人的适当请求提供所有的事实细节"的现实需求，并因其植于长期的司法实践经验的良好实用性，很快地使一部仅适用于联邦地区的法律，对各州的立法和法院规则产生了广泛的影响。在后续的发展中，"法院规则和成文法的不断完善使民事诉讼中的证据开示范围迅速扩大，通过规定庭外录取证言（deposition）、质问书（interrogatory）、请求自认（request for admission）、强制调取文书和其他有形物品（compulsory production of documents and other tangible items）等，民事诉讼证据开示的有关条款赋予了双方当事人开示几乎一切相关资料的权利"。① 反过来，这促使刑事诉讼开始走向"双向披露"（reciprocal discovery）的自由开示时代。

（二）现行的三元诉讼知情体系模式

现实中，因为双方对立和各自利益立场的问题，单纯地依靠彼此的认可而自行实现这种信息交往往往是难以实现的。因此，一般意义上的诉讼双方存在一种相互的信息不对称状态。而为了更好地化解这种信息困局，程序设计中必须要考虑一定的制度来校正这种可能影响双方决策进而可能形成新的程序不公的潜在信息劣势。在制度体系上，制度的校正可以经过贝勒斯所谓的对抗、官僚调查、管理、职业服务和协商五种模式实现。② 目前比较主流的有对抗式审判、运用强职权模式进行"纠问"的官僚调查审判和允许双方合意共同获悉信息的协商模式（如辩诉交易、附条件自认等）。

对抗式审判一般通过庞德所谓的"竞技司法"（sporting theory of justice）体系由当事人在对抗竞逐的证据攻辩过程中完成，而调查模式一般由法官介入并且分配，协商模式由双方当事人合意。为了确保上述方式的实现，诉讼过程中还匹配了辅助措施。对抗式审判，要求进行证据开示，

---

① 孙长永：《美国刑事诉讼中的证据开示》，载陈光中、江伟主编《诉讼法论丛》（第3卷），法律出版社，1999，第220～221页。

② See Macdonald, "Judicial Review and Procedural Fairness in Administrative Law," *McGill Law Journal*, 1980（25），pp. 520–64. Jerry L. Mashaw, "Conflict and Compromise Among Models of Administrative Justice," *Duke Law Journal*, 1981（2），pp. 181–212.〔美〕迈克尔·D. 贝勒斯：《程序正义——向个人的分配》，邓海平译，高等教育出版社，2005，第204～218页。

以防止埋伏证据在信息交锋过程中对于对方的突袭；官僚调查模式，则给予法官分配调查、积极介入的主导职权；而协商模式也通过诉讼契约的方式来确认当事人的合意正当性。

借用贝勒斯提出的核心标准，通过信息校正人拥有信息决定权的自由程度来区分几种诉讼信息校正制度，可得：对抗模式强调通过信息披露来实现对于不对称信息的克服，并且利用证据信息和争议失权来控制当事人提出信息的自由；① 调查模式则赋予调查人在一定的证明责任分配规则下要求当事人提出证据和援引证据说服的职权，自由程度最高；而协商模式下的自由必须取决于对方的认可，通常自由程度在形式意义上或许可以很大，但因为缺乏对方合作而可能难以获得现实的自由。

（三）作为"期望协调一致化"的诉讼知情体系

关于诉讼信息系统会对于诉讼结果产生作用的观点并不会引起太大的学术争议。但对于具体的诉讼当事人而言，可能会存在一个帕森斯界定的人类行为"双重偶然性"（double contingency）的困局，即行为人之间的交互行为的主观意义为两个独立的主体所控制，充满着双向的偶然性。而这种双向偶然性，决定了诉讼知情体系中的信息风险和复杂性。对此，帕森斯的答案是通过稳定性的规范形成稳定的预期——"当人们要在每个人能选择他们主观行为的意义这种情况下相互行为时，他们相互行为的期望必须结合起来。这就必须依靠持久的、可了解的、内化的规范。否则就不能消除两个主观意义的双重偶然性"。② 卢曼进一步借助复杂系统进化过程的机制，提出了"程序系统"作为一种选择和利用可能性以及消除无用物的机制。③

在具体的诉讼选择决策中，"法律作为一般形态（即自主独立和普遍标准）"④ 的适用，消除了人们在不同行为下同对方之间关于主观行为意义的认识误区，有助于当事人依据程序法律落实行为期望，发挥规范的协

---

① 关于诉讼失权的相关问题，参见张卫平《论民事诉讼中失权的正义性》，《法学研究》1999 年第 6 期。

② 沈宗灵：《现代西方法理学》，北京大学出版社，1992，第 332 页。

③ 杨宗科：《法律机制论：法哲学与法社会学研究》，西北大学出版社，2000，第 144 页。

④ See Parsons, "Evolutionary Universals in Society," at J. Timmons Roberts, Amy Hite, *From Modernization to Globalization*, Oxford: Blackwell Publishing, 2000, pp. 83 – 99.

调一般化（congruent generalization）的作用。当然，程序法律的罚则体系，为确定这种期望协调提供了制度保障。而诉讼知情体系，也就是在程序运转的"期望协调一般化"过程中，促进双方能够在诉讼程序共时性空间内，形成具有确定性的诉讼信息认知。

二　诉讼知情体系的适用价值

在诉讼过程中的当事人自我利益的考量中，必须有效地关注对方的情况和策略，避免与他人合理利益产生冲突，防止进入决策中的片面利益最大化而导致同他人的群体性利益僵局，而最终难以获得个人决策下的利益变现和落实。观照他人信息并实现自我利益机制，实际上也成就了整个诉讼信息的良性流转，并被形塑为现代诉讼知情体系的演进线索。

（一）诉讼合法性需要形成信息交流机制

诉讼的正当性一般是通过所谓的司法权的正当性来获得的。作为公权力格局中的一极力量，很容易建构其同政权正当性的联系。但显然，这样的推断并不具有当然的说服力，因为诉讼当事人可以接受政权但并不意味着就"附带"地直接认同局部权力的正当性。因此，作为政权派生出的司法体系，本身要通过其表现来获得其合法性的支撑。正当性规则在美国程序法历史上最早的立法意图在于限制一切立法、行政和司法行为。① 但限权之后获得有效的民众认同，并不仅仅表现为程序意义上的合法性，还需要具有"实质性"的正当程序，即"对于天赋权利受到判决结果影响的当事人有权获得法庭审判的机会，并且应被告知控诉的性质和理由"。② 程序正当性体现为：在民事诉讼的构造中，无论是谁在判决中获得不利益的状态，均有权要求各方当事人揭示"控诉的性质和理由"。这反映为可能被上传到法官的事实和规范适用的具体内容与缘由的披露。在逐步走向程序自治化的诉讼时代，表现合法性还需要充实当事人在诉讼中的选择主体地位，寻求在诉讼信息流动中的当事人双向流动机制，并且通过辩论原

---

① 徐亚文：《程序正义论》，山东人民出版社，2004，第44页。
② Bryan A. Garner, Editor in Chief, *Black's Law Dictionary* (Eighth Edition), London: Thomson West, pp. 538 – 539.

则对法官形成拘束力。① 在实际的诉讼信息流程中，当事人会通过这套预设的、具有合法性外观的诉讼程序，调适个案复杂的内容，以求取更具有可接受性的裁判。

（二）提供特殊竞争关系下当事人行为选择所必需的对造信息

在法律市场之中，诉讼当事人之间通过诉争处理程序进行互动。"处分权原则"和权利自由行使赋予当事人的自主性地位，令诉讼中的个体行为呈现出特殊的竞争关系。某种意义上，英美法系的"对抗制"（adversary system）就印证了当事人之间的特殊竞争：比如居于盖然性证明占优策略而进行的证据竞逐，居于事实确认和法律适用所进行的攻击防御，居于实质利益和程序利益所进行的事实和规范针砭，等等。② 强调法律思考的特征是把不完全理性的人的意志进行辩证性讨论，在意见对立之中排除强力的行使，通过适当的理由论证来做出决定。③ 因此，当事人行为成本收益分析，并非简单地凭借个人主观比较就能够有效探析，更为重要的是知悉对方的反应行为，方能据此做出更加具有效率性的决策。如对方在审前争点整理阶段对于某一问题没有提及，则在为庭审攻击防御方法进行准备时，就无须徒糜精力时间于此问题。

而之所以称为特殊竞争，在于这种两造对抗存在一个居中的职权主体——法官。极端地说，以职权主义甚至超职权主义中的法官角色就可以证实当事人自由竞争并不是一种常见的情况。但这种情况可能反而使得

---

① 弗里德曼指出，选择或同意是正当性构成要素的核心；国家和现代权威结构之所以具有正当性，就在于它们有权促进、引导和实现个人选择。参见〔美〕弗里德曼《选择的共和国——法律、权威与文化》，高鸿均等译，清华大学出版社，2005，第26页。

② 关于英美法系的诉讼对抗制度介绍，参见张建伟《司法竞技主义——英美诉讼传统与中国庭审方式》，北京大学出版社，2005，第174页以下。其实，大陆法系代表性国家在晚近两大法系不断趋同的司法改革中，也不断强化着这种当事人之间的"对抗特点"，如日本民事诉讼程序最根本的层次之一，就是诉讼当事人双方被置于相互对立、相互抗争的地位上，在他们之间展开的攻击防御活动构成了诉讼程序的主体部分。参见王亚新《对抗与判定：日本民事诉讼的基本结构》，清华大学出版社，2002，第57页。

③ Chaim Prelam, *What the Philosopher May Learn from the Study of Law*, in his *Justice, Law, and Argument*: *Essays on Moral and Legal Reasoning*, D. Redel Publishing Co., 1980, pp. 164 - 174; Cf. Ch. Prelman, *The Idea of Justice and the Problem of Argument*, Routledge & University of Notre Dame Press, 1982. 转引自季卫东《法治秩序的建构》，中国政法大学出版社，1999，第51页。

当事人的行为更多受到法官支配下的"计划"指令范式控制，而不具有竞争的特点。反过来，消极中立一直作为法官的品性被程序设计所强调，但法官对于诉讼的推进职能、特殊的司法调查职能和释明职能，使得司法过程中的双方完全对抗更是一种限缩法官介入而非取消其职能的制衡方式。所以，在一定程度上介入法官职权的司法样态，呈现的是不完全竞争关系下，诉讼当事人应当彼此考虑对方反应，思索彼此利益在行为决策方案配置的合理性和可行性，这也可以视为诉讼知情体系被建构的制度动因。

三 不同知情模式下的诉讼当事人信息行为分析

(一) 对抗模式下的当事人信息行为

对抗模式一般是通过证人言词作证的方式，借助证人询问（examination）制度来化解证据信息不对称状态。其运作的机理是：由于对方证人知悉的信息不能够为自己所获得，在制度上为了克服这种信息不对称，英美法系采用了一种否定式的攻击机制，来削弱这种信息不对称对对方当事人形成的威胁。美国法学家富勒就此概括到：对抗制"可以使个人的能力提高到某种阶段，以致能借别人的眼睛来透视真实，能够在'人情法理'范围内尽量变得大公无私和摆脱偏见的羁绊"。① 其做法包括如下几个方面。

（1）从证据来源角度质疑提出证据信息的证人品格（credit）。② 首先，可以通过提出"影响可靠性"的医学证据（medical evidence affecting reliability）证明证人提供证据的可靠性存在问题，通过专家证据来质疑证人关于证据的理解力和记忆力。即使不存在医学问题，在证人立场上所谓的偏袒或者偏见（bias or partiality），也是交叉询问人可大做文章之处。其次，关于证人的声誉，特别是涉及前科（previous convic-

---

① 〔美〕朗·L. 富勒：《对抗制》，载〔美〕哈罗德·伯曼主编《美国法律讲话》，陈若桓译，读书·生活·新知三联书店，1988，第34页。

② 如英国证据法中，经过宣誓的证人必须接受关于其信誉有关的询问，包括直接抨击证人的不良品格问题。See Peter Murphy, *Murphy on Evidence*, London: Blackstone Press Limitited, 2000, pp. 521 – 522.

tions）和不诚实名声（reputation for untruthfulness）的证据，会对陪审团采信证人证言带来影响。这是一项古老的普通法规则，也成为一方当事人在信息不对称状态下攻击对方证人的最好武器。最后，针对证人在之前证词中的错误、遗漏或者不一致，特别是先前不一致的陈述（previous inconsistent statements）进行质疑，可以获得书面证言与即席表述失真的强烈对比效果。①

（2）信息持有人的主动证据信息披露义务。化解不对称信息的最直接方法，是要求信息持有人进行主动的披露。达马斯卡就此概括出对抗制的本质是"双方当事人控制信息来源"，由裁判者"通过双方交替进行单向陈述的方式获得有关案件事实的信息"。② 庭审证据一般需要首先展示于审前证据开示阶段，并通过举证失权制度，确保双方对证据材料③的事先互换。在庭审阶段，双方进一步披露开示阶段没有详细披露的证据信息，即通过主询问（chief examination）方式来陈述己方的相关信息。当然，为了保证这种信息的提出具有正当性和可靠性，一般还会通过消极性的"禁止诱导性问题"（lead question）④ 和积极性的"恢复记忆"（re-calling）等方式，获得相对较为准确的证据信息。

（3）技术性的证据信息输入控制。证据信息的有效输入，一般发生在一方向法庭说明己方肯定性证据的阶段。此时，主询问的律师试图通过提问方式使得证人强调那些能够支持其观点的信息。但这一过程可能会受到诸如律师"连珠炮似的策略性异议"和"席旁磋商"（side - bar confer-ence）⑤ 等"技术性插曲"影响。此时，通过与主询问匹配的交叉询问以及二者再次往复的再询问等"与众不同的断续作用方式"，将会呈现出始终由对立陈述构成的"两套证据主张"交错局面，以此帮助裁判者勾勒

---

① 齐树洁主编《英国证据法》（第二版），厦门大学出版社，2014，第197页。
② 〔美〕达马斯卡：《比较法视野中的证据制度》，吴宏耀等译，中国人民公安大学出版社，2006，第195页。
③ 笔者在此更倾向于使用"证据材料"（material）而非证据的表述。因为证据开示所交换的主要是载有证据信息的物理证据载体，但是其具体如何运用证据证明待证实事实，如何揭示证据内容同案件真实情况的关系，尚非开示程序所能容纳。
④ 齐树洁主编《英国证据法》（第二版），厦门大学出版社，2014，第190页。
⑤ 又被称为 bench conference。通常指的是法官与律师之间就证据事项的异议问题，在陪审团听审之外进行的讨论。See *Black Law dictionary*, p. 1414.

出更接近案件真实情况的"世界"。①

（二）职权模式下的当事人信息行为

在强调法官调查职权的大陆法系，会因为作证程序中的"证据自然联奏"问题，令证人免于律师们频繁的策略性打断，而只有在陈述结束后才接受提问。② 在这种证人"主导"发言的特殊规则下，实际上证据信息的输出显得比英美法系对抗制度更具有确定性。这种确定性对于对方证明的威胁是显而易见的：因为裁判者已经在证人系统的陈述之后对事实有了初步的印象，即使在述后经由再次质疑，修正这种前见也仅仅是亡羊补牢，难以比拟在观点一经提出就受到质疑的效果。这决定了在纠问式构造下化解证据信息不对称的特殊做法。

1. 证人询问专属权

为了控制律师对己方证人（即使是经由法院名义传唤）过度熟悉而造成不利的情况，大陆法系惯常的做法是将首次询问证人的主导权交由法官来行使，削弱证据提出人在证据的法庭探析上的主动性。典型如法国民事诉讼的证人询问，除了在询问时决定证人出庭的时间和顺序之外，法官也是询问的主体。即使当事人想要提问证人，也必须在法官询问结束后，将所提问题交由法官，然后再由法官进行询问。在法官提问过程中，严禁当事人与证人进行任何对话，当事人不得打断或者质问证人，也不能对证人施加任何影响。③ 德国的民事诉讼法第 396 条第三款和第 397 条也有类似的规定。④

2. 申请职权调查

申请职权调查，可以视为当事人化解信息不对称的一种制度性保障。基于证据距离、取证难度等现实问题，当事人自行获得证据总是极为艰

---

① 〔美〕米尔建·R. 达马斯卡：《漂移的证据法》，李学军、刘晓丹等译，中国政法大学出版社，2003，第 128 ~ 129 页。

② M. R. Damaska, *Evidence Law Adrift*, New Haven：Yale University Press, 1997, p.93. 转引自〔英〕詹妮·麦克埃文《现代证据法与对抗式程序》，蔡巍译，法律出版社，2006，第 9 页。笔者据此参看了达马斯卡的上述中译本，发现达氏更习惯于表述为"自由的证人陈述"，并指出了某些大陆法系国家的民事诉讼并不尽然都采用职权调查询问原则，但这无碍于本书的讨论。

③ 张卫平、陈刚：《法国民事诉讼法导论》，中国政法大学出版社，1997，第 95 ~ 96 页。

④ 〔德〕尧厄尼希：《民事诉讼法》，周翠译，法律出版社，2003，第 287 页。

辛。这种情形突出地体现在：对于对方控制却被证明责任分配由己方提出的证据，当事人往往无法获得而被迫承担举证不能后果。职权调查的介入，为解决这种信息获取的困境提供了强大的助力。几乎所有的大陆法系国家的证据立法，均赋予了当事人申请法官进行职权查证的权利；即使在英美法系国家，允许对特定的证据向法院提出取证动议，也是立法和实务中常见做法。[①]

3. 信息载体的形式要求

与英美法系片面强调证人即席口头证言不同，很多的大陆法系国家对于信息载体的证据形式的效力，提出信息不对称证据形式控制对策——书证优先。法国民事诉讼一贯奉行书证优先主义，由于书证独特的稳定性和便于直观理解等特点，[②] 决定了诉争双方更易达成关于证据信息内容的一致性看法，举证相对方也能够迅速准确地知悉相关的证人证言，校正举证方可能的"先发"优势。

（三）协商模式下当事人信息行为

协商模式一般是通过双方当事人的合意，允许对方探知一方认为可以披露的信息。其一方面可以产生前述纠纷解决方式的信息资源积累，另一方面还可以促进各方对后续纠纷解决方式的理性选择。在直观层面上，协商中的信息交流，可以令双方明晰争点及各自所处的有利法律位置。对于理性的当事人而言，这种法律位置的确立，能够明晰自身未来可能的判决处遇。但是，这一结论是建立在案情易被双方所识别的前提下。现实中的纠纷当事人往往并非如此，因为纠纷引发的对抗性心理和案情的复杂性，会干扰各方对纠纷诉讼处理结果的预判，使人为认知障碍造成诉讼判断的信息不对称。

不过，上述协商模式作用也是相对有限的。诉讼裁判最终的"兜底"，要求形成以"正确的解决"为目的的证据信息流转，而非此前协商

---

① 如英国《民事诉讼规则》第25.1条的第（h）（i）款分别规定了为证据保全等目的，可要求法院发布准许他方当事人进入住所或者在诉前开示书证的临时救济性命令。参见徐昕译《英国民事诉讼规则》，中国法制出版社，2001，第115～116页。

② 学者总结书证的三大特点，分别是：（1）书证可以作为证明待证事实的直接证据；（2）书证所证明的事实内容一般比较明确；（3）书证具有较强的稳定性。参见何家弘、刘品新《证据法学》，法律出版社，2004，第159～160页。

过程中彼此的妥协性合意信息的流转。比如关于侵权纠纷的谈判，一方提出的责任分担比例信息，可能会影响对方的责任预判。被害方同意协商减少某些"法定"的赔偿或者补偿项目，侵害方可能据此产生对方在侵害中也有过错的预期，导致信息流转扭曲。另外，妥协性的合意也可以传递特殊的信息，如双方纠纷解决的道义性姿态，协商中"据理力争"的一方会形成道义性的威慑而被视为应当获取更多利益，而协商中"理屈词穷"的一方会处于道义劣势而被视为应当加重负担。

目前的民事诉讼对于这种协商信息交流的运用，更多还是在调解或者和解等前置性的纠纷解决过程，并不认可协商信息对后续事实裁判的效用。否则，可能会使得前述的协商型或者合意型的信息披露机制的优点被削弱，造成信息相对方获取某些道义性的优势（至少不要恶化既有的因纠纷事实而带来的地位），并可能在质证中援引以进行证据攻击（attack）。妥协可能并不是一种好的结果，除非出现双方均能够同时在信息互相流动（即彼此均给予对方对己不利信息作为交换）中获益，也就是存在"双向信息盈余"的状态。民事诉讼为弱化甚至避免这种谈判或者协商中产生的信息问题，一般需要引入第三方的力量来化解，具体做法有两种。

1. 指导性评估（evaluation of guidance）

通过独立的第三方为双方之间的纠纷提供意见，该意见可以是双方在谈判协商中涉及的事实调查意见（fact‑finding），也可以是针对专业化问题的专家鉴定（expert appraisal），甚至是早期的中立评价（early neutral evaluations）。通过独立的第三方来输出协商信息，就能够有效地避免前述纠纷双方各自沟通信息的弊端，而且其客观中立的立场，能够使得双方更加理性地看待纠纷本身而易于形成谈判协议。①

2. 微型审理或咨询法庭（mini‑trail or executive tribunal）

此种技术在于寻求正式司法人员作为调解中的主持人介入，由其对案件进行管理，并在双方陈述事实的基础上，促成双方的磋商以达成和解协议。主持人通过"法官"身份，说明案件提交审判或者仲裁的结果，以

① 范愉：《多元化纠纷解决机制》，厦门大学出版社，2005，第504～506页。

强势引导当事人对案件事实认识。①

　　（四）评析

　　对抗制似乎更接近"个人主义"的表现，而调查纠问模式更倾向于一种司法家长主义的传统。笔者并非"贴标签"，而在于探寻更具广义价值的立法制度选择（当然也涵盖了个人诉讼行为选择）理论进路。非对抗式的纠问方式，其用意在于强调司法纠纷解决的力量还在公共力量上；对抗式则更多地将发现真实情况交给当事人这一极，是一种"蕴力于民"的制度信任。裁判者在这个构造中，扮演的是司法消极者还是司法积极者，决定了整个模式的信息发现方式和效率。而协商制度，则属于更加宽泛的"表现型个人主义"张扬，允许通过双方合意来获得他们认可的纠纷真相。

　　从信息被确证的角度来看，对抗制更习惯于用一种专家体系（专业代理人）去说服常人体系（陪审团事实裁判）；而纠问制度本身就交给认知专家（法官）进行识别，呈现出"家长型"的信息认知姿态。前者是一种"我们"的信息，是基于常人常理常情的普通话语叙事；后者则是一种"团体"的信息，是基于专家专识体系的话语阐释。前者是当事人对于"司法者"本身的不信任，所以信息不对称的克服更多是一种自力性的防御；而后者是当事人对司法者的服膺，并归化到这个司法专业信息系统中为其服务。这反映为，对抗制下的当事人信息不对称更关注决定防御效果和证明力的信息，需要通过更具攻击性的证据规则体系②来赋予不对称一方对抗力量，并且强化了当事人辩论原则对于裁判者的拘束；纠问制下的信息不对称则更多反映为一种线索性的提示或者说明，通过对法官专业性事实探知"感觉"的引导来实现对未知事项"他者"提供，这更多是一种"搭便车"式的信息不对称化解。

---

① Karl Mackie, et al. , *The ADR Practice Guide Commercial Dispute Resolution*, London：Butterworths, 2000, pp. 45 – 49.

② 美国学者自己总结美国的程序制度是"在获取有关证据资料时采取比欧洲国家更富有进攻性和更缺乏仔细监督的方式"。参见〔美〕戴维·J. 格博《域外证据开示和诉讼制度的冲突——以德国和美国为中心》，蔡彦敏译，载陈光中、江伟主编《诉讼法论丛》（第4卷），法律出版社，2000，第472页。

协商制度下的个人信息交流，已经不单纯是一个诉讼场域下纠纷解决的狭小命题所能够容纳的问题，其呈现出关系主义法律体系的特征，即强调法律政策主张与个人权利主张的混合，并淡化合法非法的界限，为公权和私意提供更多共识性的交互。① 这涉及个人纠纷解决权以及公力救济体系在这一过程中的角色扮演问题。季卫东提出"程序再铸"，主张将交涉纳入程序的轨道，以此"把欲望的个人主义转变成合作的个人主义，把盲动的市民转变成自动的市民"。② 这是对卢曼关于程序保障性和约束力主张的重申，以防止交涉所引起的交易性法制或"制度性屈服"（institutional surrender）。但从另外一个角度看，替代性纠纷解决机制的流行，反映的恰恰是精密程序自身所不能承受之重的缺憾。尤其对于民事纠纷解决而言，"效率"与"正义"竟然成为程序的"二律背反"。对抗与纠问两种机制，均成为不同法系司法改革异曲同工的诊治对象：在对抗式的诉讼信息发现过程中，竞技化的双方格局和充分依靠言词询问的高度技巧性运用，使得一方关于诉讼的信息不对称化解的行为，成为一种仰赖于专业人士的"大量关于诉讼主体行为适当性的技术性规则"，而显得"过律师化"（over‑lawyered）。③ 而纠问制度却因为法官过度介入而"一肩担尽古今愁"，使得司法资源被过度投放于裁判之维，造成了双方参与不足和司法压力过大的体制沉疴。

因此，司法改革的重心应更多偏向于从异法系中汲取自我修正的改良智慧，从而促使诉讼构造日趋走向不同模式间的融合。根植于各自的司法传统和地方司法生态特点，各国司法改革大多进行了多种模式协同混用的尝试，令进入 21 世纪后的诉讼信息流转制度呈现出一股关注效率且强调交流的大潮：典型的例子就是英国对法官消极角色的重大改革，赋予法官

① 关系主义法律体系，发轫于新契约观念，由 Gottlieb 教授首次提出。该理论强调以相互性和角色作用的团结机制为社会基础建构的法律对于主体交涉和承认关系的确认，并据此确认个体之间形成的互动独立的关系契约秩序。这可以成为协商信息发现模式在诉讼中发育的理论支撑。See G. Gottlieb, "Relationism: Legal Theory for a Relational Society," *The University of Chicago Law Review*, 1983 (50), pp. 611 – 612. 亦参见季卫东《正义思考的轨迹》，法律出版社，2007，第 205～207 页。

② 季卫东：《法治秩序的建构》，中国政法大学出版社，1999，第 84 页。

③ 〔美〕达马斯卡：《比较法视野中的证据制度》，吴宏耀等译，中国人民公安大学出版社，2006，第 157 页。

案件管理、证据主导、推进诉讼等职权。就与论题相关的证据主导权而言，法官获得了通过指令方式对证据开示、证人证言、专家证据等进行指示的权力。① 这实际上就多少具有了某种司法职权干预当事人举证的萌芽。更有甚者，加拿大司法改革基于均衡性原则（probability principle）授予法官类似于大陆法系的证据司法裁量权，给予司法者强大的职权空间。② 大陆法系的德国，在 2002 年修订民事诉讼法时的相关讨论，就是关于是否应当增强当事人信息交换的义务，并强调在审前程序中公开所有相关资料方面的责任。当然，实践中法院还是难以对开示程序证据的后果持宽容态度，对表面事实证据（prima facie evidence）采用推定（presumption）的方法确认其证明力。③ 就我国的司法改革而言，夯实当事人的诉讼参与，强调当事人与法院在诉讼构造中的作用分担，也基本上成为学者们的共识。关于证据的立法也体现了这种互动性，如通过法院控制了诉讼举证期限，但也允许当事人对于举证期限协商确定，体现出协商模式对于职权模式的影响。辩论原则的强调，更为诉讼的信息不对称化解提供了原则性的制度框架，经由辩论形成的双方信息流动显得更充分。④ 这种不同模式融合样态，体现了个人主义在诉讼中不断的生长，并不断验证着现代诉讼从"功利型"转向为"表现型"的趋势——使得诉讼当事人在诉讼中的参与强度不断增加，并"使自己成为自己，几乎就是自己

---

① 齐树洁：《英国民事司法改革》，北京大学出版社，2004，第 346~347 页。

② 英国的司法改革就提出在证据的开示与查看、案情申明修改、专家证人出庭作证等一系列程序问题上，应配置适当份额的法院资源。参见齐树洁《英国民事司法改革》，北京大学出版社，2004，第 309 页。加拿大的司法改革也同样如此，《民事诉讼法典》（Code of Civil Procedure）第 4.1 和 4.2 条规定了均衡性规则：为确保具体诉讼进程有序进行，法庭将会进行适度干预以确保对案件的恰当管理。See Francois Rolland, *Access to Justice: 3 Years after the Reform of the Code of Civil Procedure*, http：//cfcj - fcjc. org/docs/2006/rolland - en. pdf, 2007 年 5 月 20 日下载。

③ Gottwald, "Civil Procedure Reform：Access, Cost, and Expedition, The German Perspective," in Adrian A. S. Zuckerman ed., *Civil Justice in Crisis：Comparative Perspectives of Civil Procedure*, Oxford University Press, 1999, pp. 753, 759 etc. 中译本参见皮特·高特沃德《民事司法改革：接近司法·成本·效率——德国的视角》，载〔英〕朱克曼《危机中的民事司法：民事诉讼程序的比较视角》，傅郁林等译，中国政法大学出版社，2005，第 218 页。

④ 唐力：《民事诉讼构造研究——以当事人与法院作用分担为中心》，法律出版社，2006，第 101~107、177 页。

创造自己"。①

四 小结

诉讼信息流转，关系到整个诉讼真实情况的发现，也间接影响了整个民事诉讼的进程与目的。诉讼知情体系，除了在结果意义上满足当事人对于过程公开和裁判依据认知的要求之外，还在参与意义上促进了当事人与诉讼程序的结合，增强了其主动性。对此，现代各国的民事诉讼制度，建立了以竞技对抗揭示信息、依据法官职权调查信息和双方协商合作分享信息三种模式。诉讼知情体系下的当事人参与，主要致力于解决横亘在诉讼和真相之间的信息不对称情况，这会在不同的知情模式下产生不同的诉讼信息行为。从三种模式的展开可以看出，诉讼信息行为集中在何种当事人应当对于案件事实承担证明责任，以及在诉讼程序演进过程中，为了避免诸如证据埋伏（ambush）优化诉讼流程的证据开示行为等方面。

从各国司法改革来看，激活当事人双方的举证活力，强化法官在当事人提出证据过程中协调、管理能力，特别是利用司法调查权、分配举证权补足当事人举证能力的欠缺，是一个被证明行之有效的方法。另外，强化举证和证据开示流程的效率，突出法官在这一诉讼过程中对于当事人信息行为的有效管理，也是各国防止诉讼拖延的普遍举措。

第二节　诉讼程序中的博弈模型

诉讼的场域特性和对象特性决定了当事人只有在诉讼的正式程序空间内，才能从对方获得相关信息。这就决定了当事人在具体进行上述信息行为时，往往处于相对的信息不对称状态。借助博弈论中的相关信息模型，可以为当事人进行信息行为选择提供具有参考价值的最优决策。从其机理来看，诉讼中的博弈，是将法律理解为一种分散决策机制（decentralized

---

① David Riesman, *The Lonely Growd*: *A Study of the Changing American Character*, New Haven: Yale University Press, 1950, p. 11. 转引自〔美〕弗里德曼《选择的共和国：法律、权威与文化》，高鸿钧等译，清华大学出版社，2005，第 50 页。

decision），针对当事人个人偏好组合，考察在诉讼行为选择函数存在的情况下，每个人是如何做出决策以及各种行为选择组合所会导致的结果，从而推进诉讼朝向程序利益最大化方向发展。在这个意义上，诉讼法律可以被视为一种典型的通过当事人分散决策以实现诉讼最优的间接控制模式。[①]

一　博弈模型概述[②]

经典的博弈理论均包含一个基本的假设，就是所有的参与人均了解博弈的结果、博弈的规则及博弈的支付函数，这属于完全信息博弈（games of complete information）。其中，如果各个参与人行为选择不分先后，则可以构成静态博弈（static game），并形成纳什均衡（Nash equilibrium）。对于诉讼行为选择而言，这种完全信息静态博弈主要运用于合意性诉讼行为选择中。如果各个参与人行为选择区分先后，且后面行动者可以观测前者的行为，则构成动态博弈（dynamic game），并形成完全信息动态博弈的子博弈精炼纳什均衡（subgame perfect Nash equilibrium）。

如果参与人对于其中的某些内容并不知情，就构成了博弈中的信息不对称情况，需要进行不完全信息博弈（games of incomplete information）。为了解决前述博弈信息不对称可能带来的选择决策困难，可以通过海萨尼转化（Harsanyi transformation），将不完全信息博弈转换为"完全但不完美信息博弈"，从而构成贝叶斯纳什均衡。借助"虚拟参与人——自然"假设所产生的后果无差异效用，而使用以博弈的不对称信息，可以转化成参与人"类型"的分布函数这种"共同知识"来识别。其可以用来解决当诉讼行为出现了多重选项且对策人又不了解对方的选择时，当事人应当

---

① 关于法律作为分散决策机制，实际上可以解读为法律权利义务关系下的主体实施法律行为的抉择机制。由于抉择人是分别独立的个体，故而在复杂的权利义务关系的主体之间，存在各个主体的分散决策。法律的普适性，决定了法律管辖下的各个主体是一个分散决策的状态。另外的机制分析，可参见丁利《作为博弈规则的法律与关于法律的博弈》，载〔美〕拜尔等《法律的博弈分析》，严旭阳译，法律出版社，1999，第4~5页。

② 张维迎：《博弈论与信息经济学》，上海三联书店、上海人民出版社，2004，第8~21页。

如何进行决策的问题。

不完全信息的博弈还存在一个动态博弈的情况，即如果博弈参与人进行博弈决策的行动存在一个先后的次序，后行动者可以通过观察先行动者的行动而知悉后者的偏好、战略等信息，从而校正自己进行博弈的信息（即前述仅仅依靠类型分布函数的概率估算），从而形成不完全信息动态博弈的"精炼贝叶斯均衡"（perfect Bayesian equilibrium）。

"为权利而斗争"实际上就是权利人的一种不完全信息动态博弈的精炼贝叶斯均衡。权利的实现，取决于权利人在主张或者行使权利过程中，不会受到他人的抗辩或者妨碍。但是，就那些潜在的权利侵害者而言，权利人权利的实现与否取决于侵权人对权利人"实力"的判断：若权利人为弱势人，则进行侵权可能就得逞；反之，则可能受到权利人强势反应而得不偿失。因此，为了维护自己的权利，权利人必须表现得足够强势，以给潜在侵权人一个偏好侵权反击的强势信息，从而抑制其侵权的动机。在这个过程中，理性的权利人会在权利获得的同时就传递出强烈的"维权"信号，从而使得侵权人尽快获悉这种信号而不敢轻举妄动。[1]

二　民事诉讼当事人博弈模型说明

（一）一般博弈结构

一个标准的博弈包括博弈的参与人（players）、参与人可能战略（strategies）和可能的战略组合三个要素。[2] 参与人是指一个博弈中的决策主体，其目的在于通过选择战略最大化自己的效用；可能的战略是参与人在给定

---

[1]　现实的例子更是全面地证明了不完全信息动态博弈的"精炼贝叶斯均衡"，典型如重庆九龙坡的"最牛钉子户"事件。作为拆迁的施工方、城建部门，一直被权利人杨武、吴萍夫妇释放的强势信号所震慑，杨武"自21日下午钻进孤零零的房子里后，便再也没有出来过……杨武甚至把那个圆形的'洞'用木板给封了起来，爬进房子的同时，他还带进了饮食用品，决心在里面长住下去……在屋顶后插上了一面国旗，屋顶的正前方则挂着'公民的合法的私有财产不受侵犯！'的字幅"。所以，虽然重庆九龙坡区法院做出了限杨武夫妇在2007年3月22日前执行九龙坡区房地产管理局拆迁的行政裁决书的裁定，但实际上多次延迟强制执行，最终以开发商和钉子户的和解告终。参见新浪《聚焦最牛钉子户》，新浪网 http://news.sina.com.cn/z/cqzndzh/index.shtml，浏览日期2008年10月9日；秦力文：《重庆法院称今日不会强拆钉子户房屋》，《法制日报》2007年3月23日第5版。

[2]　〔美〕拜尔等：《法律的博弈分析》，严旭阳译，法律出版社，1999，第3页。

信息集的情况下的行动规则，规定参与人在什么时候选择行动。其主要目的是令参与人知晓在其他人行动时，应如何进行反应，属于参与人的"相机行动方案"（contingent action plan）。而可能的战略组合就是一个参与人所有的可以选择的战略总和。另外，博弈中参与人关于博弈所了解的知识，特别是关于自然的选择，其他参与人的特征和行动的知识构成的信息，也被视为一个博弈的组成。① 通过估算出在各个战略组合中的对方收益情况，参与人可以推测出对方所欲采取的行动，进而做出自己的最优选择。通常我们所讨论的诉讼博弈，基本上属于非合作博弈，即当事人之间或者当事人与法官之间在进行行为选择时，并未进行事前的信息沟通。其决策的原理是，博弈假设每一个参与方均为最大的理性者，并且会依据理性推演的结果而选择相应的行为，从而能够再被识别用以作为对方反应行动的依据。

（二）　和解博弈结构

基本的博弈结构可以分为两种：展开型（extensive）和策略型（strategic）。② 展开型是通过树状结构描述博弈局势，是较为常用的类型；策略型及其推广——贝叶斯型则相对简单，是通过博弈矩阵（bimatrix）来表述。我们以当事人是否选择和解等 ADR 方式解决纠纷，创建出一组由双方当事人进行诉讼或者和解决纠纷时的博弈。假设：若实施诉讼，原告 A 的诉讼收益为 a，被告 B 就为 $1-a$；若进行和解，A 的和解收益为 b，B 的和解收益为 $1-b$；a，b $\in$ （0，1），双方用以诉讼及和解的费用分别为 C_p 和 C_m。

1. 展开型

展开型为一个树图，表示在和解博弈所有可能发生的事件。该"和解树"是由一个枝（branch）（或线段）集组成，每个枝连接着两个称之为结点（nodes）的点。树中最左端的结点是树的根（root），它表示博弈的开始。"和解树"共有六个结点向右没有另外的枝继于其后，这类结点被称为终结点（terminal nodes），并表示这个博弈可能结束的方式。博弈中可能发生的每一事件序列都用一个从根到这些终结点之一的一条由枝形成的路径来表示。当

---

①　张维迎：《博弈论与信息经济学》，上海三联书店、上海人民出版社，2004，第 27～29 页。

②　〔美〕罗杰·B. 迈尔森：《博弈论：矛盾冲突分析》，于寅、费剑平译，中国经济出版社，2001，第 29～36 页。

这个博弈实际进行时，描述可能发生的事件序列所表示的路径被称为局路径（path of play）。博弈论分析的目标就是预测这条局路径。见图 4 – 1。

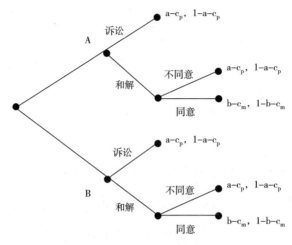

图 4 – 1　展开型博弈

2. 策略型

定义一个策略型博弈，我们只需要明确这个博弈的局中人集、每个局中人可利用的选择集，以及局中人的支付依赖于其所选择选项的方式。可用公式 $D = [N, (C_i) i \in N, (u_i) i \in N]$ 来表述。其中，N 是一个非空集，对 N 中的每一个 i，C_i 是一个非空集，且 u_i 是一个实数函数。对每个局中人 i，C_i 是可以供局中人利用的策略集。在策略型博弈 D 进行时，每个局中人必须在集合 C_i 中选择一个策略，该策略就是 N 中所有局中人可以选择的一个策略组合。我们还是以上述的当事人是否和解的博弈为例进行说明。见表 4 – 1。

表 4 – 1　策略型博弈①

A		B	
		诉　讼	和　解
	诉讼	$a - c_i$, $1 - a - c_i$	$a - c_i$, $1 - a - c_i$
	和解	$a - c_i$, $1 - a - c_i$	$b - c_m$, $1 - b - c_m$

① 两种博弈方法尚依赖于这样一个情形，欲和解则须两造均同意，若一方不同意和解，则只能进行诉讼，故收益均为 $| a - C_i, (1 - a) - C_i |$，双方和解收益为 $| b - C_m, (1 - b) - C_m |$。

（三） 和解博弈均衡的求解

无论是哪种类型的博弈，均为获知博弈均衡的策略服务。由此，我们可以得出一般纳什均衡的基本界定：n 个参与人的战略表达博弈 G = （S1，……，Sn,；u1，……，un），战略组合 S* = （S1*，……，Si*，……，Sn*）是一个纳什均衡，如果对于每一个 i，S_i^* 是给定其他参与人选择 S－i* = （S1*，……，Si－1*，Si＋1*，……，Sn*）情况下第 i 个参与人的最优战略，为：

$$ui \ (Si^*, \ S－i^*,) \geq ui \ (Si, \ S－i^*,), \ \forall si \in Si, \ \forall i$$

考察 AB 双方均选择适用和解的策略，则要求：

$$b－cm \geq a－ci \ 且 \ 1－b－cm \geq 1－a－ci$$

关联两个不等式，可得：只要满足 $ci \geq cm$，上述不等式成立。当出现和解费用小于诉讼费用的情形，当事人会有进行和解的可能。

第三节　证据行为选择的博弈分析

一　证据开示选择的经济分析概述

证据开示（evidence discover）是审前程序一项重要的内容。作为现代诉讼程序的重要阶段，在以德国为代表的大陆法系国家，证据开示主要是通过特殊的首次期日开庭制度进行，而英美法系建构了以当事人文书诉答并结合律师参与证据交换为特点的制度。以 1999 年英国接近正义（access to justice）司法改革为代表的多极化案件管理程序，更是在效率取向的改革中夯实了证据交换的实质内容，而使得单纯由当事人控制下的证据交换走向了更加有效率的法官与当事人协同的均衡性证据交换。

（一） 既有的证据开示经济分析综述

证据开示问题并没有直接成为主流证据经济分析的研讨重点，这是一个耐人寻味的问题。目前，证据法经济分析研究的基础是波斯纳的证据搜寻模型（the search model）和成本最小化模型。搜寻模型，从提出证据当事人的角度出发，认为证据的搜寻会依据当事人提出证据的成本和因该证据获得的诉讼利益的比较获得提出或者不提出证据的激励。因此，当事人证据的搜寻会停留在证据搜寻的边际成本与边际收益相等的点上。[①] 成本最小化模型（the cost – minimization model），是依据程序与过失的经济模型[②]引申出的为了纠正预期审判错误而支付避免错误成本的特殊模型。将证据引入诉讼，就是为了避免事实认定错误的必要成本投入；而成本的最小化就是当事人进行证据搜寻的最佳收益点，即最后搜寻到的证据应当使得错误成本降低的收益等于搜寻该证据的成本。[③]

　　上述经典模型，建立在静态诉讼过程中的当事人是否选择继续举证的证据成本收益衡量的基础上。就如同纽曼所指出的，这种分析致力于裁判的正确性和审判成本两者间追求衡平的证据法考量。[④] 但是，这种基于第一代经济分析工具的研究存在较大的局限性：作为动态意义上的诉讼当事人，可能因为证据开示这一前置程序，而进行不同于静态的举证成本收益比较的特殊博弈。因为在证据竞逐的诉讼构造中，当一方未能完成其举证责任时，哪怕此时提出反证的收益大于成本，对方也并不需要提出证据就能直接获得此项证明利益。这就会使得纯粹事前成本收益的比较，难以真实反映在一方举证的信息不明时，对方是否最终跟进举证的情况。另外，职权主义下的法官分配举证制度，可能会对上述当事人间的举证博弈带来外部性，加剧各方的举证风险，从而间接形成举证预测的风险。而在经济学意义上，证据开示提供了化解不同当事人上述证据信息流转不对称状态的方法。

　　如果做更为宏观的关联性文献综述，关于隐私保护的程度问题可能成为关于开示程度分析的一个方法索引。从隐私揭示的路径上分析，西德尼认为（1966）"想了解隐私表现的是一种欲望……想要控制其他人对自我

---

① 〔美〕理查德·A. 波斯纳：《证据法的经济分析》，徐昕、徐昀译，中国法制出版社，2001，第 39 页。

② W. M. Landes, R. A. Posner, *The Economic Structure of Tort Law*, Harvard University Press, 1987. pp. 58 – 60. 中译本参见〔美〕威廉·M. 兰德斯、理查德·A. 波斯纳《侵权法的经济结构》，王强、杨媛等译，北京大学出版社，2005，第 64～67 页。

③ 〔美〕理查德·A. 波斯纳：《证据法的经济分析》，徐昕、徐昀译，中国法制出版社，2001，第 43～44 页。

④ J. O. Newman, "Rething Faimess: Perspectives on the Litigation Process," *Yale Law Journal*, 1985 (7), pp. 1644 – 1650.

掩饰者的感知和确信"，① 同证据开示所要达到的揭示证据信息给非证据持有人的目标是一致的，即促成一方在庭审前对于对方证据信息"隐私"的感知和确信。当然，证据开示制度意图实现的证据信息披露，可以造就一种双方竞争性的信息提供局面，激励双方实现证据的交替提出。② Hir-shleifer 提出的通过竞争性方法以提供信息的做法可能导致信息产出的过度的观点，也可以成为对抗式证据开示的指引，以避免过度举证竞争所带来的信息溢出。反过来适用这一结论，也能够解释由于举证责任分配而带来的举证缩减，它是因为一方举证无力而造成另一方技巧性地缩减有关的证据信息，从而使得减少举证资源投放形成收益帕累托优异。③

（二）选择证据开示的经济效用分析

在诉答阶段，如何在法庭上有效展现优势证据，如何攻击防御对方提出的不利证据，是每个当事人必须要审慎考虑的。而事实发现主要存在着事实发现能力有限性、发现客观事实的主观路径、追求客观真实与其他价值目标的平衡、事实发现的成本四重制约因素，④ 使得各方的证据信息不对称成为必然。在这样一个现实前提下，诉讼双方相互不了解，使得彼此进行关于信息不对称的化解成为可以被博弈的"筹码"，这也凸显双方的合作空间。

合理性作为经济学的前提之一，⑤ 可以成为双方进行证明信息交流合作的基础，这也是证据开示产生的前提。作为诉讼信息主要部分的证据信息，⑥ 会在不同的举证当事人之间产生信息不对称，并产生证据稀缺。

---

① Sidney M. Jourard, "Some Psychological Aspects of Privacy," *Law & Contemporary Problems*, 1966 (31), p. 307.

② 程春华主编《民事证据法专论》，厦门大学出版社，2002，第 569～572 页。

③ 波斯纳援引了 Spence 对这个问题的分析指出：如果发布信息导致了信息披露超过了最佳量，在交易费用为零时，各方都同意减少信息发布，将会对大家更好。参见〔美〕理查德·A. 波斯纳《正义/司法的经济学》，苏力译，中国政法大学出版社，2002，第 250 页。

④ 〔美〕理查德·A. 波斯纳：《证据法的经济分析》，徐昕、徐昀译，中国法制出版社，2001，第 9～10 页。

⑤ 〔美〕罗宾·保罗·麦乐怡：《法与经济学》，孙潮译，浙江人民出版社，1999，第 11 页。

⑥ 李琳：《证据的信息蕴涵》，载何家弘主编《证据学论坛》（第五卷），中国检察出版社，2002，第 112 页。

"人们将以某种被他们相信的会在他们有限的资源内给他们带来最理想结果的方式行动"，① 这要求参与诉讼的双方在面对证据资源时采取合理的行为。从诉讼构造出发，原告被告存在着这样的证明负担：原告应对诉求（Prozessualer Anspruch）（即向法院提出的权利）及相关法律关系是否存在提供证明；而被告可以提出反证来防御，巩固自己优越的证据位置（只要原告不能证明事由成立，被告的反驳主张就得以成立）；这个过程同样类推适用于反诉。②

但上述分析只是一个简单的开始，如果加入了证据举证成本这一变量，原被告这种对立的证明结构形态，有可能被重新转换为一种合作与对立共存的复杂结构形态。因为证据的稀缺性（对方存在证明信息不对称性）要求当事人（举证主体）必须通过资源竞逐才能获取，而资源稀缺性产生的获取资源的成本却又是边际递增的，这就意味着当事人取得下一个有利证据时的成本就越高。如果原告增加对证据的投入，理性的被告（只要遭受司法裁判的付出始终大于证据费用支出）还将追加证据投入。但因为本证与反证是互相排斥的，双方实际在这种证据交锋中并未获得任何的诉讼优势，还徒使双方多支付证据费用。③ 此时，存在于诉讼双方间的是一个证明的囚徒困境。具体的矩阵表达是：在未设定证明责任且并存在举证时效时，证据的收集应当是一揽子进行的行为，即一方因不能预先准确判断对方会提出什么程度和范围的证据，此时的举证应该是无论对方能否全面地提出证据，自己都应当尽可能地全面提出证据。而如果信息畅通的话，双方将会努力摆脱这种证明投入的囚徒

---

① 〔美〕罗宾·保罗·麦乐怡：《法与经济学》，孙潮译，浙江人民出版社，1999，第12页。

② 〔日〕中野贞一郎、松浦馨、铃木正裕：《民事诉讼法讲义》，有斐阁，1987，第36页。

③ 苏力对于抗辩制度中的举证有过这样的分析："为了承担起说服法官证实自己主张的责任……必然同时独立地收集对己方有利和不利的证据，这在一个自由两方诉讼的案件中，在理论上就必须花费两倍的人力、财力来收集同样一些证据，……这当然是社会成本更高的纠纷解决方法。"苏力：《法治及其本土资源》（修订版），中国政法大学出版社，2004，第77~78页。需要说明的是，这个结论隐含的前提是双方的证据投入与证据收益以及证据被采信度的比率都是相同，若考虑到证据距离等原因，则双方可能的举证投入是不同的，考虑到法庭质证时阐述说明的技能水平不同，同等证据的被采信度可能也是不同的。

困境，而互相约定不使用的证据范围及强度，以获得诉讼举证成本的最小化。

动态的诉讼证据信息的交流，则是以当事人对证据使用效果的预期来完成的。当事人重视证据效益，是上述理性举证人的重要经济学特征。当存在需要进行一揽子举证的证据开示程序时，诉讼双方就会存在尽力一次举证的激励。此时举证的强度，将在一方举证成本等于该证据所获的证据效益时而停止。诚如诺思所言："如果私人成本超过了私人收益，个人通常不会愿意去从事活动，虽然对社会来说可能有利。"① 但考虑到举证预算约束，经济宽裕的当事人，将会因此处于比较有利的成本预算优势，而获得比对方更为主动的举证激励。②

为了改变这种事实上的不平等状况，民事诉讼产生了协同式的诉讼模式，③ 强调在事实发现的维度上，法官和当事人协力发现案件事实，改变单纯的双方对抗的证据竞逐状态，通过双方对抗、审诉协同以最终发现案件事实。基于正当程序的要求，法官为了确保较为弱势一方的证明权，防止因为举证成本过高剥夺其实际提出证据的能力，或者是不负有举证责任的对方持有一方所需证据而拒绝开示的情形出现，会动用法官职权来调整纯粹对抗模式带来的证明不平等状况，以避免上述举证预算优势证明方获得不当的证明利益。

另外，通过法官居中控制，设立审前程序推进诉讼程序的模式，法官主导的审前程序，还能够实现"审判……针对性，使诉讼资源集中、有效地投入到查明事实的关键环节上，避免对抗制庭审那种冗长拖沓的消耗战，防止了对抗制审判中控辩双方积极活动所带来的对抗过剩的问题"，④ 从而化解前述隐私揭示可能带来的过度信息问题。

---

① 〔美〕诺思：《西方世界的兴起》，厉以平译，华夏出版社，1999，第10页。
② 对于没有举证成本预算约束的当事人，其提出证据时不会受到支付能力的约束，而有预算约束的当事人，则会因为支付能力的缘故，而在提出证据时受到限制。比如，在美国民事诉讼中，专家证人是非常普遍的。但不同档次专家证人的成本不同，有支付能力的一方就可以请最高级别的专家来获得更具权威的证言，这会优于支付能力受限一方的专家证人证言。
③ 田平安、刘春梅：《试论协同型民事诉讼模式的建立》，《现代法学》2003年第1期。
④ 左卫民：《刑事诉讼的经济分析》，《法学研究》2005年第1期。

二　证明策略的变数：精炼贝叶斯均衡下的开示程度的分析

（一）关于证据开示的展开型博弈结构

基于发现证据的成本考量，理性的诉讼当事人并不会提出多余的其他证据，而依靠职业法律人士进行一个提出预先证据收益的判断，当事人会在调查取证的成本耗费同获得该证据的收益均衡的时候停止调查取证。这个结论存在一个预设的前提，即另一方当事人的证据持有状态不变。从现实的诉讼过程考察，实际上双方的举证会在举证的时效之内呈现出动态的变化，这就使得单纯依靠自己一方获得证据的判断，其实并非能够获得上述收益与成本的均衡，因为在证明标准采用盖然性的民事诉讼中，若对方存在弱势举证，一方提出证据即使没有达到均衡状态，也可能足以赢得诉讼。所以，更为精确地识别当事人具体的证据开示情况，是一个依存于对方举证情况的双方博弈过程。

显然，举证责任的负担一方，必须负有先行提出证据的义务。[①] 这在诉讼证明的构造中，决定了举证方属于不拥有对造信息的一方（此时我们设定为拥有证据开示决定权的法院，而非对造的被告，因为双方无法决定证据开示的最终走向）。因此，一方在提出证据的时候，对于对造可能的不同反应将会进行是否提出反证的概率判断，然后随着对造进行具体的针对其提出证据的行动所传递的证据信息，而依据贝叶斯法则（Bayes's rule）来更新前述的概率。此时，双方随着新信息的出现而不断在彼此之间更新他们的证据信息评估，并形成对于诉讼证明走向的即时判断。"精炼"说明的是诉讼当事人的信念和行动的一致性（be consistent with）。[②]

如图 4－2，我们假定某原告需要对于其主张负有证明责任，那么其是否提出相应的证据予以证明，以及法院是否会因为职权而进行调查取

---

① 证明责任分为提出证据责任（burden of production）和说服责任（persuasive burden），前者指当事人有义务就某事实提供足够的证据以获得有利的事实认定；后者指当事人说服事实审理者确信事实为真或具有充分盖然性。Peter Murph, *Murph on Evidence*, London：Blackstone Press Limited, 2000, p. 102. Adrian Keane, *The Modern Law of Evidence*, London：Butterworths, 2000, p. 74.

② 〔美〕拜尔等：《法律的博弈分析》，严旭阳译，法律出版社，1999，第86页。

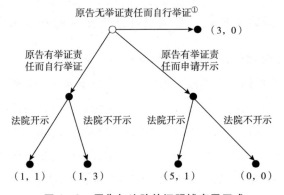

图 4 - 2　原告与法院的证明博弈展开式

证，从而带来对于原告主张有利的证据，[②] 将决定整个案件事实的揭示程度以及原告的证明获益水平。对原告而言，必须决策是自己去发现证据还是申请法院要求对被告的证据开示。因为提出证据存在时效问题，所以这种选择是存在机会成本的。如果判断错误，[③] 可能会造成原告不能履行证明责任而遭受不利的诉讼后果。因此，原告完成证明责任的收益，取决于自行举证和申请开示的结果。从原告角度出发，存在直接自行取证和申请开示的情况。而对应的法院一方，则存在不用调查取证和主动调查取证的两种情况。假设彼此的证明成本都相当（均为 2），证明总利益也相当（均为 3），则如果原告和法院都施行自行调查和职权取证，则可以视为举证过度，浪费了整个的诉讼资源，那么二者在诉讼中的收益就都仅有 1；如果原告自行取证而法院不进行开示调查，则原告获益不变为 1，而法院由于避免了开示调查耗费并明晰案情而获益 3；如果原告放弃自行取证而法院进行开示调查，则对于进而谋求了诉讼利益的原告将获得 5 收益，而法院仅仅获得 1 收益；如果双方都不进行取证或者开示，则随后引发的纠纷不能有效解决，导致法院和原告的收益均为 0。

---

①　这种情况下，原告无证明责任义务而提出证据，以此获得超额的诉讼利益，形成压倒性的证据优势。

②　比如在美国《联邦证据规则》中，证据的开示中，当事人可以主动要求对方寻找证据和信息。包括要求录取证言，提供文书和物证，要求自认以及检查身体和精神状态。必要时还可以在对方拒绝时向法院申请强制开示命令。

③　比如法院基于证人特权而否认原告的开示请求，这期间的开示申请和决定的时间耗费使得原告已经没有时间完成诉讼的举证了。

进行博弈时，由于法院知悉原告具体的诉讼举证选择（存在证明责任法定的外部性），则该博弈存在多个纳什均衡。其中较有可能的策略组合是：原告在负有证明责任时，进行开示的申请；法院在原告进行自行举证时不予进行调查取证的开示，而当原告无法自行举证时进行调查取证以查明案情。因为上述的解都属于在给定对方策略后进行的最优反应的策略，故而形成了纳什均衡。在这一策略下，原告可以获得负有证明责任而交由法院进行职权调查的免证优势；而法院的处境也是相对较好的，因为在原告不能进行自行举证时，选择进行开示调查（1 收益）比不开示调查（只有 0 收益）要好。

不过，这个制度的适用，必然引发双方之间交相提出强制开示的交叉动议（cross - motions）。这也和美国建立了证据强制开示制度（compel discovery）[1] 且双方当事人均极力选择开示的实证结果相吻合。但是，如果放任这种开示的申请（长期多个案件进行上述纳什均衡博弈），则可能会在诉讼中带来对于当事人的隐私和秘密保护不够的情况，以及因为开示的较大费用和漫长的交互开示时间引发诉讼的公正性丧失。

（二）可能的滥用博弈及其贴现分析

在审前证据提出的时候，双方强硬性和温和性的诉讼策略选择，[2] 也会间接影响自行调查取证的决策。一般的逻辑结果是：强硬策略会带来一方为了增加诉讼优势而加强对自行调查取证的投入，因为职权调查取证是取决于法官的行为，而自行调查取证才是可靠的证据获取方式。此时，如果遇到对手温和的策略，则一方调查取证的投入将会限定在一个相对不高的水平；而如果对手适用强硬的策略，则证据投入将会因为彼此的竞争而不断攀升，甚至有可能走向极端的"黑市证据"[3]。由于证据提出的成本不会被列为诉讼裁判事项，双方因为采用强硬的诉讼策略，将会在诉讼收益上恶性减损以至于收支相抵为零甚至出现负数情况。

---

① 汤维建：《美国民事诉讼规则》，中国检察出版社，2003，第 183 页。

② 〔美〕考特、尤伦：《法和经济学》，张军译，上海三联书店、上海人民出版社，1994，第 672 页以下。

③ 黑市证据是指为了获得优势证据，而借助违法的方式获取证据甚至伪造证据。具体分析参见程春华主编《民事证据法专论》，厦门大学出版社，2002，第 569～572 页。

在正式庭审前，诉答程序使得双方有机会在文书交互中完成对于案件的预估，并据此衡量出对方采用强硬策略概率以及采用温和策略概率。结合强硬策略和温和策略的最佳获益和最差获益情况，我们可以推导出双方对于其各自强硬或者温和策略选择的均衡公式。

设强硬策略最佳获益为 600，最差获益为 0；温和策略最佳获益为 500，最差获益为 400；原告采取两种策略获得最差收益的概率为 p；被告采取两种策略获得最差收益的概率为 q，则：

$$0 \times p + 600\,(1-p) = 400p + 500\,(1-p)$$
$$400p + 500\,(1-q) = 0 \times q + 600\,(1-q)$$

关联二方程得解：p = q = 0.2

那么，在提出证据的审前阶段，原被告同时适用强硬策略的概率为 p×q = 0.04。因此，对于法院而言，其力图通过审前证据交换来实现双方证据提出的概率仅有4%，96%的可能是双方希望借助温和措施，让法院在其申请下进行职权调查取证。由此，法院将会因为其调查取证职能而不堪重负。这种分析印证了在允许法院进行职权取证的情形下，我国法院诉讼效率低下，法院难以实现庭审集中化的情况。

为此，裁定是否适用强制开示的法院，应当回到双方诉讼利益引导的立场来化解这种温和策略的困局。基于波斯纳的分析，[①] 审前程序带来时间效率（因为借助审前程序，双方可以在冗长的庭审结束前，就基本了解对方的立场和诉讼资料信息），并由此带来一种近似于利息以及贴现率的问题。假设诉讼可以持续一年，那么原告就此可以增加预期收益（多了一年的利息进入了整个的诉讼的标的中，即贴息）。因此，如果能够在审前完成上述信息的披露，势必会使得双方进行审前或者审判中和解的概率增加。诉讼双方的贴现率即使因为一方的单方预期不同而产生差异，也是有积极意义的。

（三）通过后置开示许可控制开示申请的滥用

承接上述分析，强制证据开示，又会带来双方同法院之间的微妙博

---

① 〔美〕理查德·A. 波斯纳：《法律的经济分析》，蒋兆康译，中国大百科全书出版社，1997，第 723 ~ 724 页。

弈，即在举证需要支付成本的时候，双方将频繁行使强制开示权利。为了减少这种双方滥用强制开示申请的情况，有必要建立类似于强制开示申请的时限制度，要求双方在正式证据开示阶段之前提出强制开示申请，并只设定一次证据开示程序，再将法院对强制开示申请的许可放在强制开示程序之后。这样，一方面，由于强制开示申请的许可必须在开示程序之后才能被知悉，在法院与申请人信息不对称的情况下，诉讼双方必须尽可能运用强硬策略，尽力发现证据信息，至少是证据信息线索，以增强申请许可的条件，并防止出现申请不被许可后的证据被动局面；另一方面，一方在诉讼中的强制性策略只有同其对于对造的证据信息了解的程度成反比的，才能获得所谓的"底牌效应"，以便在对造处于信息不对称的情况下，发挥强硬策略在和解中的优势作用。为此，前述设定的申请时限制度，能够确保在最后的证据信息被一次揭晓之前，令双方的强硬策略存在发挥作用的空间。特别是基于期望理论，① 处于证据劣势的一方需要通过预先提出证据，更加积极地主动查证，为最后的证据开示赢得证据上的优势，并建立强硬形象。

因此，从证据开示的经济逻辑出发，化解证明信息不对称是双方进行充分庭审证据对抗的基础。但是，这个制度需要通过辅助强制开示申请制度，才能确保弱势举证人的在诉讼中的证明公平，而单纯的申请制度又会造成双方与法院博弈中缺乏自行举证的激励。利用一方诉讼强硬策略引导，结合强制开示许可后置于开示程序宣告的制度，才能够充分地调动双方自行举证的积极性，并且有效帮助法院甄别强制开示的申请。

三 关于证明责任分配的博弈分析

证明责任的分配，传统的法学研究更多集中于从便利于证据提出或者获得的角度来展开。典型如证据距离分配说、规范说等。即使存在举证责任倒置的情况，一般也是基于公平原则而要求更有能力提出证据的一方来

---

① Kahneman, Daniel and Tversky, "Amos: Prospect Theory: An Analysis of Decision Under Risk," *Econometrics*, 1979 (47), pp. 264 – 291.

举证，从而改变前述分配机制可能带来的举证障碍或者是昂贵的举证成本。但法经济学对于证明责任的研究重点，则可以站在更加中立的价值立场，从全部的举证成本预算约束中，提出最为有效的证明责任分配方案，从而实现诉讼证明成本构造中的卡尔多－希克斯效率。

（一）基本设定与"柯布－道格拉斯生产函数"

基于民事诉讼双方的对席格局，一般而言举证责任的分配将会在双方之间展开。而我们可将当事人提出证据的成本耗费，视为一种获得证明利益的收益（当然，这个收益仅对于整个诉讼真实的发现而言，并不单纯特定于仅符合某一方利益）。这样一来，双方之间无论如何分配举证，最终都可以通过诉讼举证成本来估量提出证据的全部证明收益。因为证明投入一般呈现出递减收益的正态分布情况，证明成本的投入停留在投入等于收益之时，理性的证据制度设计也应当处于边际均衡。所以，考察在诉讼双方之间进行证明责任的分布，实际上就是考察各方投入于诉讼证明的成本应当如何分配的问题，从而将复杂的证明责任分配，转化为可以识别的不同当事人要素投入的最优配置情况比较。

柯布－道格拉斯（Cobb－Douglas）生产函数是数学家柯布和经济学家道格拉斯，基于对美国 1899～1922 年有关经济资料的分析和估算，于20 世纪 30 年代首次提出的。该函数以简单的形式描述了不同的生产要素投入量对于产品产量的影响关系，并且揭示了在不同的配置比例中，对于不同要素投入的规模报酬的线性变化情况。具体而言，设定 Q 为产量，L和 K 为劳动和资本的投入量，A、α 和 β 为三个参数，且满足 $0 <$（α、β）< 1，有生产函数的一般形式为：

$$Q = AL^{\alpha}K^{\beta}$$

α 和 β 在函数中的经济含义是，当 α + β = 1 时，α 和 β 分别表示劳动和资本在生产过程中的相对重要性，即基于劳动或者资本所得而分别在总产量中所占的份额。在此情况下，生产的规模报酬保持不变。α + β > 1时，即存在超过要素的投入情况，则呈现出规模报酬递增情况，即产量增加的比例大于生产要素增加的比例。若 α + β < 1，则呈现出规模报酬递减

情况，即产量增加的比例小于生产要素增加的比例。[①]

（二）关于证明责任分配的基本模型：基于举证投放能力考察

我们假设用 P 和 D 分别代表原被告双方当事人，E 表示用于对 P 有利证据的投入水平，I 表示用于对 D 有利证据的投入水平，可知：E_P 为原告投入的对于原告有利证据的成本，E_D 为被告投入的对原告有利的证据成本；I_P 为原告投入的对于被告有利证据的成本，I_D 为被告投入的对被告有利的证据成本。由于存在证据开示，而双方可以共享对方提出的证据，则依据柯布 – 道格拉斯生产函数可以得出关于原告和被告有利证据的收益（成本）R 函数表达：

$$原告：R_P = (E_P + E_D)^\gamma (I_P + I_D)^\beta$$

$$被告：R_D = (E_P + E_D)^\alpha (I_P + I_D)^\beta$$

此时，$0 < (\alpha, \beta, \gamma) < 1$；$\alpha + \beta \leqslant 1$；$\beta + \gamma \leqslant 1$。由于原告一般应当对于自己的主张提供证明责任（谁主张，谁举证），则可能对于原告举证存在外部性而被告无须考虑这一点，因此，我们假定 $\alpha < \beta$，即原告对比被告而言，应投入更多数额的证明成本。

在这个博弈之中，当对方的举证投入分配给定时，原被告的各自战略是选择各自在证明事项上的举证投入分配。我们提出用 B_P 和 B_D 分别作为原被告双方可以用于全部举证投入预算，且设定原被告双方的目标都是在满足举证投入预算约束的情况下，最大化各自的收益函数。则可以分别列出：

$$原告：\max_{(E_P, I_P)} R_P = (E_P + E_D)^\gamma (I_P + I_D)^\beta$$

$$s.t. \ E_P + I_P \leqslant B_P, \ E_P \geqslant 0, \ I_P \geqslant 0$$

$$被告：\max_{(E_D, I_D)} R_D = (E_P + E_D)^\alpha (I_P + I_D)^\beta$$

$$s.t. \ E_d + I_d \leqslant B_d, \ E_d \geqslant 0, \ I_d \geqslant 0$$

在预算约束条件下，全部可投入资金用于举证，解上述最优化的函数的一阶条件，可以得到原被告双方之间的反应函数分别是：

---

① 关于柯布 – 道格拉斯生产函数的具体分析，参见高鸿业《西方经济学》（第三版），中国人民大学出版社，2005，第 127 页。

$$原告：E_P^* = \max\left\{\frac{\gamma}{\gamma + \beta}\ (B_P + B_D)\ -E_D,\ 0\right\}$$

$$被告：E_D^* = \max\left\{\frac{\alpha}{\alpha + \beta}\ (B_P + B_D)\ -E_C,\ 0\right\}$$

此时，在预算约束的条件下，实际上就不用去考虑对于被告有利证据的投入成本的情形（前述公式已经被消掉了 I_P 和 I_D）。可据此得出，在涉及对原告有利的证据的投入时，原告的最优投入总规模大于被告的最优投入总规模：

$$E_P^* + E_D = \frac{\gamma}{\gamma + \beta}\ (B_P + B_D)\ > \frac{\alpha}{\alpha + \beta}\ (B_P + B_D)\ = E_D^* + E_P$$

在上述前提下，我们可以考察如何设定原告的投入预算，将会产生不同的纳什均衡情况，并借此再判定要求原告承担什么程度的举证责任（也就是公式中原告投入预算 B_P 同其证明自己有利证据的最佳投入的关系），以及是否能够带来整个诉讼证明中对于原告有利证据 R_P 证明的最优化。

（1）原告举证投入的成本预算大于最优的原告举证投入规模，也就是原告为举证成本优势方的时候，可以推导出：

$$B_C \geq \frac{\gamma}{\gamma + \beta}\ (B_P + B_D)$$

此时双方的纳什均衡是：

$$E_D^* = 0,\ I_D^* = B_D;$$

$$E_P^* = \frac{\gamma}{\gamma + \beta}\ (B_P + B_D),\ I_P^* = B_C - \frac{\gamma}{\gamma + \beta}\ (B_P + B_D)$$

据此，则原告应自行承担全部的证明责任，并且可能还需要承担应由被告承担的部分举证责任，这属于法官可依职权扩大原告举证责任情形。

（2）原告举证投入的成本预算小于最优的原告举证投入规模，但是会大于被告负担原告有利证据举证的投入时候，也就是原告处于相对举证成本优势方的时候，[①] 可以推导出：

---

① 此处指这样一种举证情况设定：
　　原告负担全部举证投入不符合上述第一种最优情况，但比仅由被告来负担原告举证投入部分时更优，此时，原告即为相对举证优势方。

$$\frac{\alpha}{\alpha + \beta}（B_P + B_D）\leq B_C \leq \frac{\gamma}{\gamma + \beta}（B_P + B_D）$$

此时双方的纳什均衡是：

$$E_D^* = 0, \ I_D^* = B_D; \ E_P^* = B_P, \ I_P^* = 0$$

此时，原告将独立承担自己的全部举证责任，被告亦将独立承担自己的全部举证责任。

（3）原告举证投入的成本预算不但小于最优的原告举证投入规模，也小于被告的最优原告举证投入规模，此时被告成为原告利益举证成本优势方，可以推导出：

$$B_P \leq \frac{\gamma}{\gamma + \beta}（B_P + B_D）$$

此时双方的纳什均衡是：

$$E_D^* = \frac{\alpha}{\alpha + \beta}（B_P + B_D）- B_P = \frac{\alpha}{\alpha + \beta}B_D - \frac{\beta}{\alpha + \beta}B_P > 0$$

$$I_D^* = B_D - E_D^* = \frac{\beta}{\alpha + \beta}（B_P + B_D）> 0$$

$$E_P^* = B_P; \ I_P^* = 0$$

此时，除了原告承担部分举证责任之外，被告还要倒置承担原来系属于原告的部分证明责任。

（三）运用纳什均衡结果分配举证责任的模拟验证

《最高人民法院关于民事诉讼证据的若干规定》第 7 条规定："在法律没有具体规定，依本规定及其他司法解释无法确定举证责任承担时，人民法院可以根据公平原则和诚实信用原则，综合当事人举证能力等因素确定举证责任的承担。"但实务操作中，关于如何评价当事人举证能力和举证责任承担的关系往往只能归于法官的自由裁量，缺乏精确化和更有说服力的解释。上述关于纳什均衡分析的结果，可以成为优化具体举证责任分配的一个路径指引。

依据上述最高人民法院司法解释的情形，可假设 $\alpha = 0.4$，$\beta = 0.5$，$\gamma = 0.5$，这意味着原告和被告提出对自己有利证据的举证效能是相当的，所以 $\beta = \gamma$；而如果被告提出原告证据则会因为证据距离等其他外部性因素，而导致一定的证明效能衰减，所以 $\alpha < \beta$。但对于当事人的举证能力，则经由其能够投放于诉讼的举证投入来判定。我们可以列举出在被告优于原告举证投入[①]的三种临界情形，来考察此时分配举证责任的程度。

1. 被告相对举证能力占优情况下的举证责任分配

假设原被告双方用以投入的成本预算 $B_P : B_D = 2 : 3$，总预算的投入为 $B_P + B_D = 5m$，则此时：

$$\frac{\gamma}{\gamma + \beta} (B_P + B_D) = 2.5m > B_P = 2m$$

此情形属于被告成为原告利益举证成本优势方的举证，此时双方举证投入的纳什均衡为：原告应仅承担对于自己有利的证据举证责任的一部分，其值为 B_P，剩余部分应当交由被告来举证，则该剩余部分为：

$$\frac{\alpha}{\alpha + \beta} B_D - \frac{\beta}{\alpha + \beta} B_P \approx 0.222m$$

此时总的对于原告有利的证据举证的效用 $E_3^* = E_P^* + E_D^* = 2.222m$。这个效用小于原告的最优举证效用，但是符合由被告所负担的举证责任倒置的最优情况。因此，当举证的成本预算比为原告小于被告时，举证责任倒置实际上是有效率的。

2. 原被告举证投放能力基本相当时的举证责任分配

假设原被告双方用以投入的成本预算 $B_P : B_D = 12 : 13$，总预算的投入为 $B_P + B_D = 5m$，则此时：

$$\frac{\alpha}{\alpha + \beta} B_D < 2.4m = B_P < \frac{\gamma}{\gamma + \beta} (B_P + B_D)$$

该情形属于原告作为举证成本优势方，此时双方举证投入的纳什均衡

---

① 一般而言，依据"谁主张，谁举证"的证明责任分配基本原则，原告应承担举证责任。因此，公平举证责任也基本上发生于被告较于原告存在优势举证能力的情况下。当然，如果出现举证责任倒置的情况，后续展开的推论也是成立的，只不过针对原被告的结算结果需要重新交换一下。

为：原告应承担对于自己有利的证据的全部举证责任，其值为 $E_P^* = \dfrac{\gamma}{\gamma + \beta}$

$(B_P + B_D)$ ＝2.4m，而被告，$I_P^* = B_C - \dfrac{\gamma}{\gamma + \beta}$ $(B_P + B_D)$ ＝0，无须为原告提供任何对其有利的证据。此时，总的举证预算不变，但是原告举证的投入增加。对于原告有利的证据的举证效用 $E_1^* = E_P^* + E_D^* = 2.4m + 0 = 2.4m$。从效率的角度分析，第二种情况下的举证效能比第一种情形下的举证效能增进了 $(E_P^{*'} - E_P^*)／E_P^* \approx 8.01\%$。因此，该类情况下的举证责任分配较之第一种举证责任分配，带来了所谓的规模报酬递增的情况，使得同样单位的举证投入，增加了边际举证收益。这可以印证如果诉讼双方的证据投入能力相当，能够使得事实发现的水平提高；反过来，这也证明了当双方证明能力相当时，需要建构更加平等的证明责任负担，以获得较好的事实发现水平。

这一定理同样适用于缩小举证投入预算的情况。假设原被告双方用以投入的成本预算 $B_P : B_D = 12 : 13$，总预算的投入为 $B_{P'} + B_{D'} = 4m$，则此时：对原告有利证据的举证效能 $E_P^* = \dfrac{\gamma}{\gamma + \beta}$ $(B_P + B_D)$ ＝2.352m，证明效能同比缩小了 $(E_P^{*'} - E_P^*)／E_P^* \approx 5.85\%$，但是，此时的投放成本实际减少了 $[(B_{P'} + B_{D'}) - (B_P + B_D)]／(B_P + B_D)$ ＝1m/5m＝20%。可见，该类情况下的举证责任分配还是能够获得所谓的规模报酬递增的情况，虽然减少了单位举证投入，但举证收益的下降相对缓慢，节约了诉讼资源。

3. 原告举证投入能力略逊于被告时的举证责任分配

假设原被告双方用以投入的成本预算 $B_P : B_D = 2.2 : 2.8$，总预算的投入为 $B_P + B_D = 5m$，则此时：

$$B_P < \dfrac{\alpha}{\alpha + \beta} (B_P + B_D) = 2.222m$$

该情形属于原告举证投入略逊于被告，此时双方举证投入的纳什均衡为：

原告的举证投入为 $E_P^* = B_P$，被告需要承担一部分对原告有利证据的举证责任，被告对此的投入为：$E_D^* = \dfrac{\alpha}{\alpha + \beta} B_D - \dfrac{\beta}{\alpha + \beta} B_P = 0.144m$，其在举证投入的权重 $E_D^* / (E_P^* + E_D^*) = 6.14\%$。此时，被告较之原告的优势举证预算投入比为 $(B_D - B_P)/B_P = 27.27\%$；二者证明效用与举证能力差异之比接近 23%。

第五章　当事人行为选择的心理认知

> 法律不仅涉及理性和意志，而且涉及感情、自觉和信仰，涉及整个社会的信奉。
>
> ——伯尔曼

> 理性的最大胜利是怀疑它自身的合理性。
>
> ——米桂尔·德·乌娜莫诺

第一节　诉讼中的选择心理与认知偏差

从理性心理决策认知出发，当事人会忠实于成本收益最大化的决策心理轨迹，但基于主观认知偏见，特别是不确定条件下的诉讼选择情状，非理性选择必然存在，尽管非理性选择本身在很大程度上也是由理性选择转化而来的。[①] 这种非理性选择的成因，主要包括下面所要讨论的当事人选择心理与认知偏差，即当事人倾向于某种类型行为的定势习惯、对于认知对象的先天偏见和即时个案判定中的直观推断问题。[②]

一　当事人行为选择的偏好

当事人行为会受到个体偏好的影响，这是行为经济学的一个重要研究

---

① 关于理性选择向非理性选择转化的研究，参见何大安《理性选择向非理性选择转化的行为分析》，《经济研究》2005 年第 8 期。

② Kahneman, D. and A. Tversky, "Prospect Theory: An Analysis Decision under Risk," *Econometric*, 1979（2）, p. 275.

方向。具化到诉讼之中，当事人往往会将这种个人偏好携带至具体的诉讼行为决策中，并展现出卡多佐在司法过程中敏锐指出的"心灵和其他生活一样，也有一种类型再生产的倾向"的特点。① 这使得关注诉讼中的偏好会形成类型化的一种诉讼行为习惯，并反过来可以成为预测当事人诉讼选择意思的依据。

（一）诉讼选择偏好识别

偏好，是指某一主体倾向于进行某种类型的行为选择。比如诉讼中冒险偏好，就是当事人倾向于高投入诉讼代理费用、鉴定费用，而博取在竞争性诉讼中的优势。识别偏好，首先应从偏好的形成入手。对此，Slovic教授做出了很好的阐释："关于人的偏好和价值，并不是单纯从社会环境推导而成，更是被社会建构形成的。"② 诉讼偏好有赖于从诉讼程序法律这个规范环境进行考察。依据行为经济学的结论，诉讼偏好首先体现为对于规范设定的不同选择权利的"启发诱因"（elicitation effect），形成不同偏好的"诱导"。③ 从整个过程看，规范提供了一种供行为人思考的头脑菜单，具有告知行为方向的作用并且可因法的强制效力，而使得当事人排斥其他非规范设定的行为模式。这其实也类同于诉讼规范的指向作用，呈现主观行为到客观行为的动态运动。这一过程从法律指引作用对于行为人的影响出发，基于法律秩序的反作用力，对行为人而言也会形成法律预期的观念作用，沿着规范的观念预期确定目的（法律行为主观预演），经过法律实践（法律行为实施）追求价值实现（形成行为类型固化）。④ 另外，兹尼克关于回应型法的解读，提示了对于政策和原则的重视价值。比如将调解性作为法律政策施行，⑤ 将会使得当事人的诉讼偏好，因对极端的规避心理，转向更贴近政策导向的低风险性调解方案。基于这种规范和

---

① 〔美〕本杰明·卡多佐：《司法过程的性质》，苏力译，商务印书馆，1998，第9页。

② Paul Slovic, "The Construction of Preference," *American Psychology*, 1995 (50), p. 364.

③ 董志勇：《行为经济学》，北京大学出版社，2008，第37页。

④ 这一分析的思路，借鉴了学者对于法律价值运动的分析。参见仓明《法律价值的动态运动及功能》，《前沿》2003年第1期。

⑤ Görlitz, Axel and Voigt, Rüdiger 1985: Rechtspolitologie: Eine Einführung. Oplaedn: Westdeutscher. 转引自〔美〕托依布纳《法律：一个自创生系统》，张骐译，北京大学出版社，2004，第78页。

行为的关系，关于诉讼偏好的识别，已经并非纯粹地对微观的诉讼当事人意愿进行分析，而是从程序规范如何形成意愿的过程入手，实际上就转化为对于程序法律目的是什么以及具体实现了什么的考量上。

识别偏好可以通过选择权利的适用频率来观测，即经常被采用的选项属于当事人偏好。个体偏好是一种个人的倾向，但往往能够呈现出群体性的共同表达。这就意味着具备一定频度的行为选择，可能成为一种具有群体规律意义的认知方法。在诉讼这样纯粹主观性判断的思维认知的"游戏"中，由一定频度而组成的行为盖然性成为一种经验性的判断，即如果我们据以认知观察的条件具备，则一般情况下就会发生这样选择结果。因此，符合条件的盖然性，在哲学的认识意义上就"进化"为一种可以进行判断的"规律"或者必然性。这一逻辑的推演过程，还应当注意康德对休谟借助怀疑论立场论证的批驳所提到的问题：基于概率性的推定之间的"因果性"和"必然性的联系"（Notwendige Beigesellung），运用盖然性进行理智判断的考虑条件是不能被忽视的。① 也就是说，运用这种概率性的结论之前，必须要求对适用条件进行一致性的比对，以避免回到纯粹的形而上学的实践误区。

（二）影响诉讼选择偏好的因素

1. 诉讼主体的决策时点

诉讼主体意愿的判断是一个时点性的行为，而不能仅仅单纯依靠对法条教义的单向拓展而形成实证行为必然如此的结论。行为经济学对于决策选择，特别强调了选择主体的判断时点，即在什么时候进行决策会极大地影响当事人的实际行为。比如关于诉讼调解的节点问题，放诸审前或者审判之中，对于当事人的和解意愿甚至和解内容都会有微妙的影响。例如，日本的家事诉讼程序，对具有讼争性的家事事件，调停是审判的前置程序；而在我国台湾地区，受理家庭案件后，家事法院应随时注意试行和解。而家事密谈室的制度，更是将整个和解置于当事人申请或者诉前来解决。②

---

① 〔英〕休姆：《人类理解研究》，关琪、王同译，台湾仰哲出版社，1982，第63页。
② 蒋月：《家事审判制：家事诉讼程序与家事法庭》，《甘肃政法学院学报》2008年第1期。

2. 诉讼主体的规则时空

在哈特的"规则内在观点"中，作为识别规则的人和规则要求处于同一时空，受当前时空的制约，一个并不生活在某种规则治理时代的人，很难对那个规则有内在的陈述。① 这反映了小文字法在诉讼中的潜在影响，依据棚濑孝雄的理论解读诉讼中的主体意愿，作为法律规范的大文字法，在具体的实践中，是通过参与人的民主主义的自我统治理念得到落实的。这一过程是上述哈特规则内在观点所处的具体时空。在社会多元的利益关系相互对立影响作用过程中自然形成暂时平衡，主体意愿已经不仅是单方的意愿表述，而是通过交涉形成的小文字法，是对于参与者自己具体问题有意义的规范，是追求他人共同意思形成、对共同的生活空间的确认。② 这一从自我向他者的视角切换，促使单方意愿可能的理性不足会获得对方的修正，而最终可能趋向更符合理性的至少是吸纳了更完整意见而形成诉讼结果。诉讼证明中的质证，就印证了双方辩驳互相促动一方证明深化的作用。

3. 经验法则的直观干预

诉讼中的"经验法则"，是在证据法的范畴下，纳入司法场域的经验作为特殊的事理，是一种事物的发展常态，以一定的确实性和合理性作为其客观基础，③ 是人们在长期生产、生活以及科学实验中对客观外界普遍现象与通常规律的一种理性认识。④ 当事人可以依循这种事理而做出相应的诉讼行为决策。因为此时决策的过程，就转化为考察是否符合经验法则适用的条件而非对行为背景和情况的全面分析，如此，经验法则无疑是一个决策的捷径。我们还注意到，经验法则的形成以一定的概率性为基础，"构成归纳结果或推理前提内容的仅是一种具有一定程度或频度的可能性"，⑤ 则关于决策的复杂思维过程就能够转化为对简单的可能性的判

---

① H. L. A. Hart, *The Concept of Law*, Oxford University Press, 1961, pp. 55 – 56. 中译本参见〔英〕哈特《法律的概念》，张文显等译，中国大百科全书出版社，1996，第 63 页。

② 〔日〕棚濑孝雄：《纠纷的解决与审判制度》，王亚新译，中国政法大学出版社，2004，第 150～151 页。

③ 毕玉谦：《试论民事诉讼中的经验法则》，《中国法学》2000 年第 6 期。

④ 毕玉谦：《举证责任分配体系之构建》，《法学研究》1999 年第 2 期。

⑤ 王亚新：《刑事诉讼中发现案件真相与抑制主观随意性的问题》，《比较法研究》1993 年第 2 期。

断，而更加贴近于仅拥有常识水平的当事人。即使存在特殊场合下的运用错误的可能，但经由经验法则直观推断，不但是节约思考的理性选择，也具有整体上简化理性思考的有用性。① 德国民事诉讼实务，就佐证了经验法则对仅依靠证据内容进行证明的理性不足的克服：德国联邦法院在 1960 年 12 月 21 日的一份判决中，就指明授权家属将情书、家庭照片等赠送于不认识的第三者的行为与生活经验相背离，使得关于授权不能形成表见证明的意见被采纳。反过来，经验法则甚至可以表见证明相应的生活经历。②

二　当事人行为选择的偏见

（一）诉讼中的偏见根源

Bourne 认为偏见是一种态度，因而也是感情、看法和行为倾向的组合，是一种先入为主的看法。从社会心理学角度出发，诉讼偏见源于几种诉讼心理效用。③

1. 刻板印象效应

从偏见的态度结构理论来看，刻板印象属于认知成分（cognitions）问题。作为"吝啬的认知者"，诉讼当事人往往会为了节省认知资源而简化自己的认知过程，采用分类（categorize）的方式将诉讼中的事项和对造进行"贴标签"，从而通过类型化当事人而预先判断诉讼行为选择。但这种认知往往因为行为人行为模糊性、缺乏参照标准而带来印象错误，从而影响行为预判的精度。

2. 内群 - 外群效应

将人们分为内群（我们，自己人）和外群（他们）是一种惯常的思维方式。外群的人经常被认为有更大的相似性，且具有更多消极的品质。④ 诉讼中因为利益对立的缘故，内外有别的偏见更是明显，这会使得

① 杰罗斯、桑斯坦、塞勒：《行为法律经济学的进路》，成凡译，载〔美〕桑斯坦《行为法律经济学》，涂永前等译，北京大学出版社，2006，第 17 页。

② 〔德〕汉斯·普维庭：《现代证明责任》，吴越译，法律出版社，2000，第 78~80 页。

③ 张中学、宋娟：《偏见研究的进展》，《心理与行为研究》2007 年第 2 期。

④ Lambert A. J. , "Steretypes and Social Judgment: The Consequences of Group Variability," *Journal of Personality and Social Psychology*, 1995, 68（3）, pp. 388 - 403.

内群的归因结果认知出现差异，当发现内群成员行为良好时，人们倾向于将之归因于稳定的、内部的原因，而当发现外群成员具有相同的行为时，却倾向于归结为偶然的、外部的原因。① 这会使得当事人在进行示范诉讼选择判断时，一方面会放大自我利益优势并且坚信其诉讼优势不断延续；另一方面会缩小对造优势，仅视之为对造侥幸占优且难以持续，而使得选择判断充斥着乐观偏见（optimistic bias）②。

　　3. 权力主义人格效应

　　权力主义人格（authoritarian personality）基于一个人的政治、经济、社会信念通常构成一种广泛而又一致的模式，反映出其人格根深蒂固倾向假设，认为存在一种深层次的、非理性的、被压抑的人格力量，使得个人行为表现出特定思维倾向，而做出相应的行为。③ 诉讼中权力主义人格效应，包含了权威服从（authoritarian submission），因袭主义（conventionalism）和权威攻击（authoritarian aggression）三个主要成分。④ 诉讼的权威服从指的是接受诉讼的权力结构，并且服从于司法职权权威要求，使得当事人背离理性判断屈服于法官可能的超职权行为。如为迎合求租（rent seek）⑤ 的法

① Hewstone M., Bond M. H., Wan K. C., "Social Factors and Social Attributions: The Expla-nation of Intergroup Differences in Hong Kong," *Social Cognition*, 1983 (2), pp. 142 – 157.

② 乐观偏见源于一种具有高度适应性的行为，因此不现实的乐观主义倾向于同幸福、满足以及从事生产性、创造性工作相互关联。另外，乐观偏见还源于行为人倾向于压抑与他们对不幸的偶发事件发生概率的印象相关的印象，即对不幸事件发生于自身概率的低估。See Lewinsohn, Mischel, Chaplin, and Barton, "Social Competence and Depres-sion: The Role of Illusionary Self – perception," *Journal Abnormal Behavior*, 1980 (89), pp. 204 – 211. 中文译本亦参见克里斯丁·杰罗斯《再分配性法律规则的行为经济学分析》，载〔美〕桑斯坦《行为法律经济学》，涂永前等译，北京大学出版社，2006，第340～341 页。

③ 〔美〕西奥多·W. 阿道诺等：《权力主义人格》，李维译，浙江教育出版社，2002，第一章。

④ 关于上述三个成分的原理分析，see Altemeyer B., "The Other Authoritarian Personality", in M. P. Zanna Ed., *Advances in Experimental Social Psychology*, San Diego, CA: Academic Press, 1998, pp. 48 – 92。转引自李琼、郭永玉《作为偏见影响因素的权威主义人格》，《心理科学进展》2007 年第 6 期。

⑤ 关于求租与寻租的内容，具体参见〔美〕戈登·塔洛克《寻租——对寻租活动的经济学分析》，李政军译，西南财经大学出版社，1999。最新简明内容可以参见 Gordon Tullock, The Fundamentals of Rent – Seeking, The Locke Luminary Vol. 1, No. 2 (Winter 1998) Part 2. at http: //www. thelockeinstitute. org/journals/luminary_ v1_ n2_ p2. html, 2008 – 13 – 4。

官而被迫给予法官"租金"的行为。因袭主义是指顽固地坚持当事人隶属群体的传统规范，使得与己见相左的外群体所秉持的司法理念，哪怕是合法的也难以获得当事人的自我执行。典型如举证失权制度，会被当事人的实质正义理念内含的自道德（self‑righteous）和自合法所排斥，甚至对程序正义信念感到愤慨，从而在行为决策中漠视程序要求。权威攻击，是指对违反诉讼程序规范所确认的秩序的当事人进行攻击，从而控制行为人的逾范行为。但这种基于权威而获得的相对优势可能会因此被滥用，而使得当事人放弃本来更加符合理性的和解方案，导致双方情绪隔阂的加深。

（二）诉讼中的偏见类型

1. 惯习依赖

布迪厄在分析法律行为时指出，行动者进行实践活动的结构与个体化表现之间存在着一个联结，这个联结就是惯习。实践是惯习和社会世界的媒介：一方面，正是通过个体的实践形成了惯习，实践对惯习有着调节的功能；另一方面，这种惯习又反作用于人类的实践活动。虽然惯习制约着人们的思想和行动，却并不决定它们，它只是在潜意识的层面上发挥作用，仅仅暗示人们应如何思考以及如何选择。[①] 就诉讼中的惯习思维而言，需要放置于诉讼的场域去识别。在诉讼这种交织审判权力形式和不同诉讼主体位置之间一系列关系的冲突和竞争空间中，诉讼惯习作为一种结构形塑机制，涉及社会行动者具有的对应于其占据的特定位置的性情倾向。[②] 比如日本的"法律最小化"的情况，日本人所特有的对于法律的反感态度这种认知惯习，以及强大的如声誉机制等社会控制系统的运用惯性，令日本司法制度确立了强制性的和解程序，调解失败才通过法律手段解决。[③]

2. 假象认知

依据培根的四假象形成的认识分类，假象认知包含种族、洞穴、市场

---

① 〔法〕皮埃尔·布迪厄、〔美〕华康德：《实践与反思：反思社会学导引》，李猛、李康译，中央编译出版社，1998，第170~171页。

② 李瑜青等：《法律社会学经典研究》，上海大学出版社，2005，第190页。

③ 〔美〕唐·布莱克：《社会学视野中的司法》，郭星华等译，法律出版社，2002，第91~93页。

和剧场假象四种。所谓"种族假象"，是一种集体假象。源于以个人的尺度为根据的个人感觉，会因为人的理智在本性上喜欢抽象，以及"或者是由于人的精神的实体气质相同，或者是由于它的成见，或者是由于它的狭隘性，或者是由于它的无休无止的运动，或者是由于一种情感的灌注，或者是由于感官的无力，或者是由于印象产生的方式"，而导致了"种族假象"的产生。"洞穴假象"属于个人假象，由于每个人的心理或身体上的特殊结构，或者由于后天教育、习惯和偶然的原因，使得每个人形成了各自不同的假象。"市场假象"属于群体交往产生的假象，是在人们彼此交往、互通信息的活动中形成的。由于借助于语言来进行交往，用语选择得不恰当，就会阻碍人们的理解。它所传递的不仅可能有假信息，而且也可能由于接收者在解读信息时误解了信息的含义导致"市场假象"的产生。"剧场假象"属于"体系的假象"，是从各种哲学教条、证明法则移植到人心中的假象，是"从哲学体系的剧本和乖谬的证明规则印到和接受到人的心里上面来的"。① 诉讼基于不同的个体类型，除了直接的身份差异认知之外，各造自身对于诉讼的看法，以及在诉讼场域中交流沟通的偏差，均会对准确的诉讼认知造成"假象"。另外，自然法观念的浸淫以及常识常理的熏陶，也会使得各造对诉讼证明存在差异化的理解。

3. 情感认知

情感认知的偏见，属于无意偏见，源自当事人不自觉的情绪影响，并形成偏离认知对象的误差认识。情感认知的偏见是不稳定的热偏见（hot bias），当一个人被热偏见驱使，会得出错误的偏见；但是当他情绪冷静而重新评估其行为时，则会修正情绪影响而重新进行行为判断。② 诉讼中的情感认知问题比比皆是，典型如秋菊打官司中秋菊执着地"要个说法"

---

① 关于四类假象的内容，具体参见〔英〕培根《新工具》，赵国华译，延边人民出版社，1999，第16页以下。

② 热偏见的提法，源于社会心理学家卡那曼（D. Kahneman）和塔沃斯基（A. Tversky）对认知偏见的分类，与冷偏见（cold bias）并存。冷偏见来自人类认知功能中的内建机制。See Francis Remedios, *Legitimizing Scientific Knowledge*, Lanham：Lexington Books, 2003, p.64. 转引自殷杰、尤洋《社会认识论视野中的认知偏见》，《自然辩证法通讯》2007年第4期。

的解纷方式选择，就属于基于"不能往那个地方踢"的情感激愤。而此时仅仅做当事人依据现代司法规则的理性推演显然不能够解释秋菊诉求行为，以至于似乎"韦伯关于司法理性化之结果的预言无法实现"。[①] 而滋贺秀三在对中国法文化的考察中，更是指出了中国人"情理"因素在具体司法争议中的"衡平"适用，"倾向于从对立双方的任何一侧都多少分配和承受一点损失或痛苦中找出均衡点"，[②] 这也和客观逻辑下严守司法规范而形成精确结论的判定方式大异旨趣。当事人的这种情理观感，反过来造就了中国诉讼机制更倾向于"整体"平衡的制度取向，也引导当事人偏好情感性诉讼选择，甚至使情感倾诉在诉讼中成为有效的攻辩武器。

当然，这并非就意味着在诉讼行为选择中主打"情感牌"成为非理性的选择。但是，基于情理因素的不稳定性和主观性，势必兼存当事人情感认知的误解，而可能使得选择强调情感的做法反而成为正确诉讼行为的障碍，这也属于诉讼选择的偏见之一。如"永定县生员谢润堂告谢崇达等的争产案"中，因为情理认知偏见导致原告利用诉讼方式争产失利：原告因考中武生，而让其祖父同族人商议将谢姓家族一块祭田年地租收入的部分计三十桶分给自己作为奖学，并主张自己从此永久管理该土地，对此族中反对者甚众。原告坚信"敦本睦族，鼓励志读书者"之情理，数次于县里告状并最终上诉到道台，但被道台以入学即刻要求族人将族田部分作为自己永久财产，至"情理之所不顺"，必招至争讼，而责其健讼，被惩戒朴五十板。[③]

三　当事人行为选择的直观推断

（一）诉讼中的直观推断概述

诉讼中的直观推断，需要同法律推理相区别。后者基于特定法律概念

---

① 苏力：《送法下乡——中国基层司法制度研究》，中国政法大学出版社，2000，第 198 ~ 199 页。

② 滋贺秀三：《中国法文化的考察》，王亚新译，载〔日〕滋贺秀三等《明清时期的民事审判与民间契约》，王亚新等译，法律出版社，1998，第 13 ~ 15 页。

③ 〔清〕徐士林：《徐雨峰中丞堪语》卷四。

以及一般理论，展开演绎法而使特定案件的结果等同于一般理论的逻辑结果。更为微观地说，就是先提出一个建立在特殊案件经验或者尝试之上的宽泛的理论，并通过"某一理论的透镜接近特定案例"来获得法律结果。① 而直观推断则属于一种认知心理学方法的运用，是行为人为了简化他们的认知任务而借助既有的认识印象而径行决策的机制，一般包括两种方法。

1. 易得/有效性（availability）

人们在对事件进行概率赋值的时候，往往容易因为某事件类似于脑海中正在考虑的事项而受到影响，其原因可能是刚刚经历而印象深刻，或者是个人的选择性记忆而留存深刻印象。② 诉讼当事人对于诉讼进程的判断，也可能受到这种影响：例如，质证阶段对比对造，法官严厉的措辞会使得当事人产生败诉判断，这可能会强化其调解的意愿；又如，在准备诉讼前，曾经有类似案件在管辖法院有过胜诉的裁判，则会强化其将诉讼进行到底的决心等。这种心理的因势利导，甚至成为法官在具体办案过程中可资利用的一种司法技术。如 1998 年全国青年法官标兵杨鹏，在担任某镇法庭副庭长期间，就通过典型案件形成诉讼解决纠纷的示范效应，在当地形成诉讼纠纷解决效应，使得法庭年均案件从三四十件跨越式增长为个人年审结 312 件案件。1996 年担任 H 法庭庭长后，其在当事人认知印象中的"办案能手"形象使得年均收案 300 件左右的法庭，当年就收结案 1310 件，并在随后两年增长为 1440 件和 1762 件。甚至不属于 H 法庭管辖的案件也被当事人坚持起诉，指明要求杨鹏审理。③

---

① 〔美〕凯斯·R. 孙斯坦：《法律推理与政治冲突》，金朝武、胡爱平、高建勋译，法律出版社，2004，第 14～15 页。

② See Paul Slovic, Baruch Fischhoff, and Sarah Lichtenstein, "Regulation of Risks: A Psychological Perspective," *in Regulatory Policy and the Social Sciences* 241 (Roger G. Noll., 1985). 转引自诺尔、克里尔《有关风险规制的一些认知心理学启示》，载〔美〕桑斯坦《行为法律经济学》，涂永前等译，北京大学出版社，2006，第389 页。

③ 吴英姿：《转型社会中法官的角色紧张与角色认同——在基层法院的参与观察中看到的法官形象》，载王亚新等《法律程序运作的实证分析》，法律出版社，2005，第 436 页。

2. 固执先见（anchoring）

认知心理学指出，人们以最初的信息为参照来调整对事件的估计，并且其判断的方法将依赖于先行启动程序的内容。[1] 它是行为人拒绝改变概率估算的一种心理倾向，而仅依据既有的概率印象来形成后续的看法。[2] 诉讼中的这种情形会因为诉讼程序不断进行而造成当事人的初步估算印象，并进而影响到对于后续诉讼的选择决策。比如取效诉讼行为中，法官对于当事人首次申请之取效主张的认诺与否之态度，往往左右了当事人对于整个诉讼的评估。另外，固执先见的情形对于进阶式选择具有重要的影响，当事人会因为第一阶段选择之后获得的信息，来直接对后续的选择进行决策判断。典型如我国劳动争议纠纷解决过程中，在劳动争议仲裁结果形成之后，当事人享有任意的异议权，均可以通过民事起诉来重新审理案件。[3] 且民事审理同之前的劳动争议仲裁的裁决和过程是没有关联的，但显然获得有利仲裁结果的当事人，将会更坚定胜诉的信心，而仲裁失利方则会对于可能启动诉讼的结果心存忐忑。

（二）诉讼中直观推断的误差

心理学研究指出："人们的决策通常依赖于一些思维定式做出直观推断（heuristics），而这些直观推断通常是存在系统性误差的。"[4] 比如诉讼

---

[1] 这个结论可以用 1974 年 Kahneman 和 Tversky 的测试实验来说明：实验要求被试者进行估计，两组被试者被要求在 5 秒内估计出下列两个问题的乘积：（1）$8 \times 7 \times 6 \times 5 \times 4 \times 3 \times 2 \times 1 = ?$，（2）$1 \times 2 \times 3 \times 4 \times 5 \times 6 \times 7 \times 8 = ?$。结果发现：第一道题的估计值为 2250，第二道题的估计值为 512。两者的差别很大，且远小于正确答案 40320。造成这个结果是因为被试者在对问题做了初步几步运算后，就依赖初步结果来估算整个计算结果。另外一个实验是估计联合国中非洲国家成员占多大比例，被试者将其估计值与一个在 0 和 100% 之间随机选取的数字相比较。被要求与 10% 比较的平均估计为 25%，被要求与 60% 比较的平均估计为 45%。可见，虽然初值是随意选取的，但人们会固执于无关的初始信息。See Tversky, A. & D. Kahneman, "Judgment Under Uncertainty: Heuristics and Biases," *Science*, 1974（185），pp. 1128 – 1130.

[2] David Grether, "Bayes' Rule as a Descriptive Model: the Representative Heuristic," *Quarterly Journal of Economics*, 1980（3），pp. 537 – 557.

[3] 依据《劳动争议调解仲裁法》第 47 条之规定，存在两类例外情况（仲裁裁决为终局裁决）：（1）追索劳动报酬、工伤医疗费、经济补偿或者赔偿金，不超过当地月最低工资标准十二个月金额的争议；（2）因执行国家的劳动标准在工作时间、休息休假、社会保险等方面发生的争议。

[4] 常鑫、殷红海：《Daniel Kahneman 与行为经济学》，《心理科学进展》2003 年第 3 期。

当事人会经常性地使用小数定律（law of small number）① 来进行诉讼选择判断，习惯于仅将其听说或了解的法院关于某类案件的个案裁判，直接等同为整个司法系统对类似案件形成统一裁判的预期。而这种直观推断，显然违反了概率论的大数定律。② 因此，随机个案样本的裁判结果实际上会围绕着实际裁判结果期望值中心来进行分布，并且会因为案件数量的不断增加，而使得所谓的"样本均值方差"逐渐趋近于零。但由于当事人无法认识到获取选择决策信息的样本大小程度的重要性，而仅依据心理学的小数定理认为自己所了解的个案的小样本的均值也是围绕期望值中心分布的，就导致了当事人仅从少量独立观测中就做出"过度推断"（over - inference）。

依据笔者所进行的诉讼行为选择调查问卷的统计结果，上述这种依据小样本或者他样本数据而进行的判断，也基本表现出了相当的正相关性。在问卷中，当将山西省再审数据作为福建省再审选择判断依据时，改判率的直接关联度（直接要求改判）为 71.67%，改判的另外一个影响度（改判率不高而无所谓申请）也占到选择比率的 7.6%，直接关联度为 25.3%，二者结合可以总计改判率数据的总影响度为 97%；再审维持率数据的影响度（维持率不高而要求再审）为 126.5%；调解率和和解率的

---

① 小数定理是依据心理学实验而观测所得，人们倾向于将小样本均值的统计分布等同于大样本均值的分布，即容易将依据小范围样本数据获得的结果等同于基于大范围样本数据获得的结果。See Amos Tversky, Daniel Kahneman, *Belief in the Law of Small Numbers*, Psychological Bulletin, 1976（2），pp. 105 – 110.

② 大数定理源于雅各·伯努利（Jacob Bernoulli）在 1713 年出版的遗著《猜度术》所揭示的"伯努利定理"中的极限定理：若在一系列独立试验中，事件 A 发生的概率为常数 P，那么对 $X_n > 0$ 以及充分大的试验次数 n，有 $\lim\limits_{n \to \infty} P \{ | X_n - X | < \varepsilon \} = 1$，其中 X 为 n 次试验中事件 A。伯努利认为：先前人们对概率概念，多半从主观方面来解释，即说成是一种"期望"，这种期望是先验的可能假设，是以古典概型为依据的。这种方法有极大的局限性，由于无法数清所有的可能情况，也无法确定不同情况的可能性彼此间的大小，这种方法就不可行。他提出，为了处理更大范围的问题，必须"后验地去了解我们所无法先验地确定的东西，也就是从大量相关事例的观察结果中去探知它"。应从主观的"期望"解释转到了客观的"频率"解释。大数定律可以说明：任何一种预测的准确程度将随着例数的增多而提高。参见徐传胜《概率论简史》，《数学通报》2004 年第 10 期。

影响度（选择调解或者和解，避免法院裁判风险）为 99.13% 。[1] 从其运行机理来看，因为支配社会行为选择的"力"存在着行为维系力，其自发倾向是对"社会行为选择期望值"的保持与坚守。[2] 这意味着任何诉讼行为选择本身就是在"他者"行为的选择期望值的预估与判断下做出的，这也形塑了整个民事诉讼运作的基础秩序。

另外，当事人对现实案件过程的信息获取，还要"受到语言、语言中的词汇、语言中的概念以及语言结构的限制"，[3] 使得小样本的均值存在传播学意义上的"衰减"，会导致当事人直观推断案件的间接性失真，加剧了上述推断精度的误差。[4]

第二节　诉讼选择的行为经济学原理

一　作为"人的科学"的行为经济学

著名行为经济学家卡托纳（George Katona）等人认为，现代经济与古典经济的最大区别就在于经济活动的立足点发生了根本变化——物的经济为人的经济所替代，人从被收入、价格等经济提线牵动的经济木偶一跃成为经济活动的主体，经济过程中的任何一种现象性浮出都不外乎是社会个体（或群体）的经济行为或聚合或沉淀的产物。卡托纳一语道破天机："正是这些行为人通过自己的行为创造了经济。"因此，现代经济现象在

---

[1]　问卷的设计是通过给被调查者提供山西省的再审数据，要求被调查者预测福建省的相关再审情况，来看在诉讼行为选择中是否存在直观推断情形。运算情况如下所示：改判率直接关联率 = 坚持再审选择率/山西省再审立案改判率 = 21.5%/30% = 71.67% ，改判率总影响度 =（参照改判率下选择再审关联率 + 参照改判率下放弃再审关联率）=（坚持再审选择率/山西省再审立案改判率 + 放弃再审选择率/山西省再审立案改判率）= 71.67% + 7.6%/30% = 97% ，再审维持率影响度 = 参照维持率下再审选择率/山西再审维持率 = 25.3%/20% = 126.5% ，调解率和和解率影响度 =（（调解和解选择率/（山西调解率 + 山西和解率）））= 45.6%/（6% + 40%）。具体的调查数据，参见本书附录。

[2]　牛文元：《社会行为选择的力学注记——网络社会管理基础研究之一》，《中国科学院院刊》2012 年第 1 期。

[3]　〔德〕汉斯波塞尔：《科学：什么是科学》，李文潮译，上海三联书店，2002，第 20 页。

[4]　这属于传播学上的因为变迁性置换而造成了以语言文字形态转述事实的真实性减弱情况。参见谢俊贵《传统媒介传播效果衰减成因探析——基于信息社会学的视角》，《湖南师范大学社会科学学报》2008 年第 4 期。

本质上已经成为一种人文现象，经济分析所要做的已"不再是研究产品的数量和价格之间、储蓄和流通之间抽象的关系，而是发现人的经济行为的特点和规律"。行为经济学的崛起表明，"人及其行为"正在成为经济学研究的核心和主题，倡导并注重对人的经济行为的研究，为现代经济学建构了一个"充满人性和人类价值"的理论框架，使经济学成为人的科学，人成为经济学的主体。

行为经济学关注"人"在进行行为选择时的具体情形。这就意味着和传统经济学研究不同，行为经济学将重点考察人是否具有"一致性偏好"及其动机和目的是否只受"效用最大化"影响两方面。传统经济学将"理性经济人"描述为工具主义意义上的理性者，他们具有有序偏好、完备信息和精确计算的能力，能够利用掌握的信息来预估将来行为所产生的各种可能性，能够完成最佳的满足自己偏好的决策，最大化自己的预期效用。[①]而行为经济学更将理性经济人还原为真实人，行为人容易受到情感、环境、信息等因素的影响，而做出非理性但是更切合他们实际表现的选择。

1953 年 Maurice Allais 率先指出的风险下的决策偏离预期效用理论的事实，也就是所谓的"阿利斯难题"（Allais paradox）。[②]为了解释这一问题，针对预期效用理论的基本假设，丹尼尔·卡尼曼和阿莫斯·特维斯基（Kahneman，D. and A. Tversky）通过精心设计的社会学、心理学实验对行为选择加以识别，批判了这些在他们看来有着系统性偏差的基本假设，提出了一种用以取代预期效用选择模型的模型——愿景理论（Prospect Theory），也据此开创了行为经济学的现代分析之路。

---

① 〔英〕约翰·伊特韦尔等编《新帕尔格雷夫经济学大辞典》，陈岱孙主编译，经济科学出版社，1996，第 2 卷第 57 ~ 58 页，第 4 卷第 73 页。

② 这一获得了 1988 年诺贝尔经济学奖的发现是：给定两个选择，a 是无任何风险的 3000 元收益；b 是参加一个抽奖，以 80% 的概率赢得 4000 元，但 20% 的概率一无所获。大部分的被试都会选择 a 而放弃 b。但是，当被试者面临另外两个选择：c 是 25% 概率获得 3000 元（75% 的概率得到零）；d 是 20% 概率得到 4000 元（80% 的概率得到零），大部分人却会选择 d 而放弃 c。被试者所做的选择明显地违背了预期效用理论中的替换原理，因为选择 c 和 d 相对于选择 a 和 b 仅对概率的取值进行了同比例的压缩（从 100% 到 25% 及从 80% 到 20%），但人们却做出了前后截然相反的选择。See Allais M. Le，"Comportement de l' home rationel devant le risqué：Critique des postulats et axioms de l'ecole americaine，" *Ecomometrica*，1953（21），pp. 503 – 546.

二　愿景理论下的行为选择分析

(一) 愿景理论概述

实证研究表明，选择决策过程会系统地偏离传统经济学的基本假设，而与预期效用理论背道而驰。[①] 与结果的绝对数值相比，人们通常对结果相对于一个参考水平的偏离程度更敏感。这种侧重于变化而非绝对水平的倾向与心理学的认知法则是一致的。也就是说，相对于外界条件的绝对水平而言，人们对外界条件的变化更敏感。[②] 另外，人们对等值损失的怨恨程度往往大于收益所能带来的喜悦程度，这种损失和收益对人心理的不对称影响就是所谓的"损失规避"。[③]

愿景理论主要观点是：不确定条件下的行为选择是介于有根据的展望和冒险碰运气之间的一种行为，人们展望风险做出选择，会背离偏好一致性和效用最大化。就背离偏好一致性来说，由于人们选择时会经常剔除影响决策的相同因素，行为人的相同选择并不表示偏好一致性，或者说不同形式的相同选择在偏好上存在着差别；就背离效用最大化而言，由于人们经常存在着将可能出现的结果与过去确定情况下取得的结果进行对比的情况，从而低估可能结果的"确定性效应"，而不是完全按效用最大化原则决策。据此，愿景理论得出一个重要的结论：当收益确定时，人的行为选择表现为风险厌恶；当损失确定时，则表现为风险偏好。

---

① Kahneman, D. and A. Tversky, "Prospect Theory: An Analysis Decision under Risk," *Econometric*, 1979 (2), pp. 263 –291.

② Tversky A, Kahneman D. Loss, "Aversion in Riskless Choice: A Reference – Dependent Model," *Quarterly Journal of Economics*, 1991 (106), pp. 1039 –1061.

③ 关于规避的分类是依据风险偏好而设定的：给定两种选择 A 和 B，A 是一个期望值为 x 的有风险的赌博（例如，50% 的概率赢得 2x，但 50% 的概率一无所获）；B 是赢取无风险的收益 x。如果决策者认为 A 和 B 具有同样的吸引力，我们定义他为风险中性（risk neutral）。如果决策者选择 B 而非 A，则为风险规避（risk averse）。如果决策者选择 A 而非 B，我们定义他为风险追逐（risk – loving）。依据 Kahneman 和 Tversky 1979 年的研究：10 个被试者中有 7 个人选择以 25% 的概率损失 6000 元，而非以 50% 的概率同等可能地损失 4000 元或 2000 元（意即各 25%）。两种选择的期望值完全相同，前者却有更大的风险。如果人们是传统意义上的风险规避者，则不应该观察到上述的结果。而传统经济学却是建立在风险规避的假设上，这显然不足以完全解释现实选择问题。See Tversky A, Kahneman D., "Advances in Prospect Theory: Cumulative Representation under Certainty," *Journal of Risk and Uncertainty*, 1992 (5), pp. 297 –323.

（二）愿景理论的公式表达

假定收益和损失都可以用货币形式来衡量，则如公式 5-1 所示，预期效用理论的决策过程预先假设存在一个以财富值 w 为自变量的实值函数 u。如果行为 a 导致不同财富值 w_i 最终实现的概率为 p_i，而行为 b 导致 w_i 实现的概率为 q_i，决策者选择 a 而非 b 当且仅当：

$$\sum{}_i p_i u(w_i) > \sum{}_i q_i u(w_i) \qquad 公式 5-1$$

愿景理论假设存在两个实数函数，v 和 π 令决策者选择 a 而非 b，则有公式 5-2：

$$\sum{}_i \pi(p_i) v(\Delta w_i) > \sum{}_i \pi(q_i) v(\Delta w_i) \qquad 公式 5-2$$

（$\Delta w = w_i - w_o$，是财富值 w_i 相对于一个参考水平 w_o 的偏离值）

据此，两种决策的模型存在三点区别。第一，愿景理论中的决策者并不关心决策所带来的财富值的绝对水平，而是注重决策所造成的财富值相对于参考水平 w_o 的变化。参考水平可以是决策者的现有的起始财富值，这样损失和收益的定义也是相对于起始财富值的；也可以是决策者在现有财富和对未来的预期基础上的渴望达到的财富水平。那么，决策过程基本上可以分为编辑阶段（edit stage）和估值阶段（evaluation stage）两个阶段。在编辑阶段，人为地将做出的选择建立于适当的参考水平，选择所产生的结果大于参考水平的部分为收益，低于参考水平的为损失。在估值阶段，决策者将基于上述编辑阶段的结果，按照公式 5-2 进行计算并做出最终的抉择。第二，愿景理论中的价值函数 v，以财富值的变化为自变量，而且函数形式呈 S 形，属于收益的凹函数和损失的凸函数（参见图 5-1）。同时，价值函数在损失和收益两个方向上呈现递减的敏感度（sensitivity）。函数 v 以零（即参考水平）为拐点，意即小数额的损失上的斜率大于小数额的收益上的斜率。而预期效用理论中的价值函数 u 在整个取值范围内是平滑的凹函数。第三，决策权重函数 π 是对概率 p 和 q 的一个变换。该函数是单调递增的，并在 0 和 1 两点上没有取值。该函数对自变量的概率取值做系统性变换，使得小概率值得到相对较大的权重，而大概率值得到相对较小的权重。函数的形状如图 5-2 所示。

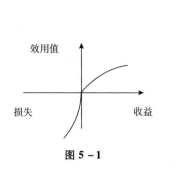

图 5 - 1

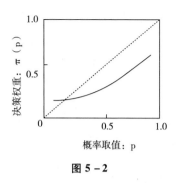

图 5 - 2

　　通过上述两个决策模型的区别，愿景理论可以对前述提及的决策者的若干行为进行有效的解释。比如前述的损失规避的问题，因为在编辑阶段，价值函数以零点（参考水平 w_o）为拐点使得函数在小数额损失上的斜率大于在小数额收益上的斜率，因此人们在估值阶段就不会去选择同等斜率会有更大数额差距风险的损失实验中所得到的一系列结果。这种对编辑阶段的合理假设使我们可以解释为什么人们面对同一问题的不同的表述方式会做出截然不同的选择，同时也解释了造成"损失规避"现象的原因。价值函数递减的边际灵敏度，使得决策者对可能得到的收益表现出风险规避（因为其对大数额的收益的相对低估），但对可能造成的损失表现出风险追逐（因为其对大数额的损失相对高估）。决策权重函数 π 在小概率上的相对较高取值和在大概率上的相对较低取值使上述阿利斯难题（Allais paradox）得以解释。

（三）对诉讼行为选择的实验验证

　　为了具化行为选择心理对于诉讼的影响，笔者进行了一个诉讼行为选择的问卷调查（具体说明详见附录 1）。调查结果也基本验证了上述行为选择决策的心理，并据此可以初步估算出选择决策行为心理体系：预期效用理论和愿景理论都是人们在决策过程中所必需的理论指导——预期效用理论适合于描述理性行为，而愿景理论更适合于描述实际的行为。

　　按照诉讼收益的情形，我们拟制了以确定概率的和解数额与或然概率的判决数据进行比较项目。分析问卷数据可知，关于确定获得 3000 元的和解数额与以 80% 的概率获得 4000 元的胜诉判决之间，64.6% 的被调查者选择了前者而只有 35.4% 的被调查者进行了低风险选择；在只有 25%

概率获得胜诉额 3000 元与 20% 概率获得胜诉额 4000 元的选择中，只有 26.6% 被调查者选择前者而 73.4% 被调查者选择风险更高的后者。这说明当事人在面临收益时更愿做风险规避者，倾向于选择低风险的诉讼行为。

为了分析损失确定时的诉讼选择，我们又拟制了取证成本的选择项目。通过设定取证成本支出与获取有利证据之间的概率问题，按照问卷最终调查结果可知：关于取证成本的投入，有 72.2% 的被调查者选择支付 6000 元，以获得较高的 75% 的取证概率；而有 27.8% 的人选择依据不同案情支付可能投入的 4000 元或者 2000 元，以获得较低的 50% 的取证概率。[①] 由此可见，三种情况的选择显著性均是较高的，平均为 2.39。[②] 这说明当事人在面临损失时候更多属于风险的偏好者，倾向于选择高风险的诉讼行为。

三　小结

从行为选择的实质出发，艾普特基于选择的文化分析，提出了选择作为现代人中心问题的判定，申明现代化过程的一个特点是包含了改善选择的条件和甄别最满意的选择机制。[③] 如果说前述关于博弈均衡的论述，是对于如何设定当事人选择条件的一次探讨，那么聚焦于最满意的选择机制的分析，则通过观照选择机制主体的主观感受，增强了因"理性"假设的不足而进行行为心理范畴的现实修正的分析。对于比伯克利学派为强调"法制中人文主义情怀"而进行的"通过非正式的秩序装置来形成弹性结

---

① 需要特别说明的是，在附录 1 中第三题的选项设计上，从理性成本收益比较的角度出发，上述选择中不同选项的概率数值均是相当的。在和解与诉讼的选项中，甚至于要求诉讼的获益 4000 × 80% = 3200 还大于和解的额度 3000；在不同概率的胜诉金额中，也是相当接近（750 与 800）；在取证的投入方面，前后的额度也是一样的。从这样的数值可以看出，无论是选项之间的数值存在大小差异还是完全相等，最终获得的结果是一致的。差异可能仅仅是在显著性的强度上有所不同。其中，优势选项最为明显达到 2.759，弱势选项最不明显为 1.825，而持平选项居中为 2.597。

② 显著性等于不同的选择结果之间的比值。平均显著性为三者显著性的平均值。

③ See David E. Apter, *The Politics of Modernization*, Chicago：The University of Chicago Press，1965，pp. 9 – 11. 转引自季卫东《法治秩序的建构》，中国政法大学出版社，1999，第 17 页。

果作为法律制度改革的内容"的尝试,① 深究诉讼下当事人行为的心理轨迹, 显然更加"贴近"人文主义所坚守的人的导向, 也避免了所谓的"科学国家"和工具理性的僵硬性解释, 进而也避免陷入纯粹理性的成本收益分析造成的经济学功利主义的泥沼。无论是成本收益下的行为选择, 还是信息不对称的行为博弈, 均需要再从当事人的心理变迁着手, 借助行为经济学探求其中的惯常性因素对于诉讼行为选择的影响。

第三节　恶意诉讼选择的行为经济学分析

一　恶意诉讼下的虚假诉讼: 被限缩的我国立法实践

我国《民事诉讼法》第 112 条确立了恶意诉讼制度。在民事诉讼法学界, 上述恶意诉讼立法普遍地被解读为规范的是内涵更小的虚假诉讼。② 不过, 这一解读是建立在学者们对第 112 条"当事人之间的恶意串通"与"他人的合法权益"的限缩解释: 当事人之间被缩小为双方当事人之间, 他人亦被限制为案外第三人。而从实际的恶意诉讼发生情况来看, 当事人之间显然还可以系在共同诉讼的原告之间, 他人权益亦可以是原告之外的被告合法权益。当然, 仅凭借这样的法条文义推演, 同样也会产生对第 112 条扩张性解释的质疑: 从恶意诉讼条款界定的完整性来看, 尽管文义上共同诉讼的原告之间的确符合"当事人之间", 但并无明显的立法背景支持仅对共同诉讼的恶意情形专门予以规制, 至少实务中出现更多的是单一原告蓄意针对被告的诬告或不实之诉, 以求诉讼之外目的, 如被告疲于应诉或者对其声誉或利益产生重大影响。

从恶意诉讼的法源来看, 其派生于罗马法中的制止好讼制度。在诉讼过程中, 承审员一般不得判罚原告, 因为起诉乃原告为增加利益而非减损利益而启动。但被告可以请求法官于程式中加入"反判"(judicium cont-

---

① 参见季卫东《正义思考的轨迹》, 法律出版社, 2007, 第 107 页。
② 一个很有趣的统计学小例证就是, 在民诉法修改之后的 2012 年全国民事诉讼法学年会上, 与会所设置的"恶意诉讼"投稿专题中, 五篇入选论文有四篇采用"虚假诉讼"的表述。

rarium）条款，使承审员可以判罚原告。通常，对于恶意诉讼的惩戒方式有四种形式：其一，"侮辱诉"或"对人侵害诉"（actio injuriarum），败诉原告须支付请求权标的的 1/10 作为罚金；其二，在诉讼期间，因为币值贬值，当事人可以预先约定败诉偿付金额；其三，在诉讼进行中，任何一方可要求他方做出"诬告宣誓"，若原告不肯宣誓则诉权作废，若被告不肯宣誓则拒绝等于自认；其四，被告还可以对原告提起"诬告诉"，败诉原告同样须支付请求权标的的 1/10 作为罚金。[①]

虽然现代诉权理论使得原告败诉不对被告负责成为基本原则，[②] 但为了防止原告滥用诉权和其他主观恶意造成被告疲于诉讼，甚至因此而遭受诉讼之外的其他损失，确立恶意诉讼制度并将其纳入侵权法范畴成为两大法系现代民事司法制度的共同选择。我国也在新修订的《民事诉讼法》中对其予以确立。[③] 从立法体例分析，恶意诉讼的构成要件包括：主观上具有过错，存在恶意超出诉讼权利范畴的心理状态；存在客观的违法诉讼行为；对诉讼相对人或诉讼以外的第三人的权利或利益造成损害的后果。上述构成中的行为要件和结果要件纯系客观，所以较容易被识别，对当事人主观要件识别，则存在诸多难题，特别是这涉及合法诉权与诉讼目的之实现的问题，若轻易与最终裁判结果不一致（请求利益大于裁判利益），则可至诉讼存有过高风险，也有违当事人处分权的全面行使。本书目的，即借助行为经济学原理，解释合理的诉讼动因与恶意的诉讼动因之差异，从而为法官评定当事人起诉动机提供准据。

二　诉讼"恶意"的规范解释进路

（一）对恶意的解释

恶意（malice），作为一个内涵极为复杂的法律词语存在诸多解释。

[①]　周枏：《罗马法原论》（下），商务印书馆，1994，第 973~974 页。

[②]　需要注意的是，败诉者承担诉讼费用并不是一种直接的惩戒责任，而是负担司法为此支付的成本。在这个意义上，败诉者并没有因为败诉本身而直接承担对于胜诉方的责任。

[③]　《民事诉讼法》第 112 条和第 113 条明确规定：当事人之间恶意串通，通过诉讼、调解等方式侵害他人合法权益的，人民法院应当驳回其请求，并根据情节轻重予以罚款、拘留，构成犯罪的，依法追究刑事责任；被执行人与他人恶意串通，通过诉讼、仲裁、调解等方式逃避履行法律文书确定的义务的行为，人民法院应当根据情节轻重予以罚款、拘留，构成犯罪的，依法追究刑事责任。

《布莱克法律词典》将其解释为无正当理由而实施非法行为之故意;①《牛津法律词典》将恶意解释为行为人为获取不正当利益而损害他人的动机;②《元照英美法词典》将恶意进行了两分，一种为以损害他人利益为目的而故意实施之心理状态的直接故意，另一种为漠视法律或公民之合法权利而实施违法或者有害他人之行为的间接故意。③ 梁慧星教授在其民法典草案侵权行为篇中专门将恶意诉讼的"恶意"解释为：故意心态中之恶劣者，含有明显的加害性追求。这种恶意心理状况通常可根据加害行为存有伪造证据，恶意串通，歪曲法律等情节予以认定。④ 亦有观点认为诉讼恶意是行为人具有利用诉讼程序，获取超越诉讼合法利益的动机，并不限于使他人受到损害为目的主观动机形态。⑤ 梁说属于最严格限定说，强调了直接故意以及损害结果；布莱克词典和元照词典均只关注主观动机，强调对非法行为或者侵害他人合法利益行为的意图（intention）予以界定；牛津词典采客观说，注重于获取不当利益而损害他人之情形；而刘说则最为宽泛，只注重存在超越诉讼合法利益之动机的主观状态，而不追问是否存在损害他益之目的。

（二）规范解释识别缺陷

虽然上述解释可以在规范的表述上提供定义，但若落实到恶意诉讼指向的诉讼侵权责任，还是存在识别上的困难。若确定"侵权"，则要求存在"失职造成损害"。在一般情况下，侵权行为包括一些没有正当理由的行为。从文义解释的层面来看，"侵权"作为拉丁词在法语中得到了其进一步衍生的"Tortum"，意思是"扭曲"，这意味着行为存在变形或者自然正义观念中的错误，并被延伸为"谋取非法的利益"（wrongful intention for interest）和"无合理理由"的两层含义。⑥ 不过，文义界定本身无法

① Bryan A. Garner, Editor in Chief, *Black's Law Dictionary* (Eighth Edition), London: Thomson West, p. 976.

② 〔英〕E. A. 马丁:《牛津法律词典》，上海外语教育出版社，2007，第 302 页。

③ 薛波主编《元照英美法词典》，法律出版社，2003，第 887 页。

④ 梁慧星:《中国民法典草案建议稿附理由书》（侵权行为编继承编），法律出版社，2004，第 45 页。

⑤ 刘芸:《恶意诉讼侵权责任的研究》，湖南大学硕士论文，2007，第 28 页。

⑥ Stuhmcke, A. G., *Essential Tort Law*, Cavendish Australia, 1997, p. 57.

完成有效识别"恶意"的任务。

首先，"谋取非法利益"实质上需要一个结果意义的辨别，即诉讼结束之后裁判情况与诉讼请求的对比。因为原告的诉求肯定是依据一定的诉权而启动，诉求本身在外观上就具有正当性。诉权理论并不要求起诉人的诉求一定要完全反映为最终判决才是诉权的合法运用，这会使得起诉者将重蹈私法诉权说的局限，即无法解释"败诉"者为什么无实体法请求权却合法地启动诉讼的情况。即使如萨维尼之观点："诉权具有与债相类似之实体法的本性，诉讼提起前，是债的法律关系的胚胎"，① 通过不完全债的理论来化解诉权之权利基础的正当性问题，但败诉者无实体权利的情形，始终是无法获得解释的。因此，如果直接通过与裁判情况对比识别是否谋求非法利益，显然有违诉权之真谛，也背弃了宪法诉权说关于诉权为宪法权利之不容剥夺的终极要求。

其次，所谓的"合理理由"之类的表述，同样存在着何谓合理的识别问题。这要么就回到前述的裁后识别，而倒果为因地认定败诉者所提为不合理理由；要么就需要有一个规范标准，即诉因，来解决对于合理的界定。前者解释同上，后者则回到英美法的思维范畴中。一般而言，诉因（count）是指在民事诉讼中，原告据以提出诉讼的原因。② 它是伴随美国民事诉讼法的法典式诉答程序的产生而产生的。1848 年纽约州通过的《民事诉讼法典》关于法典式诉答程序的规定，使得民事诉讼"仅存在一种诉讼形式"，起诉状仅包含"构成诉讼原因的事实陈述"。③ 对于这种诉前提出的诉因，法律一般是依据"通常的、明确的和不重复的语言，以及用一种使有普通理解能力的人能够知道它意在何处的方式"④ 的形式标准来要求的，而并不要求在实质意义上具有与裁判一样的准确性，而仅需要形式清晰的诉因陈述。因此，合理理由一般只是一种形式上的要求，否则会给立案审查本身造成实质审查的问题。

---

① 李木贵：《民事诉讼法》，三民书局，2006，第 1~29 页。
② 陈岚：《近半个世纪我国刑事诉讼法学的回顾与前瞻（之二）》，《法学评论》1998 年第 2 期。
③ 汤维建：《美国民事司法制度与民事诉讼程序》，中国法制出版社，2001，第 307~308 页。
④ 汤维建：《美国民事司法制度与民事诉讼程序》，中国法制出版社，2001，第 309 页。

（三）一种妥协性的尝试：恶意诉讼类型化

可能的一个解决思路在于客观标准的建立，比如判定当事人是否存在伪造证据、串通等事实，通过这种直接故意的行为来为"恶意"定性。这种"客观说"长于直观明了，但同样可能会造成狭义化恶意诉讼情形：比如对于一些利用即存的混淆性事实，而达到诉讼之外目的的案例。[①] 特别是在主观性的诉讼目的、起诉状的真实意图识别上，如果缺乏足够的外部故意性行为，则往往令认定"恶意"最为实质的当事人真实的诉讼动机考察成为虚设。为此，直接将恶意诉讼类型化，是英美法系国家在长期的侵权法实践和司法立法过程中形成的一种做法。

《美国侵权行为法重述》将恶意诉讼界定为无正当理由之诉，并列举为对被害人财产非法扣押、对被害人提起破产诉讼、对原告实施民事逮捕、对原告提起无效私生子诉讼和精神错乱诉讼、对原告财产非法地扣押、对原告的土地恶意征收和附加税收等种类。当然，对于前述认定需要有当事人特别损害的证明。英国的恶意民事诉讼侵权行为一般被界定为两种：指控原告破产的诉讼和指控一家公司为资不抵债的诉讼，其落脚点在于上述诉讼对原告的信誉有不利的影响，[②] 其起诉主要动因或者其所希冀实施的行为是间接地通过国家司法机关的行为对受害人实施侵害。[③]

需要再次重申的是，虽然列举的方法在制度价值上可以对某些恶意诉讼进行了规制，但出于对宪法诉权优越性的尊重，这种规制的力度相当有限。于本书所讨论的恶意识别上，这种方法并不具有普适价值，因为类型化的立法只是一种事后的"涵摄"工作而已，是对于类型的法律适用和

[①] 典型案例如：肖某和高某同在一所高校任教，多年来两人关系一直紧张。2003 年 11 月，学校职称评定工作开始，肖某欲申报正高级职称，各方面条件均已具备。出于嫉妒心理，高某在评审前不久，向法院提起诉讼，称肖某的某项科研成果侵犯了自己的著作权。这导致在学校评审过程中，肖某涉案的科研成果无法最终确定归属而致使职称评定未通过。半年后，诉讼结束，法庭最终确定该科研成果确为肖某一人独立完成，并认定高某属于无理缠诉，但此时职称评定工作已经结束，肖某的职称评定只好被拖延到两年后。案例来源陈忠《聚焦恶意诉讼》，《政府与法制》2006 年第 4 期。

[②] 关于英美两国的恶意民事诉讼类型分析，参见徐爱国《英美法中"滥用法律诉讼"的侵权责任》，《法学家》2000 年第 2 期。

[③] 〔德〕克雷斯蒂安·冯·巴尔：《欧洲比较侵权行为法》，张新宝译，法律出版社，2002，第 337 页。

确认，其并不直接指导法官对恶意进行裁判。在这个意义上，对"恶意"的类型化还不如规范性，可能对最终定性起不到太大的指导作用。显然，严格归入侵权的恶意诉讼范围列举，更多为了限缩法官对于原告败诉后的诉讼责任追究，落实宪法所设定的正当程序权利要求，而非单纯地控制恶意诉讼。在这个意义上，列举式类型化恶意诉讼，只不过是一种妥协性的司法实践。这需要我们寻找另外的界定方式。

三 恶意诉讼的行为经济学识别

综合上述观点，恶意诉讼之恶意首先可以通过拆分要件而认定。由于恶意属于一种主观的心理动机，无论是追求非法利益还是对他人利益之侵害，都是己方非法利益获得或者他人利益减损。但在现实的法官考量过程中，关于诉讼利益的衡量问题却易同诉权保障问题抵牾：若仅依终审确定的利益水平为评价，则无恶意而败诉的大量案件就会使原告起诉时就心存诉讼侵权之虑，令可能仅是误用诉讼的问题转为对侵权责任追究；若转向原告利益追求表示水平为评价，则除非有如梁说所示明确之恶意行为，否则难以衡量原告逐利心态可能的差异，以至于放纵多数间接恶意。阐释法学的无力，说明要准确识别行为主观动机，应当回归到行为心理学的立场，借助上述行为预期理论中当事人个体的主观感觉，许可在抉择时因直觉印象的非理性知觉①造成原告起诉利益预估的偏差，有效豁免因当事人偏好以及偏见心理所形成的对于诉讼利益的误判情形，才能更公正地界定"恶意"。

（一）恶意的剥离：偏见下起诉选择

1. 基于常识/惯习的行为决策

因偏见而进行的诉讼行为，往往易与恶意诉讼行为相互混淆。英美法系下普通民众"I'll see you in court"成为口头禅，即事无巨细皆可上法庭。此等诉讼社会习惯，就不能简单以滥用诉权而针砭之。从行为心理学上分析，这可以视为当事人的一种"刻板印象效应"的惯习行为，对纠纷事项的解决途径均简化为提起诉讼。虽然极大比例的和解结案也说明了

---

① 何大安：《行为经济人有限理性的实现程度》，《中国社会科学》2004 年第 4 期。

当事人提起诉讼的行为选择并不具有结果意义上的必然性，但这本身却不能构成滥用诉权，而应当识别为进行和解的前奏更为妥当。但需要注意的是，刻板印象效应一般只适用于具有大众通识选项的内容，这符合"洞穴假象"揭示的当事人后天专业认知能力一般只限缩在通识方面，即是否寻求诉讼解决或者希望通过诉讼达到维权目的等。如果涉及复杂专业的诉讼行为选择，如管辖权异议、诉讼攻击防御方法选择等，则不应再以惯习行为看待。若当事人频繁动用的是这些专业性的程序权利，则应可以认定为恶意。这是识别恶意诉讼与否的第一个准则——通识认知。

2. 冲动诉讼行为

情绪激化是很多冲动诉讼行为的肇因。这类行为在外观上可能同某些正当的诉讼行为举动存在差异，如一味抬升诉讼请求数额以求宣泄对对方不满的情绪；也可能是当事人因为自然法与实定法冲突的所谓"剧场假象"而启用诉讼程序之情形，如超过诉讼时效之起诉被驳回之后却坚持要求上诉、再审，致使对方陷入讼累。但冲突情绪问题本身具有淡化诉讼"恶意"的正当性，应视为正常心理的一种。其与恶意之差异，在于所涉诉讼行为结果是否同情绪强度本身具有直接的关联。如果冲突情绪本身并不高，却强烈要求巨额赔偿，则属于逾越正常限度而难脱恶意之嫌。这也构成识别恶意诉讼的第二准则——强度相当。

3. 必要诉讼行为

考察实施行为的时效性以及同行为相对人之间的其他重大利益联系，是判定诉讼行为恰当与否的关键。从行为决策的一般心理捷径认知过程来看，当事人会对施行特定行为的结果存在一定程度的认识。这种认识应当涵盖相对方在诉讼行为之外受到的其他重大影响认知，如申请财产保全可能会带来的生产生活的不便等。如果启动该诉讼行为造成对方在特定的时间阶段，有极大可能蒙受诉讼利益之外的重大利益损失，则可径行判定诉讼行为存在恶意。这是识别恶意诉讼的第三准则——紧密程度。

（二）恶意的识别：其他解纷选择的比照

前述对恶意诉讼内部体系的界分，包括主客观两个方面的剖析。但恶意作为一种价值观念，如果仅依靠内部识别，往往会陷入逻辑的循环论证，使得价值相关者成为自我价值的判定者（恶意由恶意承受人或者施行人来提示）；而如果再反转到利益比较本身，又会出现"作为诉的利益的组成部分的权利保护资格和权利保护的利益都应得到国家法律的保护"① 的利益比较冲突问题。当然，需要强调的是这种识别并不是简单依据诉讼标的大小来确定。如德国学者就对下述案例是否构成滥用诉权有过很大争议：被告欠原告总数为 294.41 马克的债务，被告已经支付了其中的 294 马克，但债权人却为剩余的 0.41 马克提起了诉讼。德国地方法院认为此诉讼将要花去纳税人 1050 马克，故而要求当事人应当放弃对如此小的数额的诉讼。② 因此，只要"当事人主张的利益具有合法性、直接性和现实性，而不论其大小，皆可行使诉权，并不存在滥诉的问题"。③

很多分析忽视了评价恶意诉讼可能存在的外部参照系的问题。基于法律决策的语境依赖问题，行为选择的决策者会因为后述的折中效应（compromise effects）和对比效应（contrast effects）而形成更符合主观认知的结论。④ 换言之，如果评价恶意诉讼可以引入具有对照意义的纠纷解决系统，则困扰上述内部人视角（intern view）的问题，就会因外部的参照系而获得折中和对比之后的相对客观的判定答案。即识别恶意与否，应依据适用其他纠纷解决机制达到的效果和必要成本来比照识别，如果纠纷烈度、时点和利益获得并不指向为采用诉讼所对应的解决强度和成本等级，则可以视诉讼为恶意。在行为经济学中，这种外部语境的获得实际上就是前述愿景理论中编辑阶段的适当参考水平 w_0 设定问题。此时的诉讼动机评估，就从传统经济分析的效用最大化的完全理性迷沼，走向更加符合当事人认知水平的现实心理路径。

1. 诉讼请求的参考水平

诉讼请求的参考水平，可以按原告现有的起始财富值进行设定。这种设定一般要求存在一个原始的权利或者利益状态，从而能够与诉讼目的形

---

① 高志刚：《民事恶意诉讼的规制和风险防范》，《法治论丛》2008 年第 5 期。

② Burkbard Hess, "Abuse of Procedure in Germany and Austria, In Abuse of Procedural Rights: Comparative Standard of Procedural Fairness," *Kluwer Law International*, 1998, pp. 158 – 159.

③ 陈桂明、刘萍：《民事诉讼中的程序滥用及其法律规制》，《法学》2007 年第 10 期。

④ 〔美〕凯尔曼、罗滕斯特雷克、特沃斯基：《法律决策的语境依赖》，载〔美〕桑斯坦《行为法律经济学》，涂永前等译，北京大学出版社，2006，第 71～73 页。

成比较，并据此判断当事人数额的敏感度而评判是否构成恶意。典型如进行损害赔偿之诉，原告属于对于业已造成损失的弥补心态，故而在小数额的损失弥补的敏感度函数 v 的斜率较大，属于高敏感状态，此时判断当事人诉讼请求是否恶意，就宜从严认定；而如果起诉者是在现有财富基础上渴望达到更高的财富预期水平，则属于一种获得利益的愿景心态，此时当事人起诉的收益价值函数的敏感度函数 v 的斜率较小，就应从宽认定起诉数额的恶意性。这种情况主要涉及经由诉讼获得法律上的新增利益，如违约之诉中的赔偿问题，惩罚性赔偿案件中的惩罚金额请求值。

举一个最简单的案例，在没有约定违约金的合同违约纠纷中，若一方并没有造成实际的损失，其主张违约责任的起诉请求如果过高则属于恶意，因为这里不涉及对于损失的弥补问题；若一方受到重大的损失，其主张违约责任的起诉请求如果过高则不宜认定为恶意，因为需要对于损失进行弥补。

这一结论还可以协助法官提出更容易为原告所认可的诉讼调解额度。传统法官的调解，一般首先要求双方提供调解报价，然后直接在双方报价差值之间取平均值，以示对于双方的公平。但这种一分为二的方法，忽视了作为损失方的原告更高的补偿收益敏感度，因此需要通过告知原告法官调解方案的偏向，以便向原告强调其调解受偿增益的感受，契合利益损失者对于数额差距风险中价值函数更高的斜率要求。但这一数额沟通的过程，对被告却宜采用类似早期中立评估（early neutral evolution）中私下会谈的方式，① 以避免被告形成差异性调解报价的反感心理。

2. 程序选择的参考水平

恶意诉讼进行中的决策主要涉及的是程序权利滥用的问题。由于程序选择权的存在，识别程序权利滥用往往比前述诉讼请求额正当与否的辨析更加困难，因为程序正义设定了程序当事人对等的攻击防御武器权限，这使得无论对方如何选择程序适用，一方完全地适用哪怕是全部的程序也是不容侵犯的权利。从行为经济学上看，由于一方适用的程序往往是同时给

---

① Kim Dayton, "The Myth of Alternative Dispute Resolution in Federal Court," *Iowa Law Review*, 1991（76）, p. 889.

双方带来成本负担，尤其是对程序申请适用的对造而言更是如此，[①] 那么对造因确定损失形成的抵触情绪就会更大，也自然更不能容忍这种程序权利滥用情形。但对于程序权运用人而言，则存在一定的潜在收益，故而存在行为激励。这也是一方主动运用程序权的经济学必然性。这符合效用最大化模型提出的关于当事人运用程序权的一个理性决策依据，那就是如果运用程序权的收益大于等于其支付的程序成本，则当事人就会启动该项权利。

结合愿景理论，我们可以更进一步评估滥用程序权的情形。由于当事人对于收益不敏感而对负担敏感，正常当事人应当需要更多的收益概率来抵消同等的负担风险概率，才会施行相应的行为。这就意味着行为人在决策的时候，对于收益性的诉讼行为和负担性的诉讼行为进行决策的认知是不同的：对于负担性的诉讼结果，当事人会选择更多地穷尽诉讼程序方法；而对于收益性的诉讼结果，当事人则对于获得利益的结果会更加宽容。换言之，当事人进行利益获得性的程序启动，其恶意的概率就会因此升高，但对于利益性负担的程序启动，其恶意的概率应当是相应降低的。

---

① 比如管辖异议过程中，对于异议的对造而言，若异议不成立，其并没有获得任何诉讼利益；而如果异议成立，其就要转向新的管辖法院，增加程序负担。而且有时候，对造为了维持既有的管辖利益，还可能会对异议本身向法庭进行质疑，从而增加了诉讼负担。

第六章　民事诉讼当事人行为选择的大数据

> 在大数据时代，我们不必非得知道现象背后的原因，而是让数据自己"发声"。
>
> ——迈尔－舍恩伯格、库克耶

第一节　审判权下的诉讼选择外部性

一　审判权变形与压制型调解

如果说关于当事人行为选择的分析，是以当事人为出发点所进行的成本、信息和心理的法经济学分析，那么在民事诉讼这一特殊的司法场域中，前述的行为选择无疑还要考虑可能的外部性因素。这种因素，集中体现为审判权的行使。审判权作为一项复杂的司法技术，其具体施行样态，往往呈现出"法官判断"的主观面向，并被最终的司法裁决表述所裹挟。也由此，大陆法系发展出了以法律涵摄等为代表的规范导向路径，[①] 由此衍生出的判案基本构造为"依据何种法律规范主张何种权利"。[②] 英美法系则采用事实问题与法律问题分离的裁判二分法，以求在法官自由裁量权与审判权规范行使上达到衡平。[③] 囿于法律规范中旨在预设纠纷情景的"要件事实"，[④] 审判成为一项以指向过去事件的事实

---

① 〔德〕卡尔·拉伦茨：《法学方法论》，陈爱娥译，商务印书馆，2003，第184页。
② 段文波：《民事裁判构造论：以请求权为核心展开》，《现代法学》2012年第1期。
③ Colin Tapper, *Cross and Tapper on Evidence*, Butterworths, 2010, p.174.
④ 伊藤滋夫：《要件事実の基礎：裁判官による法的判断の構造》，有斐阁，2000，第14页。

判定问题与考虑适用规范恰当性程度的法律问题为核心的甄别比对工作。

如图6-1所示,纠纷成因及其表现的多元化以及各造诉求的复杂化,使得刚性适用规范的法律问题考量殊非易事,由于法律评价常常与世俗评价内涵的常识判断相左,径行判决往往成为社会风险较高的审判权选项。因此,在查明要件事实的基础上,以定纷止争的纠纷解决目的为出发点的第三波司法浪潮的更为灵活的民事审判权行使姿态,也凸显了以强调当事人程序选择权为特点的发展图景。为回应包括诉讼爆炸在内的挑战,司法逐步进化为以ADR为主要解纷机制的"重和轻判"样态,以寻求在当事人合意与法官利益平衡之间的低风险审判模式再造。伴随着当事人处分权、选择权等一系列诉讼权利的发育,现代法治的西方样态逐渐向东转向,传统法官审判权越来越呈现出别样的柔性身段,主动寻求替代判决的多元化纠纷解决,并能动吸纳外部解纷资源,呈现出一股清新独特的东方司法风貌。

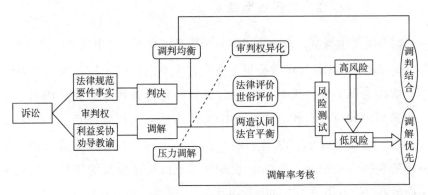

图6-1 诉讼审判权运行

然而毋庸讳言,如图6-1,部分法官囿于对进入司法场域的纠纷属性认知不足和选用匹配解纷程序的审判技能缺乏,加上司法考评带来的行政绩效压力,使得民事审判权在能动地"变现"为解纷产品的过程中,异化为一味响应"司法指标"指挥棒的"政策追随者"。这样一来,由上而下的司法政策实施被错置,高调解率目标的达成带来的并不是当事人选择的勃兴,而是法官压制合意,压制型调解即是显例。可喜的是司法顶层设计已经注意到这一问题,"正确处理调解与判决的关系,充分发挥这两种审判方式的作用和优势"。①

二　民事结案中的当事人合意选择

借助经验实证方法获得的事实依据，既可以为反思审判权运行普适性原理提供一种新鲜思路，也可以准确把握民事诉调中审判权配置实际存在的问题及原因，并发现对策。下文选择从实证分析的角度出发，尽可能地基于审判权实践运行的状况还原或接近审判权配置的真实图景，试图更加全面、深入地揭示调解制度在审判权运行中的配置，这对时下再度优化我国审判权的多元配置具有重要的现实意义。笔者选择了 Q 市两级人民法院进行实证调查。② 对于调解与判决两者的资源配置流向趋势如何，可通过 Q 市历年民商事一二审案件结案的数据（见图 6 - 2）进行分析。

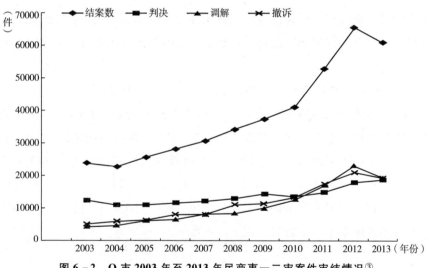

图 6 - 2　Q 市 2003 年至 2013 年民商事一二审案件审结情况③

---

① 周强：《努力让人民群众在每一个司法案件中都感受到公平正义》，《人民法院报》2013
年 7 月 23 日，第 1 版。

② 之所以选择 Q 市法院，因为 Q 市地处东南沿海民营经济发达地区，民商事纠纷高发：
2013 年 Q 市两级法院共受理的一二审民商事案件为 65042 件，审结 60800 件，分别是
2003 年的 2.6 倍和 2.5 倍。为了应对不断增长的案件数，Q 市法院一直大力推行司法调
解。同时，Q 市的基层法院既有处于经济发达地区，年均受案极多的"大户"，也有处
于落后山区，案件数量稀少的偏远法院，具有一定的数据样本典型性。

③ 列表基础数据来自 Q 市两级法院 2003 年至 2013 年的司法统计报表。

2003 年和 2004 年左右的民事司法政策出现两个重大事件：一是强调重视审判过程中的调解，二是《最高人民法院关于民事诉讼证据的若干规定》于 2002 年 4 月开始实施。调解（调撤）的变化趋势表面上似乎与此有关，亦即民事审判方式改革和对调解的重新重视可能带来调解（调撤）率的升高。从图 6-2 可发现，审判资源在调解与判决的配置中，从 2003 年至 2012 年，调解撤诉案件基本处于逐年上升，调撤率持续走高。在最高人民法院调解政策的推动下，[①] 2003 年至 2013 年，Q 市两级法院调解结案数量在数据上既有显性增长，也有隐性增长（主要体现为撤诉的案件数量）；调解撤诉率也从 2003 年的 39.91% 上升至 2013 年的 64%。[②]

这种宏观描述有利于我们获得一个法院审判权多元配置的整体性认识。然而，任何一个整体总是由其各个组成部分遵从一定的规律所构成。不了解其微观构成，对整体的宏观认识亦会显得肤浅和苍白。[③] 因此，对民事诉调中审判权的配置进行深入解释，必须对其构成进行类型化案件的精细解剖。

"一般来说，类型化是以事物的根本特征为标准对研究对象的类属划分。"[④] 类型化也是对抽象概念演绎和细化的重要步骤。我国长期的司法实践常常把民商事类型化为三大领域，即婚姻、家庭、继承纠纷，合同纠纷，权属、侵权纠纷。下文通过对 Q 市两级人民法院这三类型民事案件一审审理模式（见图 6-3、图 6-4、表 6-1），可以比较清晰地回答两个问题。其一，构成民事调解案件的主体是哪一类型？其二，三大类型民事案件的调解率走向是否与宏观走向一致？

---

① 最高人民法院工作报告中"调解"一词出现的频率足以说明最高法院对于调解政策的支持力度。据统计，2003 年最高人民法院工作报告中提及调解 2 次，2004 年 7 次，2005 年 12 次，2006 年 6 次，2007 年 6 次，2008 年 7 次，2009 年 14 次，2010 年 13 次，2011 年 25 次。而 1991 年至 2002 年的报告提及调解仅 1 至 2 次。

② 考虑到 2003 年至 2013 年当事人维权意识增强、法律知识的普及、律师职业逐渐成熟、法律援助制度的完善、诉讼指导的加强，当事人不当行使诉权的情况已逐渐减少，因此撤诉率的上升也应归因于通过调解撤诉的案件数量的增加。

③ 刘敏：《当代中国民事诉讼调解率变迁研究》，湖南大学博士论文，2012，第 54 页。

④ 李可：《类型思维及其法学方法论意义——以传统抽象思维作为参照》，《法律评论》2003 年第 2 期。

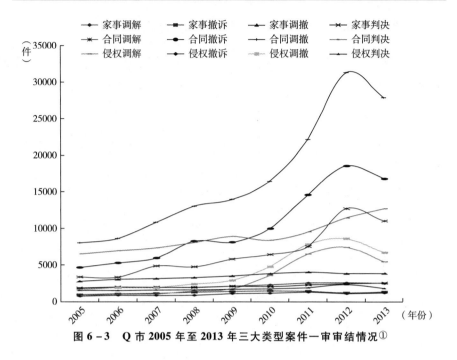

图 6 - 3　Q 市 2005 年至 2013 年三大类型案件一审审结情况①

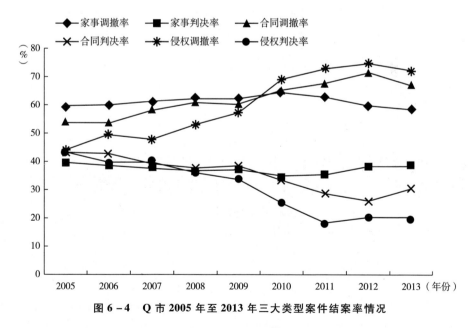

图 6 - 4　Q 市 2005 年至 2013 年三大类型案件结案率情况

---

① 列表基础数据来自 Q 市两级法院 2005 年至 2013 年的司法统计报表。

表 6 - 1　Q 市 2005 年至 2013 年三大类型案件年均结案变化率情况

单位：%

家事调撤增率	家事判决率	合同调撤增率	合同判决增率	侵权调撤增率	侵权判决增率	家事结案增率	合同结案增率	侵权结案增率
-0.04	-0.17	2.57	-3.50	5.81	-7.37	3.78	12.62	12.68

梳理三大类型案件的结案数可以发现，民商事案件总体构成有以下特点：婚姻、家庭、继承等家事案件的结案方式比率情况变化不大，权属、侵权等民事案件和合同纠纷案件数量涨幅较大。按照图 6 - 3 所示，三大类型案件调解率的变动趋势一致，但变化的幅度有所不同：整体上，三大类型案件的调撤率均呈逐年上升趋势，这也是法官运用职权促进调解的重要表现。表 6 - 1 表明，冲突强度最高的侵权类案件的调撤率年均增加 5.81%，冲突烈度较小的合同类年增 2.57%，而发生于内部人之间的家事纠纷调解率无显著变化。造成这一情况的原因主要是不同类型案件的增加数量变化，家事案件相对较为稳定，故强调调解优先的民事审判方式改革对调解（调撤）率[①]的影响较为有限，而对于案件激增的合同和权属侵权类案件，这种改革带来了较为明显的效果，确保了此二类案件的案结事了，也证明了民事司法改革的成效。在这个意义上，审判权为应对案件增加而采用的调解优先策略无疑是成功的。

三　调解选择的异化

在肯定现有积极成果的同时，我们反观实践领域的运行状况：当诉权保障得以落实，司法执行足够有效时，过分强调调解，可能因减损一造的合法利益超越上述交易成本而变得没有效率。因此，便出现了一些异化和扭曲的消极现象：从判决与调解的现状来看，调解结案率与法院绩效考核的强制性捆绑使得审判权干预调解、强制调解在不同程度上普遍存在，调

---

① 之所以采用调撤率为指标，而不单纯采用调解率的原因在于，实践中很多能够调解成功的案件，当事人愿意选择和谐度更高的撤诉方式结案，以钝化两造因法院调解文书所产生的"涉诉"不良观感。Roman Tomasic, "Mediation as an Alternative Adjudication: Rhetorc and Reality in the Neighborhood Justice Movement," *Neighborhood Justice*, 1982, pp. 215 - 320.

解弥补判决之局限性的预设功能正在因调解案件强制执行申请率高而削弱；调解从依靠低成本的当事人合意解纷转化为高成本的法官能动化解（甚至强制调解）、软化程序法约束"造成了法官行为失范和审判活动无序"、软化实体法约束"导致了调解结果的隐性违法和审判权的滥用"①的状况，以至于可能背离棚濑孝雄告诫的"调解并不意味着在降低成本的前提下尽量实现审判式的纠纷解决，而应该只是从侧面促进当事人自主解决纠纷的制度装置"。②

这些都使得调解率能否反映化解矛盾的情况成为一个值得商榷的命题③。这一客观现象的产生，表面上是调解过程中审判权行使不规范所致，缺乏当事人诉权对于审判权的有效制衡，使得法官在调解裁量权的冗余空间下，滋生大量失范和越轨的调解行为，但究其深层次原因，则在于由上而下所推进的调解优先改革，其制度施行的着眼点在于通过调解率考核对法官的行为予以引导：当前在引导审判行为的质量效率评估体系中，调解率被设定为评估社会效果的指标，其形式上的单一性和功能定位上的正向性，既引发了法官对调解率的片面追求，又导致法官调解质量意识的匮乏，致使部分案件调解后不能"案结事了"。

四 调解选择的外部性

过度强调调解指标而配置的审判权运行，将引发合法诉求方难以依据法定权利主张利益，而陷入一种无奈的利益打折。这种状态一方面会强化违法方的认知偏见，而试图通过强硬的调解策略以进一步减损对方的利益；另一方面调解的"流动性"与"随意性"助长了司法不公、司法腐败和地方保护主义等不正之风，"给审判的公正性抹上了一层浓厚的阴

---

① 李浩：《论法院调解中程序法与实体法约束的双重软化》，《法学评论》1996 年第 4 期。
② 〔日〕棚濑孝雄：《纠纷的解决与审判制度》，王亚新译，中国政法大学出版社，2004，第 51 页。
③ 在调解过程中，权利人往往是出于对法院、法官以及义务人的信任，在做出较大让步的情况下才达成调解协议，因此其对利益兑现的心理预期往往比判决要高。在此前提和背景下，一旦调解利益的实现需要借助强制执行才得以完成，权利人就不可避免地会产生调解不当的怀疑，甚至会引发申诉、信访，由此原本是当事人之间普通的民事纠纷就会演变成当事人和法院之间的矛盾，这无疑是对司法权威的一种严重挑战。

影"。① 这种状态的往复，造成新的调解困局，即调解劣质化之后的负面示范效应将吞噬既有调解审判权运行机制改革所带来的化解诉讼案件爆炸的边际效益。

面临这种情况，司法改革的常规路线又会循向现代民事司法的当事人赋权路径，即通过对当事人诉权保障乃至增权（legal empowerment），② 以修复被超职权笼罩下的法官"职权进行"主导诉讼局面，从而步入一种理想的"以当事人与法院作用分担为中心"的民事诉讼构造。③ 这也是卡佩莱蒂一直强调的"民事诉讼中法官与当事人相互之间的地位问题是一切民事诉讼制度的中心问题"，④ 晚近的协同主义理念滥觞于各国司法改革，也印证这种诉权与审判权互动的大势所趋。选择调解方式，是顶层设计对这一趋势的有益回应：通过引入更注重当事人合意的结案方式改革，钝化法官职权在纠纷形成结果上的主导作用，以程序选择权充实当事人诉权，并增益上述诉审二权的互动。

不过，在找到科层化制度下通过指标考核以激励法官实施司法政策的替代性做法之前，强化调撤率考核，成为贯彻司法政策的唯一选择。党的十八届三中全会前瞻地采用了省管基层法院的组织举措，某种程度上也是减少科层层级，通过扁平化管理以更有效贯彻由上而下所传递的改革思路。既然大方向没有问题，那么导致上述调解内卷化（mediationinvolution）⑤ 的症结，实际上就在于片面地追求高调解指标的基层司法政绩观。这暗示了后调解时代指标考核的合理化趋向就是设计出符合案件诉求与司法规律要求的新调判指标。亦即，审判权优化配置的走向应通过案件管理的精细化，实现合理的调判结合，诉调均衡。

---

① 李浩：《民事审判中的调审分离》，《法学研究》1996 年第 4 期。

② Ethan Michelson, "Climbing the Dispute Pagoda: Grievances and Appeals to the Official Justice System in Rural China," *American Sociological Review*, 2007, No. 3, pp. 459 – 485.

③ 唐力：《民事诉讼构造研究》，法律出版社，2006，第 36 页。

④ 〔意〕莫诺·卡佩莱蒂：《当事人基本程序保障权与未来的民事诉讼》，徐昕译，法律出版社，2000，第 53 页。

⑤ 调解内卷化指的是调解案件数量增加而调解技术落后的基层大调解样态。法官必须付出更多的时间和精力，去形成社会效果并不一定理想的调解结果。此时，作为工具手段的调解方式，异化为法官行使审判权的目的。参见陈慰星《法院调解"内卷化"与调解资源外部植入》，《现代法学》2013 年第 3 期。

第二节　调解选择的大数据分析原理

一　大数据与司法实证研究方法

（一）大数据方法

大数据（big data），或称巨量资料、海量资料、大资料，指的是所涉及的资料量规模巨大到无法透过人工在合理时间内达到采集、管理、处理并整理成为人类所能解读的资讯。[①] 在总资料量相同的情况下，与个别分析独立的小型资料集（data set）相比，将各个小型资料集合并后进行分析可得出许多额外的资讯和资料关联性，可用来察觉商业趋势、判定研究品质等，这样的用途正是大型资料集盛行的原因。[②]

具体而言，本研究进行分析的 SPSS 软件，通常是挖掘大数据之间相互关系的简便方法。其中，最直观的就是做相关系数矩阵，从中可以发现所要分析的变量之间的相关性。其基本分析机制在于：因变量和自变量相关性强，才有做模型继续分析的必要；如果仅是自变量之间相关性很强，那么就要考虑剔除某个自变量。通常，相关系数会落在在 -1 和 1 之间，当其绝对值越大，则表示相关性越大，0 表示完全不相关，正的表示正相关，负的表示负相关。Sig 值用来判断是否拒绝原假设，相关分析的原假设是"不相关"，小于显著性水平（绝对值 0.01），应该拒绝原假设，也就是应该认为"相关"，并且这种相关关系是有意义的。

在此基础上，运用 MAT - LAB（矩阵实验室）这种进阶的数据分析研究工具，[③]

---

①　White，Tom. Hadoop：The Definitive Guide（3rd edition）. California：O'Reilly Media. 2012, p. 3.

②　Speical Report：Data，Data Everywhere，The Economist. 2010.（2），p. 25.

③　MAT - LAB 是 Matrix Laboratory 的缩写，是由美国 Mathworks 公司发布的主要面对科学计算、可视化以及交互式程序设计的高科技计算环境。其在很大程度上摆脱了传统非交互式程序设计语言（如 C、Fortran）的编辑模式，代表了当今国际科学计算软件的先进水平。MAT - LAB 和 Mathematica、Maple 并称为三大数学软件。它在数学类科技应用软件中在数值计算方面首屈一指。MAT - LAB 可以进行矩阵运算、绘制函数与数据、实现算法、创建用户界面、连接其他编程语言的程序等，主要应用于工程计算、控制设计、信号处理与通讯、图像处理、信号检测、金融建模设计与分析等领域。See Schrader，C. B.；Spong，M. W. The IEEE Conference on Decision and Control - Tracing CDC History. IEEE Control Systems Magazine. Dec. 2004，24（6），pp. 56 - 66.

对本书命题中的判决/调解与其可能的案件审判权行使因素建立关联。这些影响审判权运行的因素，通过类型化的5万个案件和因此衍生出的20万个数据，通过类型化案件的子资料集，依托数值分析、矩阵计算、科学数据可视化以及非线性动态系统的建模和仿真，可将其结果集成在一个易于使用的视窗环境中，为后续提出的审判权实施指引提供了一种全面的解决方案。本书拟运用上述两种软件对所收集的四类案件样本数据进行建模分析。

（二）类型化案件样本遴选说明

根据案件的不同性质可以对案件进行不同的分类①并进行更为全面客观的差异化数字分析。此外，因为案件类型的不同，在出现分析结论变化时，还有利于通过差异类型化案件的背景分析，找到影响变量分析的方向和解释。为此，笔者选取了2011年至2013年Q市所有基层法院审理的劳动合同纠纷、买卖合同纠纷、金融借款纠纷、民间借贷纠纷四类案件共46254个样本（见表6-2）作为类型化案件分析的数据基础。这四类案件在民事案件三大类型案件中属于合同类案件，而合同类案件结案的绝对数量是三大类型案件中最多的，因此研究这个类型案件可以有效地体现民事诉调中当事人程序选择情况。在合同类案件中选择上述四类案件，具有一定的代表性和典型性：劳动合同纠纷经常是以群体性纠纷的方式发生，具有较大的社会影响力，且其通常争议烈度较高，两造合意可能性较难达成；买卖合同纠纷属于合作关系的案件，一般建立在熟人之间，有一定的两造合意基础；金融借款合同纠纷和民间借贷纠纷在案件性质上具有一致性，均属于借款性质，但分别发生在截然不同的两种社会关系之中——陌生人关系和熟人关系，其具有较好的对比性。

从我们对Q市法官的访谈结果来看，影响审判权实施调解或者判决的关键指标，主要包括案件的复杂程度、当事人的类型、案件的大小

---

① 比如，根据案件参与人数的多少，可以将案件分为群体性案件和个人案件；根据案件当事人之间的关系，可以将案件分为熟人关系案件和陌生人关系案件，其中熟人关系案件又可以分为合作关系的案件、朋友关系的案件、亲情关系的案件，等等；根据案件对于社会的影响，可以将案件分为社会影响力大的案件和社会影响力小的案件。

表 6 - 2　2011 年至 2013 年四类案件样本一览

案件类型	年　份	判决结案（件）	调解结案（件）	撤诉结案（件）
劳动合同纠纷	2011	76	34	104
	2012	101	451	279
	2013	55	457	161
买卖合同纠纷	2011	1584	1091	884
	2012	1704	1082	929
	2013	1737	1056	1020
金融借款纠纷	2011	555	141	478
	2012	669	161	641
	2013	808	171	548
民间借贷纠纷	2011	4546	1622	1460
	2012	6013	2019	2128
	2013	7030	1899	2560

等。其中，既有数据中的诉讼标的额，直接与案件大小这一指标相关；案件复杂程度与当事人类型则不在数据收集的范围内。为此，我们引入案件审理时间来间接观测，如果是案件复杂且当事人情绪较大的案件，一般其审理时间会较长，反之则审理时间较短。这一判断基本也得到了访谈中法官的认同。因此，针对四大类案件，每个案件我们均收集了其立案时间、结案时间、诉讼标的、裁判结果以及结案方式，由此我们总共获得231270 个数据。此外，通过计算，我们还可以获得精确的每个案件审判时间（结案时间－立案时间）、案件结果实现率（裁判结果/诉讼请求）的大数据。这样一来，我们可以找到影响审判权实施调解或者判决的数据变量，一个是调解的时间，一个是案件标的实现率。

二　调判选择的数据建模

波斯纳定理下的当事人在调解或判决的选用上，强调了诉讼社会成本（亦即交易费用）对于制度的影响。这源于著名的科斯定理的重要的判断，那就是交易费用是决定制度选择的关键。科斯第三定理还指出一旦存在市场交易成本，合法权利的初始界定以及经济组织形式的选择将会对资源配置效率产生影响。因此，资源优化配置将体现为用交易费用低的方式替代交易费用高的方式。① 运用此定理于诉讼与和解的选择过程，诉争双方也应当选择各自交易费用低的方式进行解纷。运用科斯第三定理，波斯纳进一步解释了和解发生的原因：由于原告只能与被告和解，被告只能与原告和解，这就形成了双方当事人对于诉讼和解的垄断地位。这种垄断地位导致了双方形成了和解产权，此时基于他们均会追求较诸诉讼的和解剩余价值最大化，故双方之间各自提出的最低条件或保留价格能否存在重叠区间，构成和解与否的关键。

据此，我们可以在第二章总结波斯纳和解垄断模型的基础上，通过大数据对此进行强验证。即，若存在一个诉讼费发生变化的时间节点，其前后进入诉讼的案件数量应当会有显著的差别。如图 6 - 5 所示，2007 年 4 月 1 日起施行的《诉讼费用交纳办法》大幅度降低了之前民事诉讼费率，② 从 2007 年起我国民事案件立案数量有了明显的增加，2007 年至 2012 年的年均平均增幅 8.3%，远高于 2001 年至 2006 年年均增幅 4.5%。民事诉讼数据表现证实了波斯纳和解定理。

这一定理的证实，同样会作用于适用与和解相同逻辑的调解，所差异者仅在于增加了法官运用审判权，以促使双方和解空间能够尽快地重叠。按照波斯纳和解定理，下降的诉讼费用会反过来压缩调解剩余空间，于进入调解的两造而言，很大的吸引力在于通过更为低廉的调解收费而增益双方的和解重叠空间 W。在降低诉讼费用之后，同样被减半的调解剩余空间无疑使得上述的重叠范围相应变窄了。不过，真实的司法表现与这种判定相左，我国民事调解案件从 2007 年开始逆势增长（2003 年至 2006 年

---

① 科斯第三定理描述了这种制度的选择方法。第三定理主要包括三个方面：第一，如果不同产权制度下的交易成本相等，那么，产权制度的选择就取决于制度本身成本的高低；第二，某一种产权制度如果非建不可，而对这种制度不同的设计和实施方式及方法有着不同的成本，则这种成本也应该考虑；第三，如果设计和实施某项制度所花费的成本比实施该制度所获得的收益还大，则这项制度没有必要建立。Coase, Ronald H. , "The Problem of Social Cost," *Journal of Law and Economics*, 1960, No. 1, pp. 1 - 44。

② 涉及民事诉讼收费的有：诉讼金额 1 万至 10 万元以内的收费标准由原来的财产金额的 4% 下调为 2.5%；原来离婚案件 1 万元以内不另行收费，现调整为 20 万元以内不另行收费，只收 50 元至 300 元一件，另外 20 万元以上金额的收费比例也由原来的 1% 降低至 0.5%；原来姓名、肖像等人格权案件 1 万元以内不另行收费，现调整为 5 万元以内不另行收费；劳动争议案件由原来的每件 50 元再加财产金额的 1% 改为一律 10 元一件。

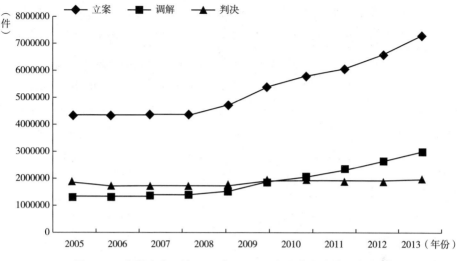

图 6-5　全国法院系统 2003 年至 2012 年民事案件收结案情况

年均调解增加率为 1.93%，而 2007 年高达 13.98%）。这似乎意味着波斯纳和解垄断模型的"失灵"。

从构成调解的激励上分析，造成这种奇怪的案件数量与调解率"双高"的原因很直观。原因在于法官运用审判权进行做功，不但有效抵消了波斯纳分析的诉讼费下降带来的调解剩余空间变窄的问题，还极大地促进了调解的实施。这暗合了棚濑孝雄所提示的"二重合意诱导"思路，并证明了审判权在调解过程的作用不容小觑，甚至可以"反转为强制的契机"。① 由此可见，审判权的运用才是诉讼结案的核心主导因素。这也是本书建构大数据分析的一个理论起点：通过分析作为审判权运作结果的调解或者判决结案方式的系列数据，获得审判权实施过程中影响当事人选择的指标及其表现规律，并通过进一步的数据挖掘将上述指标予以量化，以期建立与当事人程序选择相关的判断指标指引。

三　审判权主导下的诉调选择

（一）整体验证

依据波斯纳和解垄断模型可知和解剩余空间 W 等于诉讼双方支付的

---

① 王亚新：《当事人在法院内外的地位和作用（代译序）》，载〔日〕棚濑孝雄《纠纷的解决与审判制度》，王亚新译，中国政法大学出版社，2004，第 6 页。

成本之和。设双方承担的诉讼费率为 α，C1 为申请标的，C2 为结案标的，故被告承受成本 P2 等于 C1 × C2/C1 × α，原告承受成本 P2 等于 C1 × (C1 - C2) /C1 × α。由于需要考虑到诉讼时间带来的成本贴现（即结案金额的利息对双方的影响），我们引入了同期银行利率 β 和结案时间变量 t。考虑到两造需要分担这种贴现成本，对于原告而言，其需要支付最终结案标的 C2 × 3β × t（原告资金流转收益按照同期银行贷款利率 3 倍估算），被告需要承担 C2 × β × t，最终推导出波斯纳调解剩余公式 6 - 1：

$$W = C1 × α + 4C2 × β × t \qquad \text{公式 6 - 1}$$

据此，我们设定两个新变量 a 等于 C1 × α，b = 4C2 × β × t，以在 SPSS 中观测 aC1C2、C24bt 与调解概率 P 有无存在显著相关关系，可得出相关性分析，如表 6 - 3。

表 6 - 3　变量得分

		得　分	df	Sig.
步骤 0　变量	C1	1.051	1	.305
	C2	1.784	1	.182
	t	224.436	1	.000
	b	148.648	1	.000
	a	30.432	1	.000
	C1C2	.073	1	.787
	aC1C2	.351	1	.554
	aC24bt	13.496	1	.000
	W	13.493	1	.000

注：a. 因冗余而未计算残差卡方。

按照关联性来看，变量 a 和 b 与调解概率 P 关联度最强（Sig 为 0），W 与 4C2βt 也有密切关系（Sig 为 0），但后者这种关联有可能是因为其数据含有 a 和 b 两大变量，存在共线性关系引起。而其他的数据因为 Sig 大于 0.001 这个精确范围而被排除关联性。为了进一步验证 W 与 4C2βt 的关联，我们采用 MAT - LAB 软件进行了进一步方程变量拟合分析，如表 6 - 4所示，B 值所代表各个变量的系数，同样验证了调解概率 P 与 C1、C2 显著不相关，与 C1α + 4C2βt 和 W 均不相关，证实了上面的两个变量的显著相关确由 t、b 引起的共线性关系。

表 6 - 4　新变量得分

方程中的变量

	B	S. E,	Wals	df	Sig.	Exp（B）
步骤 1[①]　C1	.000	.000	1.189	1	.276	1.000
C2	.000	.000	.412	1	.521	1.000
t	-.033	.002	266.027	1	.000	.968
b	712.778	61.098	136.099	1	.000	
a	-69.931	9.513	54.042	1	.000	.000
C1C2	.000	.000	.042	1	.839	1.000
aC1C2	.000	.000	1.405	1	.236	1.000
C24bt	.000	.000	.250	1	.617	1.000
常量	-41.1000	3.672	125.310	1	.000	.000

①. 在步骤 1 中输入的变量：C1，C2，t，b，a，C1C2，aC1C2，C24bt.

通过不区分案件类型的所有案例检验可知，调解概率与审判时间 t、银行同期贷款利率 b、诉讼费率 a、P1P2（=4×b×t×C2）、调解剩余空间 W 是显著相关，但是分析的拟合结果却发现调解概率 P 与申请标的 C1、实现标的 C2 显著不相关，甚至与 C1C2 构造的变量也显著不相关。引入了 b、a 的相关变量拟合的结果不理想，证明调解概率与申请标的无关，而仅与审判时间密切相关。

（二）类型验证

为了进一步分析验证上述结论，我们又用最小二乘支持向量机模型[①]对

---

① 支持向量机（Support Vector Machine）是 Vapnik 等人根据统计学理论提出的一种新的通用学习方法，它是建立在统计学理论的 VC 维（Vapnik Chervonenks Dimension）理论和结构风险最小原理（Structural Risk Minimization Inductive Principle）基础上的，能较好地解决小样本、非线性、高维数和局部极小点等实际问题，已成为机器学习界的研究热点之一，并成功地应用于分类、函数逼近和时间序列预测等方面。但是，SVM 在解决大样本问题时面临一些问题，比如二次规划（QP）问题，传统的算法在每一步迭代中要进行核函数的矩阵运算，而核函数的矩阵占有的内存随样本数呈平方增长。由于迭代误差的积累，会导致算法的精度无法接受等，Suyken 等人提出的最小二乘支持向量机是近年来统计学习理论的重要成果之一，最小二乘支持向量机的训练过程也遵循结构风险最小化原则，将不等式约束改为等式约束，将经验风险由偏差的一次方改为二次方，将求解二次规划问题转化为求解线性方程组，避免了不敏感损失函数，大大降低了计算复杂度，且运算速度高于一般的支持向量机。Nello Cristianini，Shawe - Taylor，*An Introduction to Support Vector Machines and Other Kernel - Based Learning Methods*，Cambridge University Press，2000.

调解标的实现率进行预测。依据该方法建立预测模型所得出结果的误差，以超过 8 成的符合率处于较好的预测状态。见表 6－5。考虑到真实数据训练中存在的一些特殊的例外案件，这种结果的预测已经相当令人满意，也符合我们进行后续研究的精确度要求。

表 6－5　使用最小二乘支持向量机模型所得结果

误差类型	金融拆借合同	劳动合同	买卖合同	民间借贷合同
平均均方误差	0.0648	0.0846	1.0824	0.3690
误差的平均值	0.0295	0.0649	－0.0453	0.0193
误差的标准差	0.2540	0.2849	1.0399	0.6072
预测值与已知值的匹配度	0.8412（误差不超过正负 0.1）	0.6697（误差不超过正负 0.01）	0.6451（误差不超过正负 0.2）	0.8295（误差不超过正负 0.1）

根据收集的四类案件数据，设 P 为调解概率，X1 为审限，X2 为申请标的，我们得出数据分析公式 6－2：

$$y（P）=f（X1，X2）$$　　　　　　公式 6－2

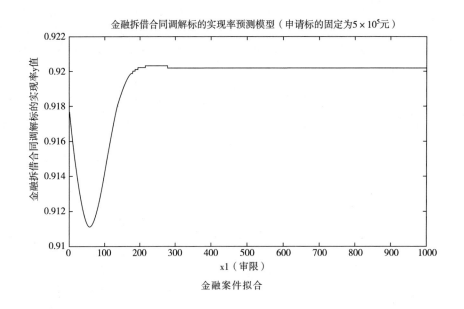

金融拆借合同调解标的实现率预测模型（申请标的固定为 5×10^5 元）

金融案件拟合

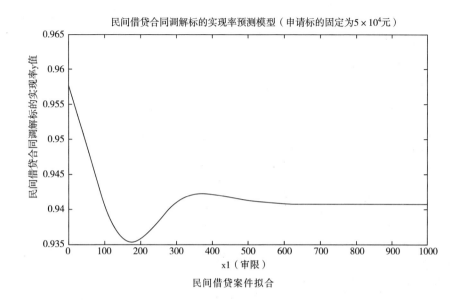

民间借贷案件拟合

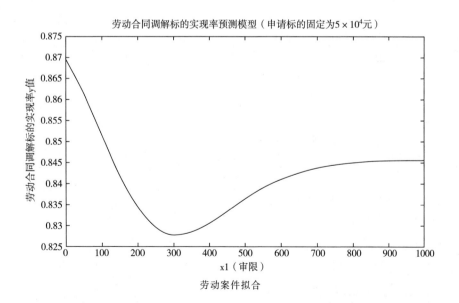

劳动案件拟合

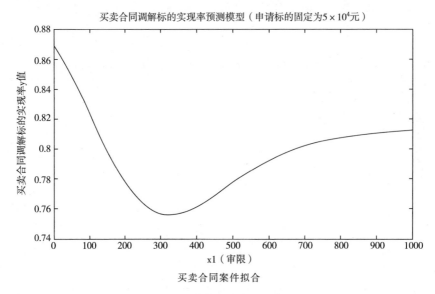

买卖合同案件拟合

图 6 - 6   四种类型化案件拟合情况

从图 6 - 6 可知，四种类型化案件的审判如果采用调解结案，均会随着审限的增加，而使得调解概率越来越低。直至到某个时限拐点之后，调解概率有了相反变化，此时意味着调解可能要转化为判决。从简单的经验来看，审限延长意味着案件难度的增加，也就意味着该类案件的审判采用判决结案更为合理。因此，在拟合图形的表现中，就反映为判决率的增加。理由在于：起诉开始，双方的信息不对称，此时双方的调解预期报价的剩余空间增大，随着时间增加，这种预期的剩余空间将会压缩。而到了突破拐点之后，会出现因为审限拉长导致的诉讼贴现问题（即案件被延期超越了当事人对于诉讼的时间预期之后，产生对于最终结案利益的耽搁，迫使起诉方降低其诉讼预期，从而会出现调解剩余空间增大情形）。

（三）拟合结论

经过大数据相关性分析后，我们可以发现：诉讼时间的长短对于行使审判权进行调解成败有重要影响，而诉讼标的的大小与调解成败没有实质联系。因此，波斯纳和解剩余的理论所提出的标的论调并不精确。事实上，标的越大的案件会随着诉讼时间的推移带来诉讼贴息，使得两造的诉讼间接成本增加。一个直观的说明就是，案件审理期限越长需要支付的赔偿金的利息起算时间也就相应推迟，这就相当于使得双方获得更大的调解剩余空间，并提高调解率。

首先，优化诉讼的审判时间配置。针对差异化类型案件，采用不同的审限以引导合理的调判分配。这一问题恰好是既往司法改革的理论与实践分析所忽视的，由于缺乏对时间的重视而将其归结为观念意义上的诉讼效率问题，即使能够认识到"迟到的正义是非正义"，也无法在法官办案效率与各造的诉讼效率之间寻求平衡，这可能也是司法效率改革难以取得突破的症结所在。在此基础上，一味在结果意义上强调调判结合，只能交由法官的经验主义去自行平衡。由于法官个体行为在集群意义上难以协调，司法很难在整体面向上实现均衡的调判配置。拟合结果表明，在冲突程度更低的金融类案件中，其进行调解的审判时间配置应最短，约为 180 天，如果溢出该时间则应采用判决结案。在冲突程度更高的劳动争议案件中，其进行调解的审判时间配置则应最长，约为 300 天。这也是后续司法考核指标精确设定的参考。

其次，增加诉讼两造关于证据信息的对称性，可以缓和双方因诉争事实判定差异而带来的审判难度。以往法官在行使审判权过程中，往往是以增加庭审的频次乃至于法官的事实调查来实现的，在弱化举证时限后果的民诉改革中，反而或增加了法官行使审判权推进诉讼结案的难度。因此，运用庭前法官释明的方式，勾勒争点及其证明所需的证据类型、方向，解明各造所负担的证明责任，可以在一定程度上纾解仅依靠庭前书面证据交换带来的证据信息不对称，防范各造的证据证明错愕感，从而提高当事人选择的效率。

四　优化当事人选择的制度安排

在强职权模式的主导下，优化当事人选择的制度安排改进，应关注审判者体现在"解决纠纷、配置权力、维护法律统一"三方面的功能。[①] 因此，法院职权的配置实际上就是当事人选择权的一体两面。基于样本法院

---

① 姚莉：《反思与重构——中国法制现代化进程中审判组织改革研究》，中国政法大学出版社，2005，第 158~159 页。

的大数据分析，在立法和司法层面上为优化审判组织职权配置及当事人选择提供了非常有益的路径探索。

（一）差异化诉讼审限制度

"现代社会在复杂性程度和功能分化两个维度上都远远超过传统社会"，[①] 因此人民法院所面临的社会矛盾和案件类型纷繁复杂。我国诉讼案件的类型化特征以及纠纷结构的特殊性，要求以更精细化、专业化的审限加以区分。这不仅是实现审判个别公正的需求，也是优化审判组织职权配置的客观要求。采取分类设置审限方式审理类型化案件，对于冲突程度不同的案件配置不同的调解时限，实现案件资源的科学调配和审判组织资源的优化组合。与类型化案件相互匹配的恰当审限，有助于法官对于不同案件的合理精力配置，更有利于不同类型的当事人实施相应诉讼和解策略，从而实现不同类型纠纷的公正高效解决。

（二）精细化类型案件审限拐点

"纠纷解决"并非独立的诉讼目的，其仅在实现实体正义的过程中对诉讼进程产生影响。[②] 在两种纠纷解决方式中，判决维护和实现个体权力并创设实体正义，而调解则实现持续的法和平。在这个层面上，当事人选择调解不应侵蚀审判，更不应该取代法院的裁判。面向当事人活化的司法改革重点，从来不能止于完善现有的调解程序，而更在于优化审判权的配置，构建科学的审判结案考核机制。作为拥有推进诉讼主导权的法官，其审判权配置的权重应通过大数据形成的参考审限指引，在审理案件的过程识别那些当事人无法协商和解、调解不能的"合意贫困化"案件。法官依托拟合分析结果，合理发现解决纠纷的拐点，以准确适用调解或者判决，能调则调、当判则判，以避免"久调不决"及违反当事人意志的强迫诱导调解，牺牲当事人的预期利益而导致调解的制度异化。

---

① 〔美〕塔尔科特·帕森斯：《社会行动的结构》，张明德、夏遇南等译，译林出版社，2008，第13页。

② 2005年3月，最高人民法院的工作报告提出"能调则调、当判则判、调判结合、案结事了"的司法政策；2008年，最高人民法院确立了"调解优先、调判结合"的工作原则；2010年，最高人民法院发布了《关于进一步贯彻"调解优先、调判结合"工作原则的若干意见》。

（三）整合性首次期日制度

审判权与当事人选择调解必须建立在承认信息不完全性的立场上。由此，尽可能地对双方和争点信息进行确定与交换，也是活化当事人选择的一个维度。前述数据分析展示了审判时间与案件调解之间在达到了信息阈值前后的变化状态，证明了两造信息对称后（或者无法再增益之后）对于最终接受调解的正态影响。但受制于实践中诸多案件事实和法律定性复杂交错、相互渗透，法官与当事人还应就案件的事实和可能使用的法律规范"来回穿梭观察"。[①] 确立首次期日制度，既在功能上借由法官"补偿的辩论指挥"来实现实质的当事人武器平等，以促进两造信息更为充分地交流，还能由此缓和两造面临最终判决的事实裁断的错愕感，息诉服判，并能够减少最容易引起争执的法律适用问题在理解上的偏差。此时，首次期日制度带来的证据开示，将校正诉讼双方的信息不对称状态，进而提高庭审程序诉讼效率。此外，还应配套设立后置于开示程序的强制开示许可宣告制度，赋权法官审查以防止一方滥用强制开示。[②] 依托协同主义而落实法官引导两造运用强硬诉讼策略自行取证，从而促进理性两造的证据竞逐，增益诉讼两造的和解剩余空间，从而落实理性而非压服的调解效果并实现调诉均衡。

---

① 王泽鉴：《法律思维与民法实例——请求权基础理论体系》，中国政法大学出版社，2001，第 37 页。

② 陈慰星：《证据开示的经济学逻辑》，《华侨大学学报》（哲学社会科学版）2008 年第 1 期。

第七章　我国民事司法改革与当事人
行为选择的经济分析

这是命运，是自然规律，明明白白。

—— 莎士比亚

第一节　通过选择技术活化司法程序

一　司法自由裁量与当事人选择

（一）司法自由裁量及其道德困境

基于正当性和权威性的需求，程序法定主义要求民事诉讼法上所有的行为均应严格遵循法律所设定的条件、方式、步骤、环节和阶段。任何民事诉讼行为的成立要件与生效要件，都应当由民事诉讼法做出明确的统一的规定，其成立与生效与否都应遵循表示主义而不能采取意思主义。① 然而，法律涵摄所因应的复杂个案以及多元事实样态，在刚性的法条适用边际，往往需要存留一定的制度空间而交由法官自由裁量。这就出现了当事人的行为表现主义与法官意思主义的背离：对于法官而言，司法改革法律文本的设计，绝不仅是一种抽象的司法技术的推演，而是需要观照地方性知识和小文字法的民情体察和不同规范融合；对于当事人而言，需要寻求机械的表示主义下，更为灵活和现代的制度选项，以应承当事人日益多元的价值取向和个体主义意识。

而目前进行的一些司法改革，往往仅满足于一个应然制度设计的善意

---

① 江伟：《中国民事诉讼法专论》，中国政法大学出版社，1998，第119页。

取向，忽视了动态司法中法官机械适法与当事人复合诉求的"耦合"。[①]因为复杂案情引发的现实适用法律的困局，最终的改革方案只能求诸法官自由裁量，利用法官职权的强度优势强行弥合上述现实法律需求与文本法律供给的差异，并通过当事人的行为"表示主义"获得自洽。但这种"看上去很美"的制度设计理念忽视了自由裁量权运行的前提——法官内在的道德修养以及外在的体系监督制衡。[②]缺失这一前提，将造成法官滥用自由裁量情形，使得当事人向法官寻租成为盛行的"潜规则"，并借助韦伯的目的合理性包装，演变为具有高度危害性的法官"行为主义"。[③]即使不产生法官道德问题，仅依靠法律规则指引法官，在法律解释学上可能也难以在司法判决的过程中产生有效的规范性作用，因为法官还是可以战略性地选用其他的理论"资源、工具或武器"为判决提供说服力和合法性。[④]

从自由裁量权运行的机理分析，法官裁判因为高度的自由特性，而在司法制度诉求上被烙上了深深的个人道德品质痕迹。于是，强调职权模式下马锡五"马青天"一般的清廉品格被法院上下一体推崇，2003 年、2005 年两届"十杰法官"均具有高尚品格就可窥豹一斑。[⑤]而德性的强

---

① 邱联恭教授就指出，法律主治可以说是法官主治，预测裁判就是预测法的内容，人民信赖裁判就是信赖法官。当事人求诸特定的个案审判法官，从而将规范不完备的压力转置于法官身上。参见邱联恭《司法之现代化与程序法》，三民书局，1992，第 23 页。

② 法官道德是一个世界性的问题。法国的法官就被要求行使严格的谨慎发言权、严守职业秘密、节制与其职责和尊严不符的行为，对私生活方面也有要求。为了预防缺少执业道德的情形，除了在成文法上汇编法官行为（《执业道德准则法典汇编》），在伦理培训上强调了入职教育及贯穿整个职业生涯的强制性持续教育。并定期有所针对地进行必要的在职法官敏感性培训。另外，通过宣誓制度强化内心引导力量，通过业内行为义务，全面防范道德风险。参见西尔薇·塞卡尔蒂·古柏勒《法国法官执业道德与司法惩戒制度》，Cynthia Gray：《法国法官最高委员会关于法官职业道德的总结》，载怀效锋主编《司法惩戒与保障》，法律出版社，2006，第 118～138、339～353 页。

③ 〔德〕卢曼：《社会的经济》，余瑞先、郑伊倩译，人民出版社，2008，第 189 页。

④ 这一观点源于费希对法律规范对于司法判决的确定指引性研究，参见陈弘毅《当代西方法律解释学初探》，载梁治平编《法律解释问题》，法律出版社，1998，第 24～25 页。

⑤ "法官十杰"2003 年评选共收到来自全国各地及世界 80 多个国家和地区的选票 600 多万张，2005 年评选共收到来自 94 个国家和地区的选票 1250 多万张。相关事迹可归纳出法官应具有以下品质：忠于法律、一心为民、恪尽职守、公正执法、严格自律、廉洁奉公。参见罗金寿《社会转型时期的中国法官角色——以"法官十杰"事迹为考察对象》，载徐昕主编《司法》（第 2 辑），中国法制出版社，2007。

调又契合了民众法治常识中的公正情结，具有普世价值的道德置换了法官裁判技术官僚的角色，也冲淡了用制度制约法官的必要性。

同时，过度强调在制度上对于裁判者的制约可能是对裁判者人格和人品的不信任，[①] 如果设定制约制度，反过来又会造成制度设计者的顾虑——是否意味着我们是依赖于一批并不值得品格信任的司法人员来执掌司法系统？在这种矛盾的心态下，关于程序正义的制度标准，很容易被吞噬在具有道德假设的法官自由裁量技术的漩涡中，并被缺乏制约的机制强化为法官自由裁量免责。然而，因为潜在理由获得的表现正当性并不能消退现实中因缺乏制衡而滋生的司法腐败。为了解决这个问题而推行的司法改革，便被高调地抽象为了关于法官政治素质和个人修养的精神家园工作。但德性修养的问题，显然不是单纯依靠学习或者书面强调就能"春风化雨""润物细无声"，还是应当回归到制度的本源来进行规制，才能针砭症结、行之有效。

（二）法官制衡与当事人行为选择

王亚新教授曾指出"法官发挥'居中裁判'作用，才可能超脱于任何行使权力来处理解决问题的场合都极易发生的权利行使者'当事人化'的倾向"。因为力图深入案情的第三者为尽可能了解纠纷的是非曲直、获得裁判正确立场，将在"只追求并依托结论的实体正确性过程中"，容易与"有理"的当事人一方保持一致而导致裁判中立的偏颇。他提出的解决方案是援引日本民事诉讼的"对抗·判定"结构，来化解仅由法官一极主导诉讼，并容易被"政治的社会的权力分布关系"干预的中国审判痼疾。其具体运作方式是：通过当事人对抗来限缩法官职权，并且这种当事人对抗需要相当强势的双方当事人交涉的"动能"，属于复杂的"重装备"程序。[②] 但当事人进行对抗的动能烈度，往往受制于太多的当事人本身的因素：比如当事人进行对抗的能力、专业的法律代理人辅助制度以及本身可能造成的庞大诉讼费用及其效率成本等。若中国当事人直接

---

① 张卫平：《诉讼构架与程式——民事诉讼的法理分析》，清华大学出版社，2000，第95页。
② 王亚新：《对抗与判定——日本民事诉讼的基本结构》，清华大学出版社，2002，第10～11、64、379页。

援引此"对抗"装置，则可能会因为当事人自身对抗动能缺乏，而致诉讼竞技不足。其后果要么是法官频繁运用释明权以促使当事人尽快推进程序；要么就是法官直接能动，径行越过当事人而再度"超"职权运作司法。

因此，中国难题的核心在于无法平衡既要求法官能动又需要法官克制的尴尬。这就意味着纾解问题的重心应从当事人再次切换到法官身上。对于受限于诉讼对抗能力之当事人而言，往往困于对具体诉讼行为和责任后果的认识不清而至实质参与不力。此时，司法实践演化出法官释明的做法即允许法官在当事人请求或者必要时，指导当事人完成必要的诉讼行为、修正可能的诉讼错误。但因此后续又产生的问题是，当事人很可能会因为法官释明的指引作用而循"易得有效性"的心理认知捷径做出行为选择。这虽然说具有当事人自我决定的正当性，但从实效性看与法官"越俎代庖"并无实质差异。

因此，寻求司法技术与权利立法的协同就为司法改革提出了崭新的课题。从方法论上看，获得司法技术与权利立法的共同"笛卡尔范式"——令两种功能不同的技术能够被结合在一起而产生作用——是解决问题的关键。[①] 释明技术属于法官职权，而权利设定属于立法权并由权利人实然化。二者实际上具有异体性，其应运用交涉范式，借助程序效用而形成能实现一体化互动的系统：释明技术应观照权利，就应认可权利人的最终决定的主导作用；权利应配合释明，允许释明提供具体行为的信息。借助季卫东教授的程序"知情体系"与艾普特的"改善机制"糅合后产生的复合系统，[②] 我们发现基于选择性权利体系立法范式，能够有效地实现释明权的能动。其运行的机理是：对于当事人权利体系的立法，应因应具体的复杂诉讼态势，全面地设定以不同选项选择为方式的权利系谱；对于法官的释明技术援引，则设定提供信息的单一职能，法官只能根

---

① 〔法〕埃德加·莫兰：《方法：思想观念——生境、生命、习性与组织》，秦海鹰译，北京大学出版社，2002，第233页以下。

② 这一系统的内容是，改善机制要求为了选择提供更好的条件，而知情体系能够满足选择的信息要求。参见季卫东《法治秩序的建构》，中国政法大学出版社，1999，第17～18页。

据个案的特殊情形，将此情此境的诉讼权利选项通过"知情体系"传递给当事人，以改善前述当事人进行权利选择的信息条件，促进当事人做出理性的权利选择，并进而在法官的不断释明进程中，满足审判"对抗"的强度要求。在司法程序的建构中，应当赋予当事人更为全面的程序项目内容，并通过多元选项技术调和复杂现实带来的对于法律文义的多重需求，满足在法官"自由裁量射程"内的当事人的程序参与性，这也是尊重"当事人作为形成判决的主体"的民事诉讼应有之义。①

还需要注意的是，民事诉讼类型本身的多元化，同样要求立法对于民事案件审理过程设定针对不同特征的民事案件类型的诉讼程序或非诉讼程序交错适用机制，并"经由不必全同而具有弹性的审理方式，兼顾程序法上诸基本要求"。② 此时，设定多元化选项的制度安排，使得经过当事人选择的动态行为，能够契合不同诉讼的程序要求，为程序机能的深化提供更优越的制度保障。

二　多元性选择与司法能动

（一）条件优势范式下的多元性选择

为了因应极度复杂的诉讼情形，扩张既定程序的形式容量显得尤其必要。从立法技术来看，以卢曼提出的所谓"优势条件"来作为审判程序的基本运动方式，具有吸纳性和兼容性的好处。通过条件优势原则，使程序规定更多采取"如果……那么""否则……就要"的句式，从而为决定者提供具体的指示，同时也使其能够进行自由的裁量。③ 如果对这种立法技术进行更丰富的拓展，选择制度本身也可以被进行上述句式的重叠运用：只要依据选项内容增设若干"如果"，那么选择本身就能够依托"那么"叙述的结果，指示程序当事人对决策进行自动处理和博弈。此时，诉讼行为选择条款可以被展示为各种条件性程式（conditional programs），对整个选择情形和具体条件进行系统的阐述，

---

① 王亚新：《论民事、经济审判方式的改革》，《中国社会科学》1994 年第 1 期。
② 邱联恭：《程序制度机能论》，三民书局，1996，第 88~89 页。
③ 季卫东：《法律程序的意义——对中国法制建设的另一种思考》，中国法制出版社，2004，第 24~25 页。

避免"难以将未来才会出现的情形作为一项法律生效条件"的立法粗疏。①

申言之，作为程序系统动能来源的当事人，依托知情体系而获得对于程序选项的信息认知，并通过对话形式而运用于程序。但他们并不具备对于程序规范本身的控制能力，实际上也就只是作为规范的适用者（以选择的方式）而非主导者。另外的一个动能来源是法官，作为法律技术官僚，对于规范的认知是毋庸置疑，但其也应该在规范的限缩下运作职权，接受通过"形式推理获得法律运行的安定性"②的理性和适法目标控制。选择式的程序架构为契合当事人与法官的二元互动提供了一个信息沟通的契机。在整个诉讼的场域下，庭审进展能够实现的是关于信息认知方面的行为：通过法官释明法律，辨析不同行为选项的具体行使方法以及结果，能令当事人获得诉讼行为选择的信息；而当事人依托行为选择的内容，向法官提示事实和法律适用的看法，令法官获得据以裁判的信息基础。这一过程，还能够实现卢曼法律进化理论所揭示的"实现一种创造多样化的机制，创造在经验和活动方面有更多可能性意义的机制，从而使得法律功能分化，创造大量可供选择的规范"。③从而反过来促进选择选项的增长。

（二）法官能动与当事人选择

上述的分析，我们不过是从一个层面阐述了关于诉讼信息流转的内容。但本体论意义上的司法所引发的法律现实主义提出了与信息观念相抵触的认识：在法官自由裁量权下的司法行为，使得司法成为完全自由的社会行动。因为法律的不确定使得发现正确意义的法律，在法律现实主义看来是"基本的法律神话"，正如持该主义的卢埃林所主张的：

---

① Helmut Wiuke，"Three Types of Legal Structure：The Conditional，the Purposive and the Relational Program，" *in Gunther Teubner*，转引自〔德〕卢曼《法律的自我复制及其限制》，韩旭译，载《北大法律评论》第 2 卷，法律出版社，1999，第 446 ~ 469 页。

② 要求司法具有形式推理的合范性，防止司法权利的任意和专横。诉讼中这个过程是法官按照庭审程序，从事实调查到法庭辩论，即从小前提甄别到大前提的确定，以及最后得出司法裁决的形式推理过程。参见冯文生《推理与诠释——民事司法技术范式研究》，法律出版社，2005，第 88 ~ 89 页。

③ 沈宗灵：《现代西方法理学》，北京大学出版社，1992，第 329 页。

"这些官员就纠纷所作的所有事情，在我看来，就是法律本身。"① "法官不可避免地按自己的意志对法律进行解释，而不是按立法者的意志实施法律"成为司法能动主义（Judicial Activism）的基本出发点。② 这就造成程序系统内部的一种角色性的紧张——作为规范受控者的法官与作为司法能动者的法官的矛盾感——受控的客体与能动的主体的冲突。

当前的中国司法改革，也或多或少地在司法结构模式上陷入这种困境。典型如以大文字国民法意义出现的立法规范，很多内容均要求限制法官职权，改革立法一直致力于使民事诉讼法植入"当事人主义"以形成对法官的钳制，在近年的改革文本中，更是强调当事人诉讼主导性。③ 但在小文字法的意义上，法官往往凭借司法改革的主导者身份和试错机制的合理空间，形成各自多变的改革样态。诸如"'程序正义'、'当事人主义'等新的意识形态、新的强势话语，通过更加多元化的控制及互动机制反映到法院日常的程序运作中去。而后果之一就是程序作为制度整体开始失去其原有的普遍性和统一性，在不同法院之间、法官之间程序的运作

---

① Bodenheimer Edit, *Jurisprudence*, Harvard University Press, 1981, p. 124. 转引自强世功、赵晓力《双重结构化下的法律解释——对8名中国法官的调查》，载梁治平编《法律解释问题》，法律出版社，1999，第240页。

② 〔美〕克里斯托弗·沃尔夫：《司法能动主义——自由的保障还是安全的威胁?》，黄金荣译，中国政法大学出版社，2004，第1、3~5页。

③ 代表性观点有：田平安教授认为应当引入协同模式，发挥当事人在职权模式中的更大作用；陈桂明教授强调当事人程序形成权，实现当事人程序主体性地位；张卫平教授建构的裁判者所依据的事实必须受当事人主张限制的当事人主义诉讼模式；赵刚教授认为建构再审之诉由当事人诉权决定再审。参见田平安、刘春梅《论协同型民事诉讼模式的建立》，《现代法学》2003年第1期；陈桂明、李仕春：《论程序形成权——以民事诉讼权利的类型化为基点》，《法律科学》2006年第6期；张卫平：《诉讼构架与程式——民事诉讼的法理分析》，清华大学出版社，2000，第139页以下；赵刚、王杏飞：《民事司法改革的几个前沿问题——以〈人民法院第二个五年改革纲要（2004~2008）〉为分析对象》，《法学评论》2006年第6期。这种理念也被具体化到实务部门。依据景汉朝大法官进行的实证调查，武汉中级人民法院的事实调查以"诉辩式"为主，辅之以"质证式"：先由审判长就双方当事人的书面诉辩进行小结，对一审法院认定事实无争议的部分进行认定，并提出双方争议的焦点，征询当事人是否变更诉讼请求，然后引导当事人围绕自己的主张进行举证、质证、认证。参见景汉朝《民事司法改革论纲》，西南政法大学博士论文，2003，第52页。

千差万别"。① 实践中这种缺乏整体性视角的改革②即使最终纳入全国司法的制度，也仅具有个案的价值而已。

但由此而来的问题是：作为当事人，一方面只能依靠大文字法规范形成行为预期，另一方面却要具体感受迥异且不断变化的地方性司法改革文本的冲击。在迷失于集体性的司法改革热潮之后，当事人并不容易落实改革欲予设定其身的程序主体性地位。为了化解这种当事人不利的境况，司法改革需要建构具有结构张力的制度体系，来吸纳因法官角色冲突产生的制度张力，并承受改革文本可能的"南橘北枳"的异化适用情形。行为选择的设定，就是要在技术上尽可能地通过更多的选项，来容纳上述的法官角色冲突与大小文字法律矛盾。我们也同时注意到，法律在"权利""正义"等宏大话语之下，可能存在借助"合法"范式而实际违背和剥夺意愿各异的社会成员选择权和自主权的问题。③ 这虽然不是凭借立法技术本身就能够克服的，但反过来，多元化的规范模式正好可以淡化这种差异性带来的"选择不足"的窘迫感，使得一个规范文本本身具有更大的现实适用张力，同时也有利于化解法官在借助解释技术或者采用原则裁判方式时的过度职权化的问题。

（三）选择的发展方向

同时，我们还要注意的是在程序法走入高度现代化之后，当事人诉讼权利得到张扬而造成了民事诉讼面临失控，甚至于威胁经济发展本身的特殊时代。④ 过度的诉权延伸，使得过多的诉讼行为充斥司法系统，加剧了对于司法资源的耗费。而对于当事人诉讼权利的过度保障，使得当事人事

---

① 王亚新：《程序·制度·组织——基层法院日常的程序运作与治理结构转型》，《中国社会科学》2004 年第 3 期。

② 关于司法改革的整体性问题，齐树洁教授有过全面的分析："每一项改革措施各自分离，各自针对特定的问题，与整体制度设计无关。这种各自孤立的改革措施虽然在特定的时间里对特定的问题有一定的作用，但它们的最大的问题在于无法解决整个系统的有序运转，无法使各项改革措施相互促进。"具体参见齐树洁《德国民事司法改革及其借鉴意义》，《中国法学》2002 年第 3 期；齐树洁：《英、德民事司法改革对我国的启示》，《厦门大学学报》（哲学社会科学版）2004 年第 1 期。

③ 范愉：《非诉讼纠纷解决机制研究》，中国人民大学出版社，2000，第 611 页。

④ Stephen D. Sugarman, "Doing Away with Tort Law," *California Law Review*, Vol. 73 (1985), pp. 581 - 586.

实上控制了整个诉讼进程。① 以英国为借鉴，我们可以清晰地为我国当事人行为选择的制度设计提供思路。

首先，限缩诉讼内选择权，节约诉讼资源。改革前，针对诉讼进程，英国当事人拥有进行中间申请的选择权。而中间申请的战术，因为可以不受投入成本约束（中间申请无需诉讼收费），使得大量中间申请充斥诉讼，造成了司法系统为纯粹程序性诉讼支付时间和金钱双重成本。② 另外，原来交于当事人手中的选择简易或者小额等多轨程序的权利，也因为专业的案件管理程序而被法官收回，进一步加剧了当事人的诉讼程序负担。③ 因此，关于诉讼程序的控制成为以英国司法改革为代表的各国司法改革潮流，并由此延伸出关于分配正义的新程序哲学，包括司法资源的合理分配、司法迟延与正义的协调，以及由此产生的法院个案正义之外的司法资源公平分配责任。④ 后现代民事诉讼，更多趋向于一种法官与当事人职权－权利均衡的诉讼结构。

其次，扩张诉讼外的程序选择权，缓解诉讼案件压力。"诉讼爆炸"，这种美国式的问题，以及昂贵司法带来的"接近正义/司法"的问题，使得英国的替代性纠纷解决机制的适用成为必然。这意味着诉讼外的程序选择权呈现出与诉讼内选择不同的膨胀性发展。即使在英国这种"世界上特别强调司法因素"的国家，⑤ 也斩钉截铁地发出了"尽可能避免诉讼"（litigation will be avoided wherever possible）的新司法呼声，并且最终在制度上，通过法律援助资金和诉讼费用来激励当事人选择适用 ADR。⑥

---

① 典型的如审前程序当事人拥有的强大的证据开示权利，有数据表明，20 世纪 80 年代，80% ~92% 的诉讼当事人出于不正当的目的选择使用发现程序。See A. Leo Levin & Denise D. Colliers, "Containing the Cost of Litigation," *Rutgers Law Review*, Vol. 37 (1985).

② See *Access to Justice*: *Final Report Final Report to the Lord Chancellor on the Civil Justice System in England and Wales* (HMSO, 1996), ch. 7, para. 23.

③ 齐树洁：《英国民事司法改革》，北京大学出版社，2004，第 346 页。

④ 朱克曼：《危机中的司法/正义：民事程序的比较维度》，载〔英〕朱克曼《危机中的民事司法：民事诉讼程序的比较视角》，傅郁林等译，中国政法大学出版社，2005，第 16 页。

⑤ 〔英〕施米托夫：《国际贸易法文选》，赵秀文译，中国大百科全书出版社，1996，第 598 页。

⑥ 有意思的是，这种转变并不是一蹴而就的。英国司法改革的中期报告一开始仅仅是一种期待的态度，并无配套措施，直到最终报告，才有上述激励措施促进 ADR。参见齐树洁《英国司法制度》，厦门大学出版社，2007，第 215 ~216 页。

三　当事人"第二次机会"的创设

（一）选择的责任机制

1. 程序效应与选择责任

与选择相配套的，是选择人对于选择后果的承受。程序内涵的"作茧自缚"效应，意味着经过程序而做出的决策被赋予既定力，当事人很难拒绝公正程序带来的后果。[①]　当然，这也可以视为行为选择的应有之义，否则选择机制就成为一个无根漂泊而难以锚定的制度。在民事诉讼的体系中，发轫于当事人主导参与[②]的对抗制度本身，需要通过当事人自我责任原则获得选择之后的"确定"状态，通过不可逆转的终局效果为充斥选择的不确定交涉画上休止符。[③]

但随着选择的责任演绎而在结果意义上成为诉讼过程中"一系列不能退的票"，我们不能仅仅盯住不可逆转的选择结果带来的巨大程序好处和诉讼效率；相反，面对确定性选择后果的责任机制，当事人亦会"心有戚戚焉"——由于当事人的程序观感和责任意识，其会受制于与选择本身前后相承的选择后果，这会形成弗里德曼所担忧的"在底下抽空他们做出的自由选择"[④]的困境，并造成诉讼当事人的选择心理危机。能否给业已进行诉讼选择的当事人在诉讼责任后果之后的新起点，将是决定选择最终能够有效进行的前置心理安抚机制。这就涉及司法改革一个相当重要的问题，习惯于明晰责任以推进诉讼的制度设计，在一个什么样的程度上去观照当事人做出行为时刻本身。一个危险的立法惯性是，在设定了若干选项之后，却忽视了当事人对选项结果责任的预测对选择决策的影响。

2. 责任机制与纵向选择

前述我们直接讨论的关于多元化技术的问题，一直关注的是在一个制

---

① 季卫东：《法律程序的意义——对中国法制建设的另一种思考》，中国法制出版社，2004，第 19~20 页。

② 发端于古罗马的民事诉讼，实际上残存古代社会"私力救济"的遗风，以至于当事人主义诉讼结构下的民事法庭成为当事人自我主导、自我表现的舞台。参见陈桂明《诉讼公正与程序保障——民事诉讼程序之优化》，中国法制出版社，1996，第 161 页。

③ 王亚新：《对抗与判定：日本民事诉讼的基本结构》，清华大学出版社，2002，第 10 页。

④ 〔美〕弗里德曼：《选择的共和国》，高鸿钧等译，清华大学出版社，2005，第 116 页。

度平面下，一维的多重选择内容的设定问题。基于前述"作茧自缚"效应所要求的选择责任机制，可以使得选择具备程序演进的功能，并最终具化到个案纠纷的解决。但随着诉讼宪法化的世界性大潮，民事司法已经不仅是简单的用以实现社会秩序的国家装置，而在于落实当事人私法权利和诉讼主体地位的程序保障体系。[①]　在一个横向的层面上，多元选择提供了一个阶段的多重选项，能够符合特定诉讼情状下的当事人复合性需求，但无法回避具有闭合程序作用的选择责任机制与民事诉讼要求当事人主导程序相矛盾情况。为此，考虑在一个程序选择阶段通过责任效用完结之后，充分地给予当事人纵向意义上的序贯机会，以解决责任机制引发的程序闭合作用，使当事人有第二次机会能够切入前述行为选择的结果中，实现尊重既定阶段行为选择并兼顾自我程序再控制的双赢。

　　具体而言，作为程序演进中的纵向二次机会体系，应注意诉讼框架上的几点内容。

　　（1）当事人的诉讼主导作用。

　　毫无疑问，前述的责任机制也罢，二次机会赋予也罢，均需要建立在诉讼中的人本主义向度上——即当事人是推动诉讼进行以及确实控制案件的"凭自身独立意志约束法院的裁判行为"的诉讼主导力量。[②]　无论是依托大陆法系的辩论主义和处分权主义，抑或是采用英美法系的抗辩制原则和当事人对审制度，都需要纳入棚濑孝雄一直强调的当事人"参加模式"，"着眼于一般国民通过审判来贯彻自己意愿的要求"，将当事人限缩在帮助法官进行正确裁判而提供诉讼资料的狭隘作用，转化为当事人用双方辩论内容拘束法官裁判，并将"法官这个第三者的存在和决定权能纳入自己努力解决自己问题这样一种主体性相互作用的过程"。[③]　这也指明了当前中国司法改革的一个基本方向——程序主体自治主义。

　　（2）诉讼结构的连贯性与终局性。

　　二次机会的设立，旨在调适纯粹的程序适用和主体自治可能引发的

---

①　刘荣军：《程序保障理论视角》，法律出版社，1999，第185～186页。

②　张卫平：《民事诉讼基本模式：转换与选择之根据》，《现代法学》1996年第6期。

③　〔日〕棚濑孝雄：《纠纷的解决与审判制度》，王亚新译，中国政法大学出版社，2004，第256、259页。

实质性正义不足的情形，因为纯粹按照程序的选项进行的当事人行为，难以完全矫正当事人可能的诉讼能力缺乏和选择误差的特殊情况。这同时也意味着启动二次机会程序，需要设立一个能否甄别上述特殊情况的机制。

纯粹的程序系统解决，很多是采用"正当程序"（due procedure）的形式理性方法，通过严格的程序流程要求和程序条件审查，来最大限度缩减那些不具有程序正当性外观、不符合基本自然正义要求的行为。[①] 但作为矫正性制度，需要通过介入实质性要件来确保选择背后的权利落实。[②] 而从其操作上看，实质性要件需要引入一般的社会性价值标准来衡量个案的利益，这又再次溯源到谁来进行这一判断的问题，出现了为了解决问题而又回到设定前提的循环论证。为了解决这一问题，司法改革可以直接超越实质正义的识别者问题，而自行在第二次机会的启动条件中形塑实质正义条件本身，并通过设置前后程序的连贯体系来促进二次机会与前序选择的衔接。一般而言，要求二次机会有且仅能即时对应选择结果本身，并基于效率性司法要求而要求当事人在特定的时限内完成。由于诉讼时序要求，连贯性的程序结构要求的是必然启动二次机会的"零容忍"——即当事人自行触发实质性条件即启动二次机会，以救济选择责任不当当事人的实质利益。而且这种二次机会本身应当是终局性的，即不能在二次机会适用之后再要求"次二次机会"的问题，以预防程序本身的无穷尽救济的悖论出现。在这个意义上，前述讨论的我国再审制度，则应以再审之诉的模式，才能满足连贯性程序结构的诉讼时序与当事人自控要求。

（二）民事司法改革的"二次机会"设置

1. 司法改革大潮下的二次机会问题

"二次机会"已经或多或少在各国的民事司法改革中践行。以德国民事诉讼中辩论程序重启做法为例，根据《民事诉讼法》第156条规定：

---

① 这些要求一般被认为包括美国最高法院弗兰克福特大法官所提出的十项标准，See Henry J. Friendly, "Some Kind of Hearing," *University of Pennsylvania Law Review*, 1975（123），p. 1267.

② 实质公正实际上关注的是法律的秩序而非个人权利。通过个案的个人利益取向判断，来实现代表社会一般评价和立法意旨的实在化。参见顾培东《社会冲突与诉讼机制》，法律出版社，2004，第66~69页。

言词辩论已经终结的，可以在法院命令下再次进行辩论。为了控制法官可能的裁量权滥用对当事人的影响，2001 年德国《民事诉讼改革法》规定，在两种情况下，法官应当特别命令重新开启已终结的辩论程序。第一，法院确定存在与裁判紧密相关的以及可以提出异议的程序瑕疵。其中，程序瑕疵规定在《民事诉讼法》第 295 条。另外，如果法官违反第 139 条规定的指示义务或释明义务，或者损害当事人享有的法定听审权的，也应当重新开启辩论程序。第二，如果当事人的事后陈述足以构成《民事诉讼法》第 579、580 条规定的再审理由，且当事人做出明确说明的，也应当重新开启辩论程序。这一做法实际上可以视为对当事人"二次机会"的一种具体的落实，以保障当事人在特殊情形下的辩论权再次行使。需要特别强调的是，法官阐明义务至今仍被德国学术界称为"民事诉讼的大宪章"，① 二次机会救济实际上也就具有了宪法诉权的意义。

关于二次机会更为彻底的做法是美国独特的重新审理（new trial）制度。该制度允许当事人对初次审理不满意时，可以通过"重新审理动议"（motion for new trial），于上诉手段之外提出用于对抗初审法院判决的特殊救济。如果动议被接纳，则原审法院应依据当事人申请，将案件全部或部分争点再次提交法庭审理。② 虽然重新审理也可以径行由法官独立启动，但当事人通过特殊动议而获得在正式上诉权利行使之前的对原审的救济途径，就为当事人自我权利的维系提供了更为广阔的空间。③ 需要指出的是，因为宪法第七修正案要求"凡经陪审团审理的事实，非依普通法的规定，不得在合众国任何法院中再加以审理"，所以联邦民事诉讼规则第 61 条规定必须在拒绝重新审理会违背实体公正的情况下，法院才会进行重新审判，也就是所谓的"无害错误"原则（harmless error doctrine）。④

---

① Baumbach/Lauterbach/Albers/Hartman，ZPO，§139，Rn. 1.

② Steven L. Emanuel，*Civil Procedure*，中信出版社，2003，第 283 页。

③ 重新审理一般也要需要一定的理由，包括：（1）司法错误，（2）当事人、证人、律师存在不当行为，（3）支持裁决做出的证据不充分或做出与证据证明力不相适应的裁决，（4）裁决的数额偏高或偏低，（5）基于新发现的证据而重新审理，（6）陪审团不当行为。参见蔡彦敏、洪浩《正当程序法律分析——当代美国民事诉讼制度研究》，中国政法大学出版社，2000，第 231～236 页。

④ 齐树洁：《美国司法制度》，厦门大学出版社，2006，第 468 页。

2. 衔接行为选择的"二次机会"

建构中国民事司法的"二次机会",除了将其作为行为选择后备机制外,还在于如何提供更为扎实的诉权再救济制度。对于前者而言,后备机制本身也应当建立在行为模式上,因为行为能够"回溯到某个主体,对这个主体,人们可以谈论,可以观察和询问,或者可以按照另一种方式用于经验研究的目的"。① 即第二次机会应当通过当事人本体主义,采用诉讼行为范式来提供额外的程序再补救机会。邱联恭教授强调:"在愈难期待法官践行程序之实务状况下(如:常隐藏心证及法律见解而不予公开表明之审判实务),为保障当事人之程序主体性,愈有对当事人赋予声明不服机会(抗告权)之必要。"② 比如,当事人异议制度就是对于诉讼行为选择的可能不当的结果而提供的额外的自我救济途径。

基于诉讼效率的考量,我国目前对于当事人异议的处理基本上是通过行政复议的方式给予当事人二次机会。但从权力性质来看,这种采用行政权模式解决司法再救济的做法,会形成行政权与司法权的内在冲突——因为行政权的内部性而缺乏与异议人本身的商谈交涉,使得二次机会是否落实要最终归结到司法职权。有鉴于此,我国司法改革要么遵循德国司法改革的范式,采用必然启动的条件罗列;要么采用美国的诉讼正式动议机制,从而使得二次机会的启动纳入诉权保障的范畴,而超越司法权对启动审查的局限。实际上,这也可以回到前述提到的后续的诉权再救济问题。除了搭建规范的上诉审判制度,保留再审制度也应当考虑赋予当事人再审诉权,而非仅赋予其再审申请权,将再审启动权全置于法官(检察官)职权控制下。

第二节　法律经济分析与我国民事司法现代化

一　我国司法改革的经济分析重视

如果仅聚焦于改革本身的规范性问题,中国最为贴切的法律经济分析

---

① 对于这个问题,卢曼还引用了雷娜特·梅恩茨的论证,从而实现对主体目的的说明。参见〔德〕卢曼《社会的经济》,余瑞先、郑伊倩译,人民出版社,2008,第228页。

② 邱联恭:《司法之现代化与程序法》,三民书局,1992,第343页。

应当朝向宪法经济学的方向——进行类似于"理想的宪法"（optimal constitution）有关的规范性问题——一种"对联邦政府拥有的财政权、货币权和权力调整进行宪政控制的反思"的学术活动。① 也就是在私法性质的纠纷解决中，当事人如何有效地控制司法权执掌人的问题。在这一方法论的起点上，如果我们同意将司法改革本身也设定为关于国家、当事人和国家司法权执行人的行为合法化（legitimizing）问题，那么我们也将步入布坎南契约主义的新宪政论研究搭建的轨道中——如何确保上述三方集体选择的结果能够获得"公正"（fair）或"效率"所必须具备的条件。② 这启示了在进行司法改革中，改革文本设定的取向应当依据的是从个人行为（individual behavior）——当事人行为选择，转化为集体行动（collective action）选择——司法程序运作的过程。

"法律上的控制是未来的物质的控制"意味着为了实现未来指向的司法改革，需要一种能够面向未来的研究方法。而传统的法学研究主要是考察社会中已经发生的案例，是一种侧重于"事后研究"（ex post approach）的方法，这就造成了"未来控制"同传统研究的"事后性"的冲突。而法律经济分析属于强调"事前研究"（ex ante approach）的方法，重点关注的是法律制度及法律规则的变化对人们预期行为的影响。法律制度及法律规则的变化，同时意味着激励结构的变化，结果是导致受制度约束的人们的行为发生相应的变化。③ 对此，法律经济分析可以提供预期性比较工具，从而更准确地对司法改革方案进行评估。

二　司法改革的个体行为重视

（一）从个体反馈到集体

个体行为是从"组织群体选择的过程中行动或决策的个人"开始的，经济学所要求的"典型个人"是具有宽泛特点的利己主义者和利他主义

---

① Richard McKenzie, "Introduction," *Constitutional Economics – Containing the Economic Powers of Government*, Lexington: Lexington Books, 1984.

② 〔美〕詹姆斯·M. 布坎南、戈登·塔洛克：《同意的计算——立宪民主的逻辑基础》，陈光金译，中国社会科学出版社，2000，第2～10页。

③ 〔美〕理查德·A. 波斯纳：《法律的经济分析》，蒋兆康译，中国大百科全书出版社，1997，第8页。

者的"任意组合"。① 按照个体主义的公共假设，各种样态的个人行为聚合成为集体行动，需要背后存在着能够导致最终行为一致化的群体决策，而其源自一些独立个人选择被反馈进行群体决策的过程而产生的"公认选择规则的结果"，从而形成阿罗所谓的"理性的社会行动的秩序感"。②这一原理的揭示，意味着司法改革可以从一种小范围的个体行为反应，推导向更符合法律普适要求的群体性行为。当然，改革方案是否能够最终产生形塑法律适用者的作用，还是应当回到行动中法律（law in action）考察才能够最终确定。但这并不妨碍在进行司法改革制度调整时，建构这样一个由个体到集体的微观反馈机制。

实验经济学的小数定理证明：从个体导向集体的行动预测，本身要避免单纯的个体经验的直接套用。作为具有更大适用范围的司法改革，从"推荐"的司法改革的路径选择来看，均存在一个所谓的"试点"推进过程。③ 但试点要求的样本性及其符合统计学意义的一定的数量要求，往往又是司法改革的文本确认所忽视的。诸如推行"一步到庭"等失败的改革方案能因试点之名而登堂入室，就在于试点的地方往往是具有较高素质法官队伍的发达地区法院，但对于不发达地区法院而言，"一步到庭"只能成为庭审的梦魇。

（二）个体责任及其反馈

布坎南在论证个人的有限理性时，讨论了集体选择对于私人选择的影响。因为单独的个人决策可能不具备决策的责任感，而在纳入集体行动的

---

① 〔美〕詹姆斯·M. 布坎南、戈登·塔洛克：《同意的计算——立宪民主的逻辑基础》，陈光金译，中国社会科学出版社，2000，第 2～3 页。博登海默也从对秩序需求的心理根源出发对此进行了很有说服力的分析，其认为：第一，人具有重复过去被认为是令人满意的经验或安排的先见取向。第二，人倾向于对瞬时性质、人性和专横力量控制情形做出逆反反应，而不是受关于权利义务对等合理稳定的决定控制。第三，对秩序的追求根植于人的思维结构，具有思想（智识）的成分。参见〔美〕博登海默《法理学：法律哲学与法律方法》，邓正来译，中国政法大学出版社，1999，第 226 页。

② 〔美〕阿罗：《社会选择和个体价值》，转引自〔美〕詹姆斯·M. 布坎南、戈登·塔洛克《同意的计算——立宪民主的逻辑基础》，陈光金译，中国社会科学出版社，2000，第 35 页。

③ 有代表性的思路是，可以经由地方司法机关进行先期试验。这种试验应由最高司法机关统一组织、领导和协调，并纳入全国司法改革规划。参见王琳《司法改革的路径选择》，《司法改革评论》2002 年第 2 期。

私人选择过程中，当事人"内在地具备这种责任感"。特别是：

> 如果个人很有把握地知道，不管他自己的行动如何，影响到他的哪种社会或集体决策都将被做出，那么他就得到了一个更大的机会，或者有意识地完全回避做出肯定的抉择，或者还没有对其他可供选择的方案慎加考虑便做出选择。在某种现实的意义上，私人行动迫使个人以使各选择都变成强制性的方式来行使他的自由权。①

具化到司法改革的集体与个体的互动中，如果能够通过个体行为选择的回馈机制，将选择的结果最终落实到改革文本的设定本身，那么这势必可以解决个体参与司法改革的"责任感"缺失问题，即以布坎南所分析的这种强制性促进司法长期以来一直缺失的民众有效互动的问题。

在这一问题上，加拿大司法改革就做出了很好的示范。其一直将当事人对于法院司法改革的反应纳入法院必须强制知悉的内容中。② 庞德曾指出，法律是从社会共同意志的角度，以合理和一定的方式来平衡各方面利益。③ 因此，作为塑造良性司法的改革措施，回归到社会共同意志自然也是其应有之义，这就从司法改革机能的意义上，凸显了在改革中民众参与的重要价值。加拿大强制性地将民众对于改革的感受纳入法院改革的评价体系中，这种做法为实现我国民事司法改革所要求的"司法为民"提供了学习的路径。因为，我国传统司法改革所体现的纯粹由上而下的改革运行机制，往往很难实现对于地方司法改革成效的评估以及监督，而回归基层司法直接面对的普通民众，则可以起到现实接触层面的感性控制和直接监督。

从法院基础职能出发，作为司法改革的程序法，要为当事人取向的"实体法"服务：一方面，诉讼当事人请求的实体问题应当及时得到法院

---

① 〔美〕詹姆斯·M. 布坎南、戈登·塔洛克：《同意的计算——立宪民主的逻辑基础》，陈光金译，中国社会科学出版社，2000，第 42 页。

② See Francois Rolland, *Access to Justice*: *3 Years after the Reform of the Code of Civil Procedure*, p7, at http：//cfcj – fcjc. org/docs/2006/rolland – en. pdf, 2008 – 06 – 22.

③ 〔英〕罗杰·科特威尔：《法律社会学导论》，潘大松等译，华夏出版社，1989，第 81 ~ 84 页。

的审理，法院也不得采用当事人必须提出诉讼请求或其诉讼请求必须受到审理的方式强迫当事人进行辩论，这需要通过当事人的参与来控制。另一方面，程序规则整体——其执行不可避免地要产生某些消极影响——对正义实现而言又是必需的。在对抗式诉讼体制下，法院的判决很大程度上依赖于当事人在诉讼程序中所主张的问题，而这又进一步依赖于当事人在准备其案件的过程中究竟是怎样获得程序规则之支持的。[①] 显然，这一层次职能的实现，需要关注当事人（也就是泛化的民众）具体实现其主张的能力。最终这种对于民众参与的关注，将会作为我国司法在自身能动的改革过程中，渐进地趋向于司法能动主义第三层次"社会能动主义"的有效步骤，最终实现法院实质性、积极的政策导向作用，并反过来因司法改革，而使法院成为一个能够有效地促进政治、经济和社会变革的机构，[②]令司法体系在中国社会治理中扮演关键角色，并成长为强大的社会良性制度的助推机制。

三 司法资源的适当分配

司法改革的一个世界性课题，即在于如何提升司法效率，减缓诉讼缓慢迟延现象。从以职权主义为基础的大陆法系事实审理的方式出发，往往使得"法院及当事人劳费负担"，而成为"大事修法以图有所改进之导引"。[③] 但目前司法资源的分配，更多是一种纯粹的流程式的司法管理制度，包括在程序上如何运用诸如期日制度以准备程序来化解庭审任务之拥堵；强化法官的程序推进权以对抗当事人滥用程序申请权来防止程序推进被轻率频繁打断而致延宕；推动和解鼓励制度或者其他非诉讼纠纷解决机制以简化诉讼结案压力和诉讼资源耗费；大量采用简易、略式程序以简化

---

① Ves – Marie Morissette, *Civil Procedure*, at http：//www. thecanadianencyclopedia. com/index. cfm？ PgNm ＝ TCE&Params ＝ A1SEC818310, 2007－06－25.

② P. N. 伯格瓦蒂分析了司法能动主义的三个层次：一是"技术性的能动主义"，即法官享有不受先前判决拘束，而且可以背离对同类案件的判决的自由；二是"法学能动主义"，即法官有权创设新的概念，而不问这种创设的目的或者适用对象；三是"社会能动主义"，即法官以达到社会正义为目的的能动，司法机关不能躲避在法律公正的词语后而无所作为，而应当为社会正义积极作为。参见〔印〕P. N. 伯格瓦蒂《司法能动主义与公众利益诉讼》，仁堪、周昭益译，《环球法律评论》1987 年第 1 期。

③ 邱联恭：《司法之现代化与程序法》，三民书局，1992，第 159～160 页。

案件程序负担等。这种纯粹诉诸程序管理的做法不免有力不从心之感，因为单纯地依据程序流程的阶段性反馈结果而发现需要重整程序仅仅只是第一步，最为复杂也是最为重要的是如何重整程序，即在既有的资源相对有限的"悲剧"下，程序各个阶段如何实现最优的配置，将是纯粹依靠程序反馈信号的程序管理制度所难以承受之重。①

（一）程序配置冲突的分配原则

既然司法资源稀缺的命题不能改变，司法改革者往往面临一个非常痛苦的情况，就是需要进行程序配置资源"拆了东墙补西墙"的"零和"拆分。于是，判断一项司法改革是否良性存在一个先后状态的比较。由于资源配置实际上只是在不同程序阶段或者不同主体之间转移分配，这就变成了考察改革前后不同主体或者不同阶段的收益情况。因此，从收益减损的不同变化，进行司法改革的经济分析，就是分析司法变革前后效用可能性边界的相对位置，从而使得司法改革指引转化为更为明确的数量指示。可得如下两种情况。②

1. 司法改革的帕累托状态

司法改革的帕累托状态实际上指的是一种变化，在没有使任何人境况变坏的前提下，使得至少一个人变得更好。如果能够达到没有进行帕累托改进的余地的状态，就被称为帕累托最优。最为简单的一种司法改革帕累托，就是改革后使得涉及的任何主体的情况均变好。比如，通过效用主体本身的合意判断，来获得他们能够认诺的最终纠纷解决结果。这是效用主体基于个人理性选择而获得了对于纠纷解决结果的效益确认；对于第三方的审判者而言，他们获得了减少司法投入、降低工作强度的效益。因此，设定和解制度，就属于典型的帕累托改进状态。号称"中国最忙法院"

---

① 实际上，这也是一种资源稀缺的悲剧。但更为重要的是确定谁应当得到这些资源。司法改革在相对稀缺的资源面前，也同样应当"通过着眼于悲剧性状况，来阐明我们用来分配悲剧性稀缺资源和一般稀缺资源的方法"。从而使得司法改革资源的配置能够"在分配稀缺物品时，通过改善一些次要的分配以利于弥补差异，使其大体公平"。参见〔美〕盖多·卡拉布雷西《悲剧性选择：对稀缺资源进行悲剧性分配时社会所遭遇到的冲突》，徐品飞、张玉华、肖逸骅译，北京大学出版社，2005，第 1 ~ 5 页。

② 〔美〕麦考罗、曼德姆：《经济学与法律——从波斯纳到后现代主义》，吴晓露等译，法律出版社，2005，第 58 ~ 63 页。

的东莞塘厦法院，更是全面地拓展了和解制度以外的其他法院附设 ADR，以求通过当事人合意获得纠纷解决结果的正当性和效益性确认，最大限度地节约法院与当事人的诉讼资源。① 关于司法流程的管理，实际上也是进行帕累托改进。如最高人民法院关于民事诉讼证据制度的改革，从原民事诉讼法规定的庭审提交证据，优化为具有证据失权后果的审前证据交换，通过简单的流程变换，使得当事人和法官均免受频繁庭审之苦，更有利于集中审理原则的贯彻等。②

2. 司法改革的卡尔多－希克斯效率

司法改革可能出现促进某一方增益而另一方减损的结果。此时，经济分析一般提供了一个补偿性原则来进行评价，即卡尔多－希克斯效率原则。其原理是只要改变带来的某方的增益超过另一方的减损，则这样的改进还是有效率的。这一原则提示两个方面：其一，在进行司法改革效益评估时，要防止主导机关可能的"选择性评估"问题，只重视对其有益的增进计算，忽视了改革相对方面临的利益减损问题。需要一个相对中立的机构来评估是否符合整体增益的效率要求。在这个问题上，诚如很多学者指出的，中国需要建立一个独立的司法改革委员会，③ 以落实卡尔多－希克斯效率的正确计算。其二，补偿性原则绝不是一个单向的利益增减比

---

① 2007 年，东莞市法院人均结案数是全国法官人均结案数的 5.14 倍，而塘厦法院法官人均办案是 2006 年全国人均结案数的近 14 倍。该院副院长陈葵不断拓展法院主导的 ADR 机制范围："不停地跟村支书、镇委书记谈，让村镇的司法调解员参与进来；跟台商协会谈，让他们疏通解决商业纠纷；跟保险公司谈，让他们的调解员进驻法院协助处理交通事故……今年 4 月，五个人民调解工作室分别进驻东莞两级法院，正式挂牌办公。当事人可先到工作室进行调解，这边调解成功的案件，由法院对调解协议进行确认；调解不成再继续一般的诉讼程序。去年底，东莞市法院和市公安局交警支队联合建立司法确认机制。在东莞辖区内发生的交通事故，经交警主持达成的调解协议，可到法院进行确认。"参见赵蕾《中国最忙的法庭》，《南方周末》2008 年 12 月 4 日第 A7 版。在笔者进行的法院访谈中，法官也提出了类似的情况：晋江市的陈埭镇，作为中国鞋都，聚集了上千家制鞋和配套企业，外来民工非常多。单一个陈埭派出法庭，一年的民事案件就高达 2000 多件，每个法官年均须审结 600 多件民事案件。

② 关于这一内容的详细分析，参见汤维建等《民事诉讼法全面修改专题研究》，北京大学出版社，2008，第 325~328 页。

③ 许多学者持有相同观点，参见潘剑锋《从日本第三次司法改革看中国司法改革存在的问题》，《法学》2000 年第 8 期；齐树洁：《英国民事司法改革》，北京大学出版社，2004，第 49~50 页。

较问题，而是一种双向的补偿互动，即获得增益的一方应当考虑如何给减损一方提供制度上的补偿机制。例如，在审前程序的司法改革中，将审前程序从法官置换到当事人，需要考虑当事人的司法资源占有情况——"美国是46000法官和80万律师，律师是法官的二十倍，中国律师是法官的一半"。[①] 因此，作为改革增益方的法院，应当负有审前程序的释明以及推动程序进行的补偿义务，而不能完全把审前程序推给当事人了事。

（二）从局部实质正义走向系统程序正义

"不是所有的司法判决都能产生正义，但是每一个司法判决都会消耗资源。"[②] 在对稀缺的司法资源进行分配时，即使不一定产生卡拉布雷西/伯比特的"悲剧性决策"，但社会在决定分配的受益者或受损者时，一定就意味着不同的价值标准冲突。但司法改革每每诉诸人民实质正义观感的大词话语体系，虽然可以获得表述的高度正确性以及随后行为的正当性，但一直无法回应如何给予当事人资源上的补给以及补给从何而来的资源分配问题。特别是在民事诉讼领域，当纠纷解决已经演变为公共产品进入普通民众与国家纠纷解决权互动博弈的时候，厌讼早就不是民众畏惧权力情绪的流露，而是是否经济可行的直接判断。[③] 但在司法改革中，往往将实质正义与诉讼效率对立，似乎只要不估计诉讼效率就可以获得实质正义。这样的论调是相当可疑的：其逻辑上直接将实质正义等同于诉讼效率的直接关联产品，忽视了诉讼效率作为正义的一个内涵的存在。在稀缺的命题下，如果资源的投放带来正义的增量，那么应考虑的是如何配置使得实质正义与程序正义能够带来最大的整体效用。

从实际的资源利用情况看，实质正义具有的个案表征，与成文法要求

---

①　陈桂明：《民事诉讼程序改革》，http://www.fatianxia.com/procedural/list.asp? id = 17728，2008 年 12 月 10 日。

②　方流芳：《民事诉讼收费考》，《中国社会科学》1999 年第 3 期。

③　1990 年一个在湖北省农村进行的关于农村法律意识的问卷调查中，就对"何种纠纷解决方式费钱最少？费事最少？"这两个问题的回答来看，打官司的选择率都排在干部解决和私了之后，排在最末。参见郑永流等《农民法律意识的现实变迁》，载李循编《法律社会学》，中国政法大学出版社，1998，第 476 页。笔者在 2008 年 7 ~ 8 月组织的对于《劳动合同法》适用情况的地区调查和访谈也表明，当事人寻求劳动争议的诉讼解决的比例也并不高。

的一般化通用性设定存在文本匹配上的困难，并可能导致滑向法官过度裁量权的司法困境而造成更高的适用成本；而在程序正义的范式中，正当程序先天地就具有统一性和平等性，则更容易在外观上给予双方以平等的观感，并为双方提供制衡法官职权的渠道；从分配的便捷性看，形式平等主义（formal egalitarianism）①至少通过基本权利的外壳，给予正义最容易被双方识别的正义感。为此，中国司法改革的一个资源投放的捷径就是提供有助于形式平等的程序配置，如促进双方平等地参与到诉讼之中，更多给予法律援助等。促进传统的资源配置的改变，即更多将司法资源投放于法官身上的做法，也异化了效率原则：这体现在法院主导的司法改革，在诉讼案件压力面前，"法院系统要求增大经济投入以扩大法院人员编制、增设法庭等等走的是'粗放型'的成本投入的方式"。②因此，本来就稀缺的司法资源的增量，被过多的置放于编制建设中。数据表明，这样的配置并没有带来更高的诉讼效益。③但实际上，更大的顽症在于法院内部相当高的占有法官职数却不进行实际审判工作的非审判人员，依据统计约有法院内部编制的 15% 左右，最高甚至可以达到 22.2%；加上因法官行政职位化，导致了院长庭长等长期不办案或者少办案（实证调查表明长期不办案的院长庭长在有的法院占 4%，有的不足 2%，有的甚至无法统计）。④

在制度经济学看来，这种法院行政化管理体制一直难以被改革所动，

①　Quinn, Michael, *Justice and Egalitarianism: Formal and Substantive Equality in Some Recent Theories of Justice*, New York: Garland Pub. Inc, 1991, p. 267.

②　吴杰：《民事诉讼机制改革与完善的法律经济分析》，《政治与法律》2000 年第 2 期。

③　我们可以通过历时性数据来进行说明：2003 年至 2007 年，最高人民法院审理民事案件 3196 件，监督指导地方各级人民法院审结一审民事案件 2214.5 万件，比前五年下降 6.25%。而我国法官队伍一直稳定在高位的 21 万多人。据何兵博士统计，1990～1999 年，上诉增长率却高于案件增长率；1994～1999 年的判决二审维持的平均比率仅有 51%，41% 的判决被撤销或以其他形式被废弃。参见肖扬《第十一届全国人民代表大会最高人民法院工作报告》，http://news. xinhuanet. com/newscenter/2008 - 03/22/content_ 7837838. htm。祝铭山：《大力加强法官职业化建设，努力开创人民法院队伍建设新局面——在全国法院队伍建设工作会议上的讲话》，载《中华人民共和国最高人民法院公报》2002 年第 4 期。何兵：《现代社会的纠纷解决》，法律出版社，2003，第 43～45 页。

④　许前飞：《再论中国法官素质》，《人民司法》2002 年第 1 期。

就是因为改变这一制度的预期费用甚至远远超过维持该制度的费用。① 诸多的司法痼疾并非单一原因造成，而是经过不断演化形成了相互关联互补的整体性制度安排。对此，司法改革下的诉讼制度变更"除非同时系统地改变了参与人关于策略互动的模式的认知，并且相应地引起他们实际策略决策的变化超出临界规模，否则无法引致制度变迁"。② 这再次指明了司法改革资源投放的方向，应当在于系统推进制度变更本身，而非单纯地在局部的"单个域"进行低效率的"头痛医头，脚痛医脚"。

（三）司法改革交易成本的重视

资源配置应当关注交易成本，这是科斯定理的必然演绎。③ 换言之，必须寻求以相对较低的交易成本来获得较优的司法资源配置状况，这是司法改革的应有之义。而在目前的司法改革中，纯粹依据职权主义诉讼模式向当事人诉讼模式转变的应然分析，改革者往往倾向于从法官职能中分配部分的诉讼事项于当事人，以求解决法院面临案件爆炸不堪重负的局面。但在司法改革的法官—当事人的二元主体的单向思维中，这种剥离部分法官职能的做法忽视了切换主体之后交易成本的问题。即如果一项原本应由法官进行的行为转由当事人来承担，当事人是否会为此支出更多的行为成本？特别是在对外事项上，拥有职权优势的法官往往更容易获得外部的配合，而当事人却步履维艰。④

从目前司法改革推行的模式来看，改革是法院主导、采用自上而下方式推进的。这个时候，拥有改革权的法院，重视的仅仅是"诉讼成本的转嫁"而忽视转嫁成本之后的当事人进行相关诉讼行为的有效制度保障，"从而造成当事人因此所承受的诉讼成本是法院的几倍"。⑤ 但科斯定理表

---

① 〔美〕张五常：《中国前途》，香港信报出版社，1985，第206页。转引自艾佳慧《司法知识与法官流动——一种基于实证的分析》，《法制与社会发展》2006年第4期。

② 〔日〕青木昌彦：《比较制度分析》，周黎安译，上海远东出版社，2001，第236页。

③ 科斯定理认为，若交易成本为零，则无论进行何种资源配置都具有同等效率。

④ 典型共时性例子就是关于调查取证的问题，当事人在对外收集证据的时候，因缺乏足够有效的司法强制力保障，在支付了高昂的取证成本之后还是难以获得有效的证据。这种情况即使在已经获得专业律师的专职服务之后，也并未有足够的改善。笔者在受邀参与的多次律师研讨会上观察到，从律师研讨论文到律师间的会上和私下交流，律师们均存在关于收集证据时要看提供证据方"脸色"并实难有所收获的情况。

⑤ 吴杰：《民事诉讼机制改革与完善的法律经济分析》，《政治与法律》2000年第2期。

明这样的转化是违反效率原则的，即从优势配置转向了劣势配置，形成了负帕累托状态。当然，并不是说全部的行为均交由法院就是一个最优的配置，这就涉及如何设定一个转移的标准。由于法院稀缺资源的状况，如果过多将资源投放在外部的支付上，则可能拖延内部审判本身，这是一个体系效率的问题；反过来促使当事人可能会有这种激励要求自主推进这些诉讼行为。从最优配置的角度来看，这需要建立一个甄别交易成本转移效率的机制，可以预见通常这种转移存在一个行为距离的问题，即谁更接近这一行为，谁应当具有从事该行为的优势。从宪法经济学的角度来看，解决的方式是采用交易成本转移之前形成的双方有效的合意，依据"同意的计算"来获得接受转换的行为人的全面评估。①

　　而达成这种同意，显然是司法改革中不同利益群体互动的较低交易成本的机制。从目前的司法参与情况看，需要夯实的是当事人博弈机制以及作为群体的当事人不仅能够对司法改革进行发声，而且能有效地将自己意愿植入最终改革方案。② 被世界司法改革所称道的沃夫勋爵所领导的英国接近正义的司法改革，就是建立了一套包括"消费者、咨询机构、专业意见成员"的规则制定机构，以作为相对职业法律人士的平衡。③

（四）司法改革相互依存选择重视

1. 司法个体进化的机理

　　基于数理化和信息化理路的主流经济学，往往会因为利益的交涉而使得参与到行为中的主体存在紧张的竞争性关系。传统的诉讼法分析，也更

---

① 唐寿宁：《序言——公共选择理论：运用还是拓展》，载〔美〕詹姆斯·M. 布坎南、戈登·塔洛克《同意的计算——立宪民主的逻辑基础》，陈光金译，中国社会科学出版社，2000，第1～7页。

② 这在托克维尔关于避免崭新专制主义可能带来的政府"牧"民化趋势的方法中，有着深刻的印证：美国社会中能防止这种趋势的主要方法就是人民对政府各个机构所进行的政治参与。这种参与将会使得每个人都能看到独立个人的局限性，从而意识到与他人一起行动的必要性。我们主张建构的当事人参与司法改革机制，就是希望在参与过程中形成当事人相互支持以获得一种最终的微妙的自利——良好的司法制度，并借此使得司法改革能够获得良性循环。具体分析参见〔法〕托克维尔《论美国的民主》（上、下），董果良译，商务印书馆，1988。英文版参见 Tocqueville, *On Democracy in America*, Book Ⅱ, New York：Random House, Vintage, 1945, pp. 104, 109－113, 129－132。

③ Access to Justice：Final Report to the Lord Chancellor on the Civil Justice System in England and Wales（July 1996），at http：//www. dca. gov. uk/civil/final/contents. htm，2008－13－8。

多地将法院与当事人之间的关系描述为"职权抑或权利"的互为进退的格局。但这种线性的非此即彼状态，容易造成不同诉讼主体之间交互性行为的机械呆板且易滋生对立情绪。根据托马斯·谢林（Thomas C. Schelling）所阐述的相互依存的选择和行为理论，单个人的决定最终导致出乎人们意料的集体行为的现象。① 换言之，这使得依据个案研判的单人决策，可以形成一种具有通约意义的集体行为以供司法改革研讨。对于个案的审判法院而言，也同样可以视为存在这种现象。

在这一过程中，布坎南与范伯格阐述的"宪法约束下的制度演化"（constitutionally constrained evolution），② 是作为公众的当事人与作为制度变迁者的法院之间的互动。这必须建立在社会公众对于司法制度改革行为方式的明确认知的基础上：若无法获得公众的同意，司法改革注定会失败。作为社会制度的演进，法院对于其职权（不仅仅包括司法改革职权）的合法性源于社会公众对其强互惠行为的期望和委托这一事实也应有充分的认知。这也印证了学者所分析的社会演化轨迹：

> 制度的"理性设计"必须考虑到社会公众的自发演化状态，如果设计的制度与之一致，便会推进得顺利，但若与之相悖，就会显得相当艰巨，最后可能会被拖离其原先的设计目标，从而被锁定在低效率状态中。因此，在这样的博弈中，社会制度的演化的轨迹将可能呈现出非线性的点状均衡态势。③

2. 关于进化的适应性博弈原理

从依存主体之间的博弈互动，我们甚至可以推算出法官与当事人之间的资源配置情况。其具体机理如下：④

---

① See Thomas C. Schelling, *Micromotives and Macrobehavior*, New York: W. W. Norton, 2006.

② Buchanan, James M. and Viktor J. Vanberg, "Constitutional Implications of Radical Subjectivism," *The Review of Austrian Economics*, Vol. 15, 2002 (2/3), pp. 121 – 129.

③ 王覃刚：《关于强互惠及政府型强互惠理论的研究》，《经济问题》2007 年第 1 期。

④ 笔者系依据叶航教授关于利他者与利己者的进化博弈的思路而展开类推适用。具体参见叶航《利他行为的经济学解释》，《经济学家》2005 年第 3 期。但需要指出的是，叶教授提供的是一个具体的数值博弈结果（即 a = 5，b = −2），而本书进行了一般模式的拓展。而且，叶文关于公式的变量存在一个笔误，将 X/Y 误作 Y/X。——作者注

假设司法改革者中存在利他者和利己者,① 通过在各自交往过程中的不同损益博弈情况,从而计算出作为群体的利他者的进化适应性问题——因为上述的角色假设均包含了与一定比例的其他利他者以及剩余比例的其他利己者的交往。如果交往的合作剩余能够弥补两种角色扮演中的损失情况,则就会形成进化优势,反之就会使得进化优势丧失。

可以建构损益博弈矩阵表7-1来分析评估:

表7-1　利他者与利己者损益博弈

	利他者 Y	利己者 X
利他者 Y	a, a	b, 2a - b
利己者 X	2a - b, b	- a, - a

其中,a为正实数,b为负实数。这里假设了无论是何种角色的合作,获益总量是不变的,也就是随机的角色配置不会影响到利益总量的变化。可得:利己者的期望适应性 $EUX = -aX + (2a - b) Y$,利他者的期望适应性 $EUY = bX + aY$;当利己者与利他者之比为 $X/Y = (a + b) / (a - b)$ 时,每个个体的生存适应性都是一样的。如果利己者与利他者的比率小于 $(a + b) / (a - b)$,则利他者的适应性会增加而利己者的适应性会减少;反之,利己者与利他者之比大于 $(a + b) / (a - b)$,则利己者的适应性会增加而利他者的适应性会减少。

3. 司法改革中的资源投放效率

如上述分析,如果我们承认促进利他者的形成以及合作是司法改革可以实现的公平化取向,因为利他者合作之间存在着平等性 ($\pm a / \pm a \equiv 1$),而利他者与利己者之间存在极度不公平性 ($(| b / (2a - b) | \neq 1$, $| (2a - b) / b | \neq 1))$,利己者间的合作比利他者合作的效率水平要低 ($a > -a$);那么,对于司法改革的制度设计,就应当促进对于利他者合作所得a的增加,或者是利他者损失b的减少。基于函数 $X/Y = (a +$

① 这些利他者与利己者是按照个案的当事人和法院来设定的,不是将法院作为一个整体的国家司法系统来看待。

b)／(a-b) 的变化形态，从变化效率分析，促进负数 b 的减少比增加正实数 a 的数量，更有助于 X/Y 的增加。则司法改革资源的配置，应当是尽可能趋向于减少利他者在与利己者合作方面的损失。这就意味着，当法院是以减负的方式推行司法改革的时候，就应尽可能在制度配套方面，降低当事人因此而付出的成本，或者直接给予损失补偿。如：当法院采取简易程序结案的时候，应在诉讼费用方面给予当事人更多的抵减；当法官分配举证责任的时候，也应给予证明责任人更加宽松的举证时限，并给予其取证上的制度便利，如给予当事人申请法院调查令的机会等。

余　论

一　司法与选择

行文到此，笔者试图对中国民事司法自身进化完成这样的阐释：基于对民事诉讼当事人具体行为决策（选择体系中）的重视，倒过来演绎职权模式（甚至是超职权模式）下处于"被遗忘的角落"的当事人行为进路。虽然关于强化当事人主义的司法改革呼声不绝于耳，但国家或者说更为具体的拥有司法改革权的法院体系，却有可能将当事人主义视为推诿法院职权重负的管道，而非将当事人视为分担司法问题的合作对象。经济学的互利性合作往往更容易发生在个体与个体之间，却很难发生在组织与个体之间，因为二者之间不存在对等的量级，从而主要遏制了从个体到组织的单向诉求。这一经济学原理，也许更有助于我们清醒地走出对于司法改革推动者的完全无私的"玫瑰色幻想"。有鉴于此，更为现实的司法改革应当是塑造作为推动者的法院系统的"自利性合作"态势。① 这首先需要扭转个案当事人的零散状态，而走向一种司法群体聚合的态势，从而形

---

① 关于自利性合作的问题，主要是个体与组织之间会存在一种互惠甚至完全利他的行为。如果个体与组织能够彼此进行利他行为，则可以实现基于自利性要求的合作。See Bowles, Samuel and Herbert Gintis, "The Origins of Human Cooperation," at Peter Hammerstein, ed., *Genetic and Cultural Evolution of Cooperation*, Massachusetts: MIT Press, 2003, pp. 430 – 443.

成彼此对等的"法院——当事人"架构以及夯实这一架构所需要的合作能力基础；同时，考虑司法改革制度的获益者对于承担者的补偿扶助责任，如减轻了司法负担的法院应在释明过程中对于当事人的晓谕协助，也将是一个很有效率的制度配套措施。只有这样，司法改革才能够符合演进博弈中的合作剩余激励要求，并有效实现参与改革各方自发合作态势的形成。

所谓法治，最一般的理解就是"规则之治"，它的基本要求是所有公民都遵循一套公开颁行、普遍适用的行为准则行事，即便是国家政府及其职员也不能越雷池半步。通过这种规则的治理，政府及其职员个人的恣意受到了严格的限制，整个社会才得以在法律而不是在某个个人或阶层的治理下运转。要达到限制恣意的目的，依靠简单的令行禁止显然是不可能的——因为这类行为规范最后还是要通过某些人的作为才能变为现实，而设计精致、考虑周全的程序具有这种功能。通过"分化"与"独立"的过程，程序能够达至一种功能自治的状态，也就是说，为了达到一定目的而进行的活动，经过不断反复而自我目的化，而这种功能自治，正是程序限制恣意的基本制度原理。[①] 基于中国与欧洲在法文化上的对极性，[②] 规则之治往往会产生相当程度的异化，转而导向更具有地方熟人社会渗透特征，使得规则被限缩在彼此更为熟悉的习惯法或者自然法。加上宗族层面的利益要求和内部秩序维系的考虑，地方司法往往呈现出与国家行政普遍一体化适用相反的状态。法律作为地方性知识已经不仅局限在司法工作者裁判时候的解读，而实实在在地延伸到民间法架构中。

这实际上在司法层面上确立了经由诉讼解决纠纷的治理技术之正当性的经典命题。现今中国不断进行的法院现代化的努力就因为没有解决这一问题，致使发展反而变异成瓦解的原因，强化治理的企图也成为解构具体个案之中法官的权威基础的根源，以至于只有依靠外部资源和国家干预来重建司法。但显然，这种思路可能会再次沦入司法

---

① 季卫东：《法治秩序的建构》，中国政法大学出版社，1999，第16、17页。

② 滋贺秀三：《中国法文化的考察——以诉讼的形态为素材》，载〔日〕滋贺秀三等《明清时期的民事审判与民间契约》，王亚新等译，法律出版社，1998，第2~3页。

改革这个过于宏大的话题背景中。法官与当事人博弈因为市场化经济和世俗化政治的重现而成为一个既老又新的问题时，人们对之的态度就不可能不受到既有资源的影响。这是在进行具体的诉讼运行中可以获得的一种有效外部资源，但同时也应当警惕其可能的对于整个诉讼法治基础的侵蚀。

在交由制度选择的关口上，我们将对现实做何评估，又选择以何种路径来重建基层治理秩序以及它的规范意识？是沿用习惯性的两极思维，还是另辟新径？正确的选项当然是在正视现实的基础上进行改革，否则，历史就依然没有走出它曾经努力要走出的陷阱。而一个民主和理性的价值期盼当然是以承认而非否定或掠夺博弈各方的合理需求为前提的，它不力求以某种理念来重新安排有关强弱的秩序。因此，重要的就不再是以泛道德化的立场来谴责强者，或者将弱者变为强者，而是让利益相关者在新的话语平台上构建为各方所认可的博弈规范。因此，欲改善司法治理的质量，非单独强调增强司法权或当事人一方的权力，而是一个双向改造和提升的过程。一方面，基层司法组织要完成自身作为社区裁判公共权威主体的转换；另一方面，当事人转型为承担责任的公民主体。不过，这一任务确非依靠法院自身所能完成，甚至其作为路径依赖或社会示范的作用都可能有限，它需要配合以更为宏大的体制和文化变革，即"国家治理转型"。但治理的着力点，是交由法院还是当事人，则不仅是一个路标的问题，更是一个见证中国司法有序化的担当者生成的重要问题。当事人诉讼选择行为的夯实以及推行，将是一个司法自身活化的有效尝试，更是对于中国超职权司法运行模式的对症下药。如果将改革的任务放在被改革者身上，这种司法改革只会变异为被改革者既得利益的台面化的粉饰包装过程，其实质依旧不会有所动摇。事实上，这个命题本身也只有取向于依靠当事人自身的力量，因为当事人本身就属于不能改造者而只能是赋权者。否则司法改革的取向及其正当性就失去了"人本"的依托，而沦为政权调控的工具。而选择存在的预设体系，能够为当事人的公平行为以及司法的预先调控提供制度的空间，在强调第三极力量互动的现今社会改革大潮中，也将能够更好地平衡司法受众和司法施者的关系。但关键就在于这种选择能否有效实现微妙的互动，精巧地牵制博弈。

在经济学的分析视域中，"诱致性制度创新"理论认为制度内生于经济系统，而技术和人口影响的要素价格变化将导致制度变迁。[①] 制度依托的经济系统变化将会使得制度本身产生巨变。该理论其实非常近似于马克思主义政治经济学的"经济基础决定上层建筑"。当然，该理论细化了经济基础，指明了技术和人口两大核心要素的作用。在这个意义上，司法改革面临着来自经济交往频繁而引发的纠纷急剧的扩张，可以被理解为进入诉讼制度的人口增加；纠纷类型多元化以及处理关系的复杂，可以被解读为对纠纷解决技术提出更高的要求。在这个意义上，利用经济学分析司法改革，就有了方法论上的契合点，即如何在"量"和"器"两个核心要素层面，带来诱致性的司法制度创新。

由此，关于经济分析与司法改革，可以回归到诉讼法学者更为熟悉的话题，就是关于诉讼爆炸引发的司法当量配套，以及对于司法纠纷解决的公正性要求。与诉讼法研究不同，关于诉讼爆炸问题的经济分析，不会简单地停留在诉讼数量数据本身与诉讼机构和诉讼产品提供这个二维的层面。基于传统的需求供给的模型，也能够在直观层面获得诉讼法学上同等结论。但问题在于，简单的供需考察，并不足以回应复杂的显示状况。比如，微观层面的个案诉讼效率，诉讼审限制度设定；中观层面的诉讼审级配套；宏观层面的国家司法资源分配以及同其他国家提供公共产品的资源竞逐等。经济分析要求基于绩效考察来获得诉讼公共产品提供人的效率，要求基于流程速率来分析一审二审甚至再审是否会形成审级之间的"堵塞"问题，要求从公共财政的层面细分司法资源在国家预算层面可能获得的照顾，并形成最终的公共产品提供能力。这就使得局限于诉讼内部分析的诉讼法学，可能无法满足更为宏大的社会公共制度选择的需求；而散见于诉讼个案当事人的个体选择行为，可能会因为选择行为一致性而在群体意义上获得改变公共选择的巨大力量；此外，可能存在强度不等的私人

[①] Hayami and Ruttan, *Agricultural Development*, Baltimore, Md.: Johns Hopkins University Press, 1985. 转引自〔美〕A. 艾伦·斯密德《财产、权力和公共选择——对法和经济学的进一步思考》，黄祖辉等译，上海三联书店、上海人民出版社，2006，第360页。

选择行为与公共选择的信息交流介入，甚至复杂博弈互动。①

二　中国式选择及其适用解释

如果仅仅只是机械地对选择进行文义的识别，其实并不困难。诉讼层面最大的难题，在于选择主体的选择意愿以及选择对象的选项设定问题。这个问题往往在于可能呈现出的"双轨化"，就如东西方学者特殊的"东海西海，心理攸同"的异曲同工——费孝通在《乡土重建》中阐明的"上端皇权和下端绅权"的双轨政治所梳理的中国乡土秩序以及耶鲁大学阿克曼教授在《我们人民》"宪法政治和普通政治"的双轨理论所概述的美国宪政历史。上端诉讼制度设计的选项，并非最终下端诉讼两造具体适用的结果。这种背离并不能简单视为对于成文程序法律的一种破坏，而应当更为审慎地考察代表秩序倡导者与建构者的上层同秩序进行者和承受者的下层的可能的自治冲动和秩序耦合。

卢曼就将程序界定成为了法律性决定的选择而预备的相互行为系统。因为法律为了从人们脑海中浮现的具体行为的映像解脱出来，为了具有更抽象的概念性质，需要实现内在于概念性质之中的选择作用。② 此时，程序是作为一种特有的行为秩序而被立法者展开，并通过这种有效的选择程序来充填弥合抽象规范与具体案件的鸿沟。③ 如果承认在私人权益体系

① 诉讼行为的理论研究于 20 世纪 60 年代在德国的再次兴起证实了这种关系。由于德国法院在处理民事案件时的费时耗日，当局不得不设置各种专业委员会来探讨纠正民事司法效率低下的现象的手段和措施。各种专业委员会的提案主要涉及法院的诉讼指挥上的权限强化和当事人错失攻击防御时机的权利丧失处理问题。这些立法思想反映了究竟应该如何确定法院的权限和当事人自由的界限的动向。围绕该问题，存在对立的两个极端观点。其中的一个极端的见解是，法官不仅应积极地行使诉讼指挥权来取得强有力的地位，还应根据具体的衡平原则以及经济上的合理性，创造新的实体法律关系；与此对立的另一极端的意见则主张，支配着实体法的意思自治和私权自治原则，应该大量扩大适用于民事诉讼，因此在民事诉讼中，当事人可以根据自己的合意，要求法院做出某种裁判。参见 PeterArens、Hanns Prutting、吉野正三郎《德国民事诉讼法》，晃洋书房，1990，157～159 页。转引自刘荣军《德国民事诉讼行为论学》，载陈光中、江伟主编《诉讼法论丛》（第 1 卷），法律出版社，1998，第 392～393 页。

② N. Luhmann, op. cit., supra note5, S. 141, 日译本，第 158 页。转引自季卫东《法律程序的意义——对中国法制建设的另一种思考》，中国法制出版社，2004，第 27 页。

③ 季卫东：《法律程序的意义——对中国法制建设的另一种思考》，中国法制出版社，2004，第 27～28 页。

中个人是自己利益的最好判断者，以公共产品形式出现的法律制度就应当提供合理的选择条件和令选择人最满意的选择机制。法经济学的发展实际上是理性选择理论的应用、深化和反思的过程。[①] 正如哈耶克所说："个人是否自由，并不取决于他可选择的范围大小，而取决于他能否期望按其现有的意图形成自己的行动途径，或者取决于他人是否有权力操纵各种条件以使他按照行动者本人的意志而非他人的意志行事。"[②]

当然，费孝通先生开出的药方是进行地方自治和民主选择，这暗合了本书在解决民事诉讼类似的"双轨化"问题时提出的当事人自我选择、自我治理的路径。因为中国司法的问题并非当事人本身的问题，更大的症结在于以"法院为中心的叙事主义"，因为中国的诉讼承受了巨大的法院职权控制状态，而法院难以在实际的运行中体现出规范裁判者应有的能力以及权威。间杂着外部行政强权和寻租气氛的弥散，司法裁判权缺乏一种"整全主义"的完整视角，[③] 即在诉讼构造中需要明确的当事人与法院之间真正具有能动效能的关系。托克维尔就指出："从性质上来说，司法权自身不是主动的。要使它行动，就得推动它。"[④]

缺失对于当事人的有效关注和重视，对于民事诉讼而言不啻是悲剧性的：一方面，在民事纠纷解决过程中，代表公权对于私权审查介入的法院，往往会缺乏其介入私人权利空间的正当性（会带来谷口安平指出的公权力无法——平等介入私人矛盾的问题[⑤]）；另一方面，急剧爆炸的案

---

① 魏建等：《法经济学：基础与比较》，人民出版社，2004，第 2 页。

② 〔英〕哈耶克：《自由秩序原理》，邓正来译，生活·读书·新知三联书店，1997，第 6 页。

③ 阿克曼认为应当抛弃以法院为中心的职业叙事，代之以整全主义的视角。也就是说，不仅要关注最高法院对宪法的解释，还要关注总统和国会对宪法的解释，关注法院、国会和总统这三个机构之间的对话与互动。另外，必须在政治科学家、历史学家、哲学家和法律人之间建立桥梁，以便求得对美国宪法的整全主义理解。参见汪庆华《宪法与人民——从布鲁斯·阿克曼〈我们人民：奠基〉谈起》，《政法论坛》2005 年第 6 期。

④ 〔法〕托克维尔：《论美国民主》（上卷），董果良译，商务印书馆，1991，第 110 页。

⑤ 〔日〕谷口安平：《程序的正义与诉讼》，王亚新、刘荣军译，中国政法大学出版社，1996，第 105 页。

件数量，会因为法院职权的过度包揽并排斥私人运作的进入，而导致在操作层面上拥塞"接近司法"的通道。但作为私权人的两造如何进入司法裁判的空间，则存在一个能动程度的问题。这里面，既需要考察民事司法自身的运作态势需求，也需要获得操作性上的保障，才能够形成有效的诉讼架构。

学者对此提出了诸多的模式，如王亚新教授的"对抗与判定"，唐力教授的"对话与沟通"，试图通过建构两造之间与裁判者的三线信息流动和权责体系，实现民事诉讼结构之维的协调。某种意义上，这更加接近于后续学者们所推崇的"协同模式"抑或"和谐诉讼主义"。这些模式构造，在更多意义上阐述了在静态建构上的特点，特别关注当事人的权利同法官职权的划分，并强调在动态运作中可能的交错控制；但从司法运作的实际出发，这些在制度设计上可能趋于完美的权利配置出现的"弱势当事人"情形，使得权力往往更加容易侵蚀权利，导致了职权的强势和当事人权利的虚化或者减损。司法改革不仅应关注当事人在具体诉讼运行中的权利行使情形，更要关注其他异化行使情形——运用纯粹诉讼资源之外的其他社会资源来解决诉讼中可能的法律困境。

这种异化运作的态势，可以借由费孝通先生关于中国人"礼治秩序"的论述得到解释。"乡土社会秩序的维持，有很多方面和现代社会秩序的维持是不相同的。可是不同的并不是说乡土社会是'无法无天'的，或者说'无需规律'"，"乡土社会是'礼治'的社会"，"礼是社会公认的规范，……维持礼这种规范的是传统"。"如果我们对行为和目的之间的关系不加推究，只按照规定的方法去做，而且对于规定的方法带有不这样做就会有不幸的信念时，这套行为也就成了我们普通所谓'仪式'了。礼是按照仪式做的意思。"而现代司法所根植的法治思想，同乡土社会秩序的取向有所差异，虽然本质上的秩序观念并不会被动摇，但是达致制度的路径确是南辕北辙——礼是小范围的熟人习惯法，法治是大范围的陌生人普遍适用规范。由此，中国的礼法秩序其实被演绎成了更具有表述准确性的地方特色（localization）。① 诉讼所关注的纠纷解决秩序，在地方性的礼法观念看来，尤其在民事诉讼之上，将会被表达为当事人熟人间利益的平衡，此时自然法的观念自然优位于程序法秩序本身。当然，也有学者认为，乡民之间的纠纷解决倾向于选择"乡规民约"是因为"正式法……与乡土社会的社会逻辑并不一致，因此很难满足当事人的要求"。② 农民寻找并运用与其"知识结构"相适应的纠纷解决方式。因为程序操作本身的复杂性和隐含利益的特点，使得程序秩序并不会被绝对强化，而自然法意义上的民事利益裁判结果，才是最被熟人社会所关注的。

复兴于大航海时代的民商法（甚至可以溯源到更为久远的罗马法时代），为了更好地因应更为广阔交流领域的民商联系，必须选择一个更加公平的而不是掺杂了个人价值评判的实体利益裁判机制。由此，更加具有平等外观的程序制度理应成为最优化的制度选择。显然，多元化和生人化交流扩展之后，民事秩序逐步制度化为更加具有外表直接评价和摒除个人主观因素特质的程序。弗里德曼就断言，现代社会合法性的基础是程序性的。③ 或许我们可以得出结论，程序法的勃兴，本身就是一个去个人化因素、去主观化价值的过程。唯如此，才能够在普遍不信任的生人联系中，

---

① 小型的实证研究表明，在中国农村的样本乡村，法律和政策的信任比较的选项中，有36人（占26.09%）选择法律，另有24人（占17.39%）选择"政策"，还有69人（占50%）选择"都相信"，另9人没选。从这个结果看，在政策与法律的选择上，农民还是较多地倾向于相信法律。这说明，在当前农村，政策一统天下的格局已被打破，正在逐渐形成法律与政策相均衡的局面。但这个结果只是在法律与政策的比较上得出的，只能说明农民从道理（理论）上接受了"法律权威"论，并不代表他（她）们在生活中会正确运用法律武器，而且不相信法律的绝对人数（42人，占30.43%）仍然是一个不小的数据。但关于"你认为农村经济能发展起来主要靠什么"时，在给定的六项选择中（不定项选择，内容为政策、法律、科技、能人、干部、增加投资），"科技、政策、能人"在他们的回答中居前三位，选择的人数分别是102人（占73.91%），78人（占56.52%），60人（占43.48%）。选择"政策"的排在第二位，而选择"法律"的排在最末（第六位），这至少说明法律对农村经济改革的介入就比政策要逊得多。数据及分析来源：汪枫峰《转型期的贫困地区农民法律意识现状——对长安营乡农民法律意识现状的调查分析》，岳麓法学沙龙，http://www.lawsalon.net/? action - viewnews - itemid - 200，2008年7月7日。

② 梁治平：《乡土社会中的法律与秩序》，载王铭铭、王斯福主编《乡土社会的秩序、公正与权威》，中国政法大学出版社，1999，第45页。

③ 〔美〕弗里德曼：《法治、现代化和司法制度》，傅郁林译，载宋冰编《程序、正义与现代化——外国法学家在华演讲录》，中国政法大学出版社，1998，第140页。

建构普适性的同一标准和同一权利价值体系。选择的价值定位也才能够有
效实现，即选择者之间具有可操作性的制度平台——能够确保被普遍对等
适用的程序权利机制。

三　诉讼行为与社会行为的共生选择

　　诉讼作为一种社会行为，应当根植于社会行为选择的模式，来讨论中
国可能出现的诉讼选择行为问题。学者刘少杰就梳理了康有为、梁漱溟和
费孝通等人论述中国人社会行为方式的学说，得出中国人社会选择方式具
有亲情性、家族性、血缘性、圈子性和熟悉性等感性特征。[①] 这种感性选
择说呈现出与以西方理性选择为索引的最优化利益获得取向可能相背离的
选择样态，加上厚重的中国传统行为惯性，以及可能的在社会转轨压力甚
至于社会理念思潮的巨大冲击下，造成了特殊的诉讼文化样态和对讼社会
观感，将构成更多具有实然意义的"小文字"诉讼行为指引。而主流司
法改革所侧重的宏观"大文字"意义的法典法律建构，却较少地或者
"打折"式地发挥着具体诉讼行为指引功能。因此，在行为法学的意义
上，去更多观照经由最终具体当事人选择的结果，并尝试借助现代跨法学
学科技术，准确洞察选择行为背后动机、选择行为抉择时的规范示意、选
择人对选择选项的情景判断和样态描述以及可能的认知差异。这个思维的
过程，并不意味着后续的可能进行的无论在何种级别的司法规范或者司法
行为改革方法论上的"倒果为因"，而是避免简单地对症下药的"头痛医
头、脚痛医脚"的一厢情愿态改革，避免单纯只是依靠最终结果就贸然
进行改革内容建设而可能带来"多因一果"识别造成的南辕北辙。

　　具言到民事诉讼，传统学术研究所坚持的中国人"厌诉""以和为
贵"等纠纷解决文化观，似乎很容易让我们得出在程序选择权运用上，
纠纷当事人会"感性"地偏好于调解等方式。[②] 但在实证的数据中，并不

[①]　刘少杰：《中国社会转型中的感性选择》，《江苏社会科学》2001 年第 2 期。

[②]　大木雅夫尖锐地批评了这种观点的错误："一般说来，诉讼会吞噬时间、金钱、安逸和
　　朋友，对东西方而言，都是一种常识。国民性中的所谓'好讼'或'厌讼'倾向之说，
　　恐怕归根结底还是起因于学者的分类癖。"参见〔日〕大木雅夫《比较法》，范愉译，
　　法律出版社，1999，第 129 页。

完全支持这样的判断。黄宗智在清代样本地方实证考察民事案件纠纷解决情形时，所发现的是通过民间解决方式结案的情形均少于法庭裁决结案方式。① 实际上，可以在技术层面分析出诸多的理性因素。比如，法庭裁判能够提供相对中立而且权威的结果，法庭裁判结果的宣示作用导致在熟人社会的名誉恢复或者减损，法庭裁判可能使得相对缺乏纠纷解决能力的当事人获得比较公平参与和解纷空间，甚至于法庭纠纷解决成本会比庭外解决而放弃的利益性价比更高等。当然，在这个意义上，普遍的缺乏程序法制的中国清代民事诉讼过程，更多可能体现在参诉当事人的心理预期层面上。但是，这可能是在国家——个体之间关于诉讼的信息不对称状态下，当事人做出的最优决策。为此，这样的诉讼选择是最理性的。由此而言，交织于严重信息不对称状态的当事人诉讼选择行为，将很难在一个单纯理性选择或者感性选择的一元定位中进行纯粹的类型划分。一方面，在方法论的意义上，这要求分析者必须能够提供一种兼顾两种选择类型的工具；另一方面，妄图依靠先验的数据而精确性地预测未来当事人的行为亦是不可能的。不过，可以在一个群体性的意义上发现当事人行为的导向或者说普遍意义的群体性重复性行为，一种更加接近于韦森分析的"习俗"，②来获得凡勃伦（T. Veblen）"集中意识"（focus awareness）和"为大多数人所普遍接受的固定的思想习惯"③ 的诉讼行为习惯（usage）特征。

这实质上就是本书所坚持的一个法律经济分析的理路：通过经济学已经惯常化的模型总结，来探求基于人类行为的习惯性特点而可能给诉讼行为本身带来的更为全面的评估。"传统上，人们因为过分地注重所谓实质正义，常常倾向于超出法律去考虑正义问题，或者把法律与道德混为一谈，或者把法律语言翻译成道德语言，结果很容易忽视程序正义以及围绕程序正义建立的合理的制度。这种情形即使在今天仍然甚为突出，并使得

---

① 参见黄宗智《清代的法律、社会与文化：民法的表达与实践》，上海书店出版社，2007，第193页。

② 习俗作为一种"自发社会秩序"，其对象性即在人们的社会活动和交往中所呈现出的诸多"原子事态"中的同一性，一种演进博弈论者所理解的"演进博弈均衡"。参见韦森《习俗的本质与生发机制探源》，《中国社会科学》2000年第5期。

③ T. Veblen, *The Place of Science in Modern Civilization and Other Essays*, New York : Huebsch. , 1919, pp. 239 – 241.

在整个社会中建立起对程序和对实证法本身的尊重困难重重。"① 正如梁治平所言，且不论对这些原则的表述是否恰当，我们至少可以肯定，这类"原则"并非清代法典所独有，它们是私有制度的一般原则。② 通过这样的比附断定清代州县长官是在依例断案，似乎缺乏说服力。黄氏认为大清律例中包含了大量具有可操作性的民事规定，因为一方面，这些规定对民事案件的审断确实产生了影响，另一方面，律例中的惩罚措施在案件审理中极少被运用，因此它们只是具有"刑事"的假象。对这种现象，滋贺秀三认为主要是与国法有着共同的道德基础的"情理"在发挥作用，而这样的解释难道不是同样成立的吗？事实上，对于民事审判而言，大清律例的有关规定只是对各种民事违法行为表明了一种态度，这种态度在滋贺那里是"情理法"一体化的民事法源的组成部分，而在黄氏那里则变成了"民法原则"。由于实证研究所能提供的支持远不足以证明其论点，黄宗智提出了若干"抽象度颇高的理论观点"，但正如日本学者寺田浩明指出的，这些理论亦相当勉强：这种勉强"归根结底来自于越过听讼与民事习惯的大致对应这种事实性关系，而直接得出了'依法保护权利'这一规范性命题"。③

回溯前文提及的诉讼法历史，诉讼初始状态可以进行有力的比较说明。罗马法的要式诉讼，作为现代西方诉讼的鼻祖，④ 其运行诉讼程序的动力主要来自当事人之间的对抗，而不是法官的职权行为。这种解释就显得不太令人满意。而古罗马早期诉讼程序之所以采取了当事人主导的方式，或许与裁判者的"权威不足"存在一定关联。司法职位任期的短暂性和这些职位的高度流动性，⑤ 使得在任法官很难积累太高的权威，而这

① 梁治平：《法治：社会转型时期的制度建构——对中国法律现代化运动的一个内在观察》，中评网"梁治平个人主页"。

② 梁治平：《清代习惯法、国家与社会》，中国政法大学出版社，1996，第136页。

③ 〔日〕寺田浩明：《清代民事审判：性质及其意义——日美两国学者之间的争论》，王亚新译，载《北大法律评论》第一卷第二辑，第603~617页。

④ 吴泽勇：《诉讼程序与法律自治——中国古代民事诉讼程序与古罗马民事诉讼程序的比较分析》，《中外法学》2003年第3期。

⑤ 罗马有许多高级官吏在其所在部门承担重要的司法职能，但他们的官职任期只有一年，因此这些官职不能与一个永久的裁判所相比，只能作为在律师领袖中间迅速流转的一个循环职位。〔英〕梅因：《古代法》，沈景一译，商务印书馆，1996，第21页。

也许正是民主政治所要追求的效果。如果把推动诉讼运作的资源看作一个固定的量，那么它在裁判者与当事人之间的分配就呈现一个此消彼长的态势。法官权威不足，推动诉讼的力量就只有来自当事人了。但是从中国古代的情况出发，诉讼的进行完全掌控在司法工作人员手中，甚至于进行诉讼本身就是一件极其违反常理的做法，因而当事人并没有在诉讼中具有推动诉讼的行为能力以及外部社会资源依靠。在这个意义上，中西方在古代民事诉讼法裁判中，呈现出"权威不足"和"权威过剩"的不同状况。而现代之中国法治，则因为权威过剩时代所生成权威的条件已经缺失，基于诉本身的正当性已经得到强化，同时司法工作人员也被民间大众识别为公职人员，① 其权威可能同样供给不足。如果中国司法没有再向当事人本身靠拢，则将会有危及司法运行和信任基础的可能。在民事诉讼领域转归当事人模式，决不只是简单的诉讼模式转化，而是一种对于司法传统权威来源不足的补充。当然，制度程序本身设计的质量，能够形成有效的当事人对抗并推动诉讼信息合理流动，为最终裁判创设良好的裁判信息基础，也是获得现代司法裁判权威的一个管道。

　　这种当事人主导的诉讼程序，或许会被解释为自力救济在诉讼制度中的残留。但是考虑到即便到了公力救济完全取代私力救济的非常诉讼时期，仍然是当事人之间的"证讼"和反复的答辩、反答辩构成审判的主体，② 也许正如弗里德曼在进行现代法律界定时所提及的，基于权利意识与工具主义连结的现实趋势，精深博大的现代法律文化所呈现出的个人主义（individualism）特质，使得当事人于诉讼法领域完全成为具有法哲学意味的强主导者，即"每一个人都有权选择自己的生活方式，即在多种方式中作出自由选择"。③

① 即使不考虑在国家层面所设定的"为人民服务""人民公仆"的下位性角色定位，司法工作人员也仅仅是掌握裁判权的人员，其个人及其所扮演的角色并不具备古代中国出仕者的源于功名的显赫个人魅力权威或者"官大一级压死人"的官贵民轻的身份权威来源。

② 周枏：《罗马法原论》（下册），商务印书馆，1996，第922页。

③ 〔美〕弗里德曼：《法治、现代化和司法制度》，傅郁林译，载宋冰编《程序、正义与现代化——外国法学家在华演讲录》，中国政法大学出版社，1998，第141页。

附录1 关于诉讼行为选择调查 问卷与统计结果

一 问卷

答题要求：本问卷并非法律知识问答，只需要答题者依据自己的意愿进行选择。除了另外说明，以下选择题皆为单选。

1. 在一个案件中，存在两个诉讼选择方案 a 和 b：a 代表无任何风险的方案，对方当事人同意给出 3000 元和解数额；b 是继续进行诉讼，按照双方的情况分析，有 80% 的概率胜诉获得诉讼请求 4000 元，但存在20% 的概率为一无所获。

请问你选择：□a   □b

2. 在另外一起案件中，a 所代表的行动方案是提出的诉讼请求为3000 元，从事前的证据评估分析，预计有 25% 概率全部胜诉，赢得 3000元；b 所代表的行动方案是提出的诉讼请求为 4000 元，但是因为考虑法官的印象，有 20% 的概率全部胜诉。

请问你选择：□a   □b

3. 在第 2 题案件的诉讼证据取证过程中，作为被告的你需要付出一定的成本去获得一个证据，但即使这样获得证据也是要冒一定的取证不能的风险。

请问你：

□a 要求支付 6000 元费用，无法取得证据概率为 25%；

□b 依据取证情况的变动，可能被要求支付 4000 元或者 2000 元，无法取得证据的概率为 50%。

4. 依据山西省法院再审案件的处理情况，案件再审立案后的改判率为 30% 左右，平均再审维持率为 20% 左右，再审调解率平均为 6% 左右，和解撤诉等裁定结案率为 40% 左右。在你了解到这个数据之后，如果是在福建省申请再审，你在具体的再审诉讼程序中会如何选择：

□a 既然再审的维持率不高，则坚决要求申请再审

□b 既然再审的改判率不高，则申请再审意义不大

□c 坚持要求改判，不然就由法院最终判决

□d 能够和解调解就和解调解，让法院裁判结案风险较大

5. S 省的管辖异议申请的平均成功率为 10%，你作为当地的律师已经执业了多年。今年你打了 10 多个异议的官司结果均没有申请成功。目前，你再次遇到了需要申请异议的案件，当事人要你进行一下申请的预判，你会做出什么判断：

□a 异议申请成功　□b 异议申请失败　□c 还是难以下结论

二　调查情况说明

本次调查进行的时间为 2008 年 11 月 21 日下午选修课课间，调查对象为华侨大学法学院本科二年级学生，实际到课为 79 人，共计被调查者为 79 人。之所以选择这一样本进行调查，在于彼时被调查者已经修习了民事诉讼法课程，对于选项的各项内容和所涉及的专业知识能够比较了解，能够确保调查内容的可知悉性。而且调查对象为选修课程的学生，系由本级法学院本科生自由选课组成的混合班级，具有相当的代表性和随机性，符合调查取样的要求。

调查采用问卷形式进行，时间为 10 分钟。发出问卷 79 份，实际收回 79 份，有效问卷 79 份，有效回答 395 题，全部有效。

三　统计结果

诉讼行为选择调查问卷统计结果

	a	b	c	d
1	51/64.6	28/35.4	无	无
2	21/26.6	58/73.4	无	无

续表

	a	b	c	d
3	57/72.2	22/27.8	无	无
4	20/25.3	6/7.6	17/21.5	36/45.6
5	32/40.5	12/15.2	35/44.3	无

说明：/前数据为选择该选项人数，/后数据为人数所占总被调查人数比率。

附录 2　要词释义^①

一　法经济学分析

法经济学分析（Economic Analysis of Law）主要是 20 世纪 60 年代以后在美国形成的以芝加哥大学和耶鲁大学为代表的当代经济学，其中最为学术界所熟知的是以理查德·A. 波斯纳为代表的新芝加哥法经济学派。^②法经济学分析的最显著特点，就是将微观经济学的价格理论直接应用于法律研究，并推崇在效率特征基础上，个人是理性效用最大化者，以获得法律行为的边际收益大于或者等于边际成本。此时，法律规则提供了一种"价格"标准来供行为人理性取舍，即波斯纳指出的：从经济或者财富最大化角度出发，法律的基本功能在于改变参与非法活动的激励。^③ 将效率作为法律决策的实质目标，波斯纳开创性地将上述分析工具广泛地运用在宪法、财产法、合同法、侵权法、反垄断法、程序法等几乎可以涵盖各法学部门法的所有领域，使得法经济学分析作为一门学科的体系得以完全展示在世人眼中。

二　成本收益

成本收益（cost – benefit）是进行微观经济学分析的基础，指的是一

---

① 由于本书属于跨越经济学和法学的交叉学科研究，为了避免跨界研究可能的关于重要词汇理解上的差异，笔者在此摘录一些高频度出现的法律经济分析涉及的重要词汇进行解释。挂一漏万之处，还恳请阅读者见谅。

② 这个时代就是芝加哥大学法学院新法经济学时代，区别于之前 20 世纪 20 年代的旧法经济学时代。

③ Richard A. Posner, *Analysis of Law*, London：Little Brown and Company, 1985, p. 75.

种经济行为的费用分析法。通常行为人在进行一定行为时，应当同时考虑该行为的投入以及可能的收益，并比较二者的大小。行为人的基本行为准则就是行为收益大于成本。而将成本收益的范围扩展开来，几乎所有的人类行为均可以采用成本收益的比较进行分析。法经济学分析也是以法律行为的成本收益作为分析的基础，考察行为人在具体法律行为中的成本收益状态，并作为评价规定该行为的法律制度运作效果的重要指标。

本书涉及成本收益的地方，主要有当事人行为选择的成本收益模型和诉讼和解中的成本收益比较。

三　均衡

均衡（equalization）一词由经济学家马歇尔从物理学中引入，原指物体在受外力作用时，因力的抵消而相对静止的状态。经济学中的均衡指研究对象的各个变量达到了一种临界状态，任何改变都不能比这种状态更好。比如，商品的定价会影响到其销售数量，那么商家获得最大利润的价格，应设定在价格曲线与销售曲线相交的地方，即需求价格与供给价格一致，这就形成了均衡。因此，均衡实际上是建立一种参照系，用以比较何种状态更优的概念。

本书涉及均衡概念的地方较多：既包括宏观上诉讼定价与当事人接近司法所能够承受的价格的均衡，也涵盖个案和解方案中一方当事人与另外一方当事人的成本收益同时能够达到最大化的均衡，还包括举证策略中当事人应当在举证成本与举证获益相当时提出证据的均衡。

四　博弈

博弈论（Game Theory）作为分析对方反应的"对策行为论"，指的是在考虑自身约束条件的同时也考察对方行为的约束函数（即使是假设性的），从而在个人理性最大化的目标下来评估对方应当进行的最优化反应，并据此获得自我行为价值最大化。博弈论所关注的信息不对称和对策行为是法经济学分析的基础——交易成本的最主要来源，在分析中将这两种交易成本的生成源泉结合在一起，并且运用数学工具使不同法律规则的交易成本分析更加明确，由此获得的立法建议亦更具可操作性。博弈论还解决了传统经济分析缺乏整体性分析的困局，通过参与人的最大化行为是所有参与人最大化行为的函数，使得个人的函数中包含了整体的影响，极大缓解了对法经济学仅强调效率价值的批评。[①]

本书涉及博弈概念的地方，主要有证据开示博弈和证明责任分配博弈。

五 信息不对称

信息不对称（theory of asymmetric information）是指在市场经济活动中，市场中卖方比买方更了解有关商品的各种信息，掌握更多信息的一方可以通过向信息贫乏的一方传递可靠信息而在市场中获益，买卖双方中拥有信息较少的一方会努力从另一方获取信息，市场信号显示在一定程度上可以弥补信息不对称的问题。信息不对称构成了现代信息经济学的核心，并能够用以描述法律运作过程中，行为人之间的信息状态，并可以通过研究信息不对称的化解，来预测行为人的反应行为。

本书涉及信息不对称概念的地方，主要是在诉讼知情体系中，各方当事人之间关于案件事实以及证明这些事实的相关证据信息的知悉程度，以及在不同的诉讼模式下，通过证据规则和程序对于诉讼信息不对称状态的化解。

六 行为心理

行为心理（Behavior Psychology）是指人对应于特定的外部刺激而产生的一种能够引发一定行为的意识反应。这一定义属于行为主义心理学范畴，重点考察的是客观的心理意识与行为反应之间的规律性关系。[②] 由于行为心理的研究方法摈弃内省，主张采用客观观察法，这就契合了法学研究所关注的行为人在具体法律制度下如何反应的路径，进而可以成为考察法律制度施行效果的重要指标。

本书涉及行为心理的地方，主要有当事人个人偏好、偏见和直观推断等。

---

① 魏建：《法经济学分析范式的演变及其方向瞻望》，《学术月刊》2006 年第 7 期。

② Kvale, S., "Postmodern Psychology: A Contradiction in Terms?" In S. Kvale ed., *Psychology and Postmodernism*, London: Sage, 1992, pp. 31 – 57.

七　行为法律经济学

行为经济学（the Behavioral Law and Economic），主要是依据行为经济学的理论对法律提出具体的模型和方法，而行为经济学源自经由实证研究来获得行为人的具体行为数据，并据此形成对于未来行为选择的判断。[1] 在这个意义上，行为法律经济学能够为法经济学分析带来重大的假设突破，即超越理性人假设，而走向一种"可检验的预测"的真实人解释。[2] 行为法律经济学所包含的内容有两个方面，一方面解释造成限制行为人进行理性选择的环境和因素，以此构建良好的法律外部环境；另一方面"应用行为科学的结论，判断法律规则约束下行为人的反应说明法律规则的效果，进而为法律规则的选择提供依据"。[3]

八　愿景理论

愿景理论由基准点（Reference Points）和框架效应（Framing Effect）两个核心概念组成，用以说明不同基准点下的行为效应。[4] 这一理论构成了行为法律经济学的基础，可以用来解释面临不同选择时，当事人可能的心理决策规律：当面临收益时，更多的当事人选择规避风险，当面临损失时，更多的当事人偏好风险。

本书涉及愿景理论的地方，主要是用以评估当事人的诉讼恶意心理。

---

[1] Korobkin, Russell B. and Ulen, Thomas S., "Law and Behavioral Science: Removing the Rationality Assumption from Law and Economics," *California Law Review*, 2000 (88), pp. 1051 – 1144.

[2] 克里斯丁·杰罗斯、凯斯·R. 桑斯坦、理查德·H. 塞勒：《行为法律经济学的进路》，载桑斯坦《行为法律经济学》，涂永前等译，北京大学出版社，2006，第 15 ~ 19 页。

[3] 魏建：《当代西方法经济学的分析范式研究》，西北大学理论经济学博士论文，2001，第 156 页。

[4] 这一理论源于一个著名的实验：当行为人被要求在获得 240 美元和以 25% 的概率获得 1000 美元之间进行选择时，84% 的人选择了前者，尽管后者的预期效用 250 美元比前者还多 10 美元。而当被要求在损失 750 美元和以 75% 的概率损失 1000 美元之间进行选择时，87% 的人选择了后者，但二者的预期效用是一样的。See Kahneman, Daniel and Tversky, Amos, "Prospect, Theory: An Analysis of Decision under Risk," *Econometrics*, 1979 (47), pp. 264 – 291.

九　理性人假设

理性人假设是最重要的经济学假设。由于"经济学是人类在一个资源有限、不敷需要的世界中进行选择的科学",经济学被视为一门关于我们这个世界的理性选择的科学（the science of rational choice）,即资源相对于人类欲望是有限的,资源具有稀缺性。理性人假设可以具体描述为:人是对自己的满足,也即我们通常所讲的"自我利益"（self‐interest）的理性的、最大限度的追求者。该假设还隐含了"人是其自利的理性最大化者"的暗示,即人们会对激励（incentive）做出反应——如果一个人通过改变其行为就能增加他的满足,那他就会这样去做。这就是法律经济学的逻辑起点。①

① 蒋兆康:《中文版译者序言》,载〔美〕理查德·A. 波斯纳《法律的经济分析》,蒋兆康译,中国大百科全书出版社,1997,第 15 页。

参考文献

一　中文类参考文献

（一）著作类

[1] 常怡主编《民事诉讼法学》（修订版），中国政法大学出版社，2002。

[2] 常怡主编《比较民事诉讼法》，中国政法大学出版社，2004。

[3] 陈朴生：《刑事诉讼法实务》（增订版），台湾海天印刷厂有限公司，1981。

[4] 陈荣宗、林庆苗：《民事诉讼法》，三民书局，1996。

[5] 陈桂明：《诉讼公正与程序保障——民事诉讼程序之优化》，中国法制出版社，1996。

[6] 陈刚主编《比较民事诉讼法：2007~2008年合卷》，中国法制出版社，2008。

[7] 陈宗明、黄华新：《符号学导论》，河南人民出版社，2004。

[8] 陈舜：《权利及其维护》，中国政法大学出版社，1999。

[9] 程春华主编《民事证据法专论》，厦门大学出版社，2002。

[10] 程燎原、王人博：《权利及其救济》，山东人民出版社，1998。

[11] 蔡彦敏、洪浩：《正当程序法律分析——当代美国民事诉讼制度研究》，中国政法大学出版社，2000。

[12] 董志勇：《行为经济学》，北京大学出版社，2008。

[13] 丁尔苏：《语言的符号性》，外语教学与研究出版社，2000。

[14] 范愉：《非诉讼纠纷解决机制研究》，中国人民大学出版社，2000。

[15] 范愉：《多元化纠纷解决机制》，厦门大学出版社，2005。

［16］范季海：《批判法学》，法律出版社，2008。

［17］冯玉军：《法律的成本效益分析》，兰州大学出版社，2000。

［18］冯文生：《推理与诠释——民事司法技术范式研究》，法律出版社，2005。

［19］顾培东：《社会冲突与诉讼机制》，法律出版社，2004。

［20］高鸿业：《西方经济学》（第三版），中国人民大学出版社，2005。

［21］公丕祥：《马克思法哲学革命》，浙江人民出版社，1987。

［22］何兵：《现代社会的纠纷解决》，法律出版社，2003。

［23］何家弘、刘品新：《证据法学》，法律出版社，2004。

［24］黄维幸：《法律与社会理论的批判》，时报文化出版公司，1991。

［25］黄宗智：《清代的法律、社会与文化：民法的表达与实践》，上海书店出版社，2007。

［26］怀效锋：《司法惩戒与保障》，法律出版社，2006。

［27］江平：《民事审判方式改革与发展》，中国法制出版社，1998。

［28］江伟：《中国民事诉讼法专论》，中国政法大学出版社，1998。

［29］姜世明：《民事程序法之发展与宪法原则》，元照出版有限公司，2003。

［30］季卫东：《法治秩序的建构》，中国政法大学出版社，1999。

［31］季卫东：《法律程序的意义——对中国法制建设的另一种思考》，中国法制出版社，2004。

［32］季卫东：《正义思考的轨迹》，法律出版社，2007。

［33］江伟主编《民事诉讼法》，高等教育出版社，2005。

［34］梁慧星：《民法总论》，法律出版社，2001。

［35］梁慧星：《中国民法典草案建议稿附理由书》（侵权行为篇继承篇），法律出版社，2004。

［36］梁治平：《清代习惯法、国家与社会》，中国政法大学出版社，1996。

［37］梁治平编《法律解释问题》，法律出版社，1998。

［38］李循编《法律社会学》，中国政法大学出版社，1998。

［39］李祖军：《民事诉讼目的论》，法律出版社，2000。

[40] 李浩：《民事诉讼制度改革研究》，安徽人民出版社，2001。

[41] 李浩：《民事证明责任研究》（修订本），法律出版社，2003。

[42] 李红海：《普通法的历史解读——从梅特兰开始》，清华大学出版社，2003。

[43] 李瑜青等：《法律社会学经典研究》，上海大学出版社，2005。

[44] 李木贵：《民事诉讼法》，三民书局，2006。

[45] 李省龙：《法经济学分析范式研究》，中国社会科学出版社，2007。

[46] 李祖军：《契合与超越——民事诉讼若干理论与实践》，厦门大学出版社，2007。

[47] 刘荣军：《程序保障理论视角》，法律出版社，1999。

[48] 刘敏：《原理与制度：民事诉讼法修订研究》，法律出版社，2009。

[49] 潘维大、刘文琦：《英美法导读》，法律出版社，2000。

[50] 钱弘道：《跨越法律和经济》，法律出版社，2003。

[51] 钱弘道：《经济分析法学》，法律出版社，2005。

[52] 邱联恭：《司法之现代化与程序法》，三民书局，1992。

[53] 邱联恭：《程序制度机能论》，三民书局，1996。

[54] 邱联恭：《程序选择权论》，三民书局，2000。

[55] 齐树洁：《英国民事司法改革》，北京大学出版社，2004。

[56] 齐树洁主编《美国司法制度》，厦门大学出版社，2006。

[57] 齐树洁：《英国司法制度》，厦门大学出版社，2007。

[58] 齐树洁主编《英国证据法》（第二版），厦门大学出版社，2014。

[59] 沈宗灵：《现代西方法理学》，北京大学出版社，1992。

[60] 苏力：《法治及其本土资源》，中国政法大学出版社，1996。

[61] 苏力：《送法下乡——中国基层司法制度研究》，中国政法大学出版社，2000。

[62] 苏力：《法治及其本土资源》（修订版），中国政法大学出版社，2004。

[63] 盛洪：《现代制度经济学》，北京大学出版社，2004。

[64] 舒远招、朱俊林：《系统功利主义的奠基人——杰里米·边沁》，河北大学出版社，2005。

[65] 田平安：《程序正义初论》，法律出版社，2003。

［66］田平安主编《民事诉讼法原理》，厦门大学出版社，2005。

［67］汤维建：《美国民事司法制度与民事诉讼程序》，中国法制出版社，2001。

［68］汤维建：《美国民事诉讼规则》，中国检察出版社，2003。

［69］汤维建等：《民事诉讼法全面修改专题研究》，北京大学出版社，2008。

［70］唐力：《民事诉讼构造研究——以当事人与法院作用分担为中心》，法律出版社，2006。

［71］唐力主编《民事诉讼法精要与依据指引》（增订版），北京大学出版社，2011。

［72］魏建等：《法经济学：基础与比较》，人民出版社，2004。

［73］魏建：《法经济学：分析基础与分析范式》，人民出版社，2007。

［74］魏建、周林彬主编《法经济学》，中国人民大学出版社，2008。

［75］王亚新：《对抗与判定：日本民事诉讼的基本结构》，清华大学出版社，2002。

［76］王亚新：《社会变革中的民事诉讼》（增订版），北京大学出版社，2014。

［77］王宏昌编译《诺贝尔经济学奖金获得者讲演集》，中国社会科学出版社，1994。

［78］王景琦：《欧美民事诉讼程序》（英文版），法律出版社，1998。

［79］王荣江：《未来科学知识论——科学知识"不确定性"的历史考察与反思》，社会科学文献出版社，2005。

［80］武建敏：《司法理论与司法模式》，华夏出版社，2006。

［81］薛波主编《元照英美法词典》，法律出版社，2003。

［82］徐亚文：《程序正义论》，山东人民出版社，2004。

［83］徐昕译：《英国民事诉讼规则》，中国法制出版社，2001。

［84］徐昕：《论私力救济》，中国政法大学出版社，2005。

［85］徐爱国：《分析法学》，法律出版社，2005。

［86］徐国栋：《人性论与市民法》，法律出版社，2006。

［87］杨宗科：《法律机制论：法哲学与法社会学研究》，西北大学出版

社，2000。

[88] 易继明：《私法精神与制度选择》，法律出版社，2003。

[89] 章武生：《民事私法现代化的探索》，中国人民公安大学出版社，2005。

[90] 张晋藩：《中国民事诉讼制度史》，巴蜀出版社，1994。

[91] 张军：《现代产权经济学》，上海三联书店、上海人民出版社，1994。

[92] 张乃根：《经济分析法学——评价及其比较》，上海三联书店，1995。

[93] 张乃根：《法经济学——经济学视野里的法律现象》，中国政法大学出版社，2003。

[94] 张卫平、陈刚：《法国民事诉讼法导论》，中国政法大学出版社，1997。

[95] 张卫平：《诉讼构架与程式——民事诉讼的法理分析》，清华大学出版社，2000。

[96] 张卫平：《探究与构想——民事司法改革引论》，人民法院出版社，2003。

[97] 张卫平：《转换的逻辑：民事诉讼体制转型分析》（修订版），法律出版社，2007。

[98] 张卫平：《民事诉讼：回归原点的思考》，北京大学出版社，2011。

[99] 张文显：《法理学》，高等教育出版社，2003。

[100] 张维迎：《博弈论与信息经济学》，上海三联书店、上海人民出版社，2004。

[101] 张建伟：《司法竞技主义——英美诉讼传统与中国庭审方式》，北京大学出版社，2005。

[102] 周其仁：《产权与制度变迁——中国改革的经验研究》，北京大学出版社，2004。

[103] 周枏：《罗马法原论》，商务印书馆，2002。

[104] 左卫民：《变迁与改革：法院制度现代化研究》，法律出版社，2000。

[105] 赵世义：《资源配置与权利保障——公民权利的经济学研究》，陕西人民出版社，1998。

[106] 朱智贤：《心理学文选》，人民教育出版社，1989。

[107] 〔日〕谷口安平：《程序的正义与诉讼》，王亚新、刘荣军译，中

国政法大学出版社，1996。

［108］〔日〕三ヶ月章：《日本民事诉讼法》，汪一凡译，五南图书出版公司，1997。

［109］〔日〕滋贺秀三等：《明清时期的民事审判与民间契约》，王亚新等译，法律出版社，1998。

［110］〔日〕大木雅夫：《比较法》，范愉译，法律出版社，1999。

［111］〔日〕青木昌彦：《比较制度分析》，周黎安译，上海远东出版社，2001。

［112］〔日〕高桥宏志：《民事诉讼法：制度与理论的深层分析》，林剑峰译，法律出版社，2003。

［113］〔日〕棚濑孝雄：《纠纷的解决与审判制度》，王亚新译，中国政法大学出版社，2004。

［114］〔日〕小岛武司：《诉讼制度改革的法理与实证》，陈刚、郭美松等译，法律出版社，2005。

［115］〔英〕彼得·斯坦、约翰·香德：《西方社会的法律价值》，王献平译，中国法制出版社，2004。

［116］〔英〕E.A. 马丁：《牛津法律词典》，上海外语教育出版社，2007。

［117］〔英〕罗杰·科特威尔：《法律社会学导论》，潘大松等译，华夏出版社，1989。

［118］〔英〕拉卡托斯：《科学研究纲领方法论》，兰征译，上海译文出版社，1999。

［119］〔英〕梅因：《古代法》，沈景一译，商务印书馆，1959。

［120］〔英〕马尔科姆·卢瑟福：《经济学中的制度》，陈建波等译，中国社会科学出版社，1999。

［121］〔英〕哈耶克：《自由秩序原理》，邓正来译，生活·读书·新知三联书店，1997。

［122］〔英〕哈特：《法律的概念》，张文显等译，中国大百科全书出版社，1996。

［123］〔英〕培根：《新工具》，赵国华译，延边人民出版社，1999。

［124］〔英〕迈克尔·阿林厄姆：《选择理论》，陆赟译，译林出版社，2013。

［125］〔英〕威廉·配第：《配第经济著作选集》，陈冬野等译，商务印书馆，1981。

［126］〔英〕韦恩·莫里森：《法理学》，李桂林等译，武汉大学出版社，2003。

［127］〔英〕约翰·巴罗：《不论——科学的极限与极限的科学》，李新洲等译，上海科学技术出版社，2000。

［128］〔英〕约翰·密尔：《论自由》，许宝骙译，商务印书馆，2005。

［129］〔英〕彼得·斯坦、约翰·香德：《西方社会的法律价值》，王献平译，中国法制出版社，2004。

［130］〔英〕朱克曼：《危机中的民事司法：民事诉讼程序的比较视角》，傅郁林等译，中国政法大学出版社，2005。

［131］〔英〕詹妮·麦克埃文：《现代证据法与对抗式程序》，蔡巍译，法律出版社，2006。

［132］〔美〕R. M. 昂格尔：《现代社会中的法律》，吴玉章、周汉华译，译林出版社，2001。

［133］〔美〕西奥多·W. 阿道诺等：《权力主义人格》，李维译，浙江教育出版社，2002。

［134］〔美〕罗伯特·C. 埃里克森：《无需法律的秩序——邻人如何解决纠纷》，苏力译，中国政法大学出版社，2003。

［135］〔美〕罗伯特·阿克塞尔罗德：《合作的复杂性：基于参与者竞争与合作模型》，梁捷、高笑梅等译，上海人民出版社，2007。

［136］〔美〕贝拉等：《心灵习性：美国生活中的个人主义和公共责任》，翟宏彪等译，生活·读书·新知三联书店，1991。

［137］〔美〕理查德·A. 波斯纳：《法理学问题》，苏力译，中国政法大学出版社，1994。

［138］〔美〕理查德·A. 波斯纳：《法律的经济分析》，蒋兆康译，中国大百科全书出版社，1997。

［139］〔美〕理查德·A. 波斯纳：《证据法的经济分析》，徐昕、徐昀译，中国法制出版社，2001。

［140］〔美〕理查德·A. 波斯纳：《正义/司法的经济学》，苏力译，中国

政法大学出版社，2002。

[141]　〔美〕埃里克·A. 波斯纳：《法律与社会规范》，沈明译，中国政
　　　　法大学出版社，2004。

[142]　〔美〕威廉·M. 兰德斯、理查德·A. 波斯纳：《侵权法的经济结
　　　　构》，王强、杨媛等译，北京大学出版社，2005。

[143]　〔美〕哈罗德·伯曼主编《美国法律讲话》，陈若桓译，读书·生
　　　　活·新知三联书店，1988。

[144]　〔美〕贝克尔：《人类行为的经济分析》，王亚宇、陈琪译，上海
　　　　三联书店、上海人民出版社，1995。

[145]　〔美〕迈克尔·D. 贝勒斯：《程序正义——向个人的分配》，邓海
　　　　平译，高等教育出版社，2005。

[146]　〔美〕拜尔等：《法律的博弈分析》，严旭阳译，法律出版社，1999。

[147]　〔美〕博登海默：《法理学：法律哲学与法律方法》，邓正来译，中国
　　　　政法大学出版社，1999。

[148]　〔美〕唐·布莱克：《社会学视野中的司法》，郭星华等译，法律
　　　　出版社，2002。

[149]　〔美〕布莱克：《法律的运作行为》，唐越、苏力译，中国政法大
　　　　学出版社，1994。

[150]　〔美〕小卢卡斯·A. 鲍威：《沃伦法院与美国政治》，欧树军译，
　　　　中国政法大学出版社，2005。

[151]　〔美〕巴斯卡哥利亚、赖特利夫：《发展中国家的法与经济学》，
　　　　赵世勇、罗德明译，法律出版社，2006。

[152]　〔美〕采泽尔凯：《用数字证明——法律和诉讼中的实证方法》，
　　　　黄向阳译，中国人民大学出版社，2008。

[153]　〔美〕布朗、杜奎德：《信息的社会层面》，王铁生、葛立成译，
　　　　商务印书馆，2003。

[154]　〔美〕米尔建·R. 达马斯卡：《漂移的证据法》，李学军、刘晓丹
　　　　等译，中国政法大学出版社，2003。

[155]　〔美〕达马斯卡：《比较法视野中的证据制度》，吴宏耀等译，中
　　　　国人民公安大学出版社，2006。

［156］〔美〕大卫·D. 弗里德曼：《经济学语境下的法律规则》，杨欣欣译，法律出版社，2004。

［157］〔美〕弗里德曼：《选择的共和国——法律、权威与文化》，高鸿钧等译，清华大学出版社，2005。

［158］〔美〕林顿·G. 弗里曼：《社会网络分析发展史：一项科学社会学的研究》，中国人民大学出版社，2008。

［159］〔美〕朱·弗登博格、戴维·K. 莱文：《博弈学习理论》，肖争艳、侯成琪译，中国人民大学出版社，2004。

［160］〔法〕皮埃尔·布迪厄、〔美〕华康德：《实践与反思：反思社会学导引》，李猛、李康译，中央编译出版社，1998。

［161］〔美〕小查尔斯·F. 亨普希尔：《美国刑事诉讼》，中国政法大学教务处，1984。

［162］〔美〕吉尔兹：《地方性知识》，王海龙、张家瑄译，中央编译出版社，2004。

［163］〔美〕菲利普·津巴多等：《津巴多普通心理学》，张文宏、刘军、王卫东译，中国人民大学出版社，2008。

［164］〔美〕本杰明·卡多佐：《司法过程的性质》，苏力译，商务印书馆，1998。

［165］〔美〕盖多·卡拉布雷西著《悲剧性选择：对稀缺资源进行悲剧性分配时社会所遭遇到的冲突》，徐品飞、张玉华、肖逸尔译，北京大学出版社，2005。

［166］〔美〕戴维·鲁本：《法律现代主义》，苏亦工译，中国政法大学出版社，2004。

［167］〔美〕约翰·罗尔斯：《作为公平的正义——正义新论》，姚大志译，上海三联书店，2002。

［168］〔美〕罗尔斯：《正义论》，何怀宏等译，中国社会科学出版社，1988。

［169］〔美〕乔治·雷瑟：《社会学理论》，马康庄、陈信木译，巨流图书股份有限公司，1988。

［170］〔美〕丹尼斯·C. 缪勒：《公共选择理论》，杨春学等译，中国社会科学出版社，1999。

[171] 〔美〕罗宾·保罗·麦乐怡:《法与经济学》,孙潮译,浙江人民出版社,1999。

[172] 〔美〕罗杰·B. 迈尔森:《博弈论:矛盾冲突分析》,于寅、费剑平译,中国经济出版社,2001。

[173] 〔美〕麦考罗、曼德姆:《经济学与法律——从波斯纳到后现代主义》,吴晓露等译,法律出版社,2005。

[174] 〔美〕马洛伊:《法律和市场经济——法律经济学的价值的重新阐释》,钱弘道、朱素梅译,法律出版社,2006。

[175] 〔美〕皮特·纽曼主编《新帕尔格雷夫法经济学大辞典》,许明月等译,法律出版社,2005。

[176] 〔美〕弗兰克·H. 奈特:《风险、不确定性与利润》,安佳译,商务印书馆,2006。

[177] 〔美〕诺思:《西方世界的兴起》,厉以平译,华夏出版社,1999。

[178] 〔美〕罗斯科·庞德:《普通法精神》,唐前宏等译,法律出版社,2001。

[179] 〔美〕罗斯科·庞德:《法律史解释》,邓正来译,中国法制出版社,2002。

[180] 〔美〕乔治·霍兰·萨拜因:《政治学说史》,盛葵阳、崔妙因译,商务印书馆,1986。

[181] 〔美〕凯斯·R. 孙斯坦:《法律推理与政治冲突》,金朝武、胡爱平、高建勋译,法律出版社,2004。

[182] 〔美〕苏本等:《民事诉讼法——原理、实务与运作环境》,傅郁林等译,中国政法大学出版社,2004。

[183] 〔美〕斯蒂格利茨:《经济学》,梁小民、黄险峰译,中国人民大学出版社,2000。

[184] 〔美〕A. 艾伦·斯密德:《财产、权力和公共选择——对法和经济学的进一步思考》,黄祖辉等译,上海三联书店、上海人民出版社,2006。

[185] 〔美〕桑斯坦:《行为法律经济学》,涂永前等译,北京大学出版社,2006。

［186］〔美〕迈克尔·O. 芬克尔斯坦：《律师统计学》（第 2 版），袁卫、钟卫译，中国人民大学出版社，2008。

［187］〔美〕约翰·R. 赛尔：《社会实在的建构》，李步楼译，上海人民出版社，2008。

［188］〔美〕托依布纳：《法律：一个自创生系统》，张骐译，北京大学出版社，2004。

［189］〔美〕戈登·塔洛克：《寻租——对寻租活动的经济学分析》，李政军译，西南财经大学出版社，1999。

［190］〔美〕图洛克：《特权和寻租的经济学》，王永钦、丁菊红译，上海人民出版社，2008。

［191］〔美〕克里斯托弗·沃尔夫：《司法能动主义——自由的保障还是安全的威胁?》，黄金荣译，中国政法大学出版社，2004。

［192］〔美〕H. A. 西蒙：《管理行为——管理组织决策过程的研究》，杨砾等译，北京经济学院出版社，1991。

［193］〔美〕詹姆斯·M. 布坎南、戈登·塔洛克：《同意的计算——立宪民主的逻辑基础》，陈光金译，中国社会科学出版社，2000。

［194］〔美〕张五常：《经济解释》，中信出版社，2010。

［195］〔法〕罗兰·巴特尔：《符号学原理》，王东亮等译，读书·新知·生活三联书店，1999。

［196］〔法〕卢梭：《社会契约论》，何兆武译，商务印书馆，2003。

［197］〔法〕埃德加·莫兰：《方法：思想观念——生境、生命、习性与组织》，秦海鹰译，北京大学出版社，2002。

［198］〔法〕阿尔贝特·施韦哲：《文化哲学》，陈泽环译，上海人民出版社，2008。

［199］〔法〕托克维尔：《论美国民主》，董果良译，商务印书馆，1991。

［200］〔德〕茨威格特、可茨：《比较法总论》，潘汉典等译，法律出版社，2003。

［201］〔德〕尧厄尼希：《民事诉讼法》，周翠译，法律出版社，2003。

［202］〔德〕弗朗茨·维亚克尔：《近代私法史——以德意志的发展为观察重点》，陈爱娥、黄建辉译，上海三联书店，2006。

[203]〔德〕哈贝马斯:《在事实与规范之间——关于法律和民主治国的商谈理论》,童世骏译,生活·读书·新知三联书店,2003。

[204]〔德〕N. 霍恩:《法律科学与法哲学导论》,罗莉译,法律出版社,2005。

[205]〔德〕汉斯·普维庭:《现代证明责任》,吴越译,法律出版社,2000。

[206]〔德〕汉斯–约阿希姆·穆泽拉克:《德国民事诉讼法基础教程》,周翠译,中国政法大学出版社,2005。

[207]〔德〕卡尔·拉伦茨:《法学方法论》,陈爱娥译,商务印书馆,2003。

[208]〔德〕卡尔·恩吉施:《法律思维导论》,郑永流译,法律出版社,2004。

[209]〔德〕恩斯特·卡西尔:《人论》,甘阳译,上海译文出版社,1985。

[210]〔德〕克劳斯·洛克信:《德国刑事诉讼法》,吴丽琪译,三民书局股份有限公司,1998。

[211]〔德〕卢曼:《信任:一个社会复杂的简化机制》,瞿铁鹏、李强译,上海人民出版社,2005。

[212]〔德〕卢曼:《社会的经济》,余瑞先、郑伊倩译,人民出版社,2008。

[213]〔德〕马克思·韦伯:《支配社会学》,康乐、简惠美译,广西师范大学出版社,2004。

[214]〔德〕马克斯·韦伯:《经济与社会》,林荣远译,商务印书馆,1997。

[215]〔德〕米夏埃尔·施第尔纳:《德国民事诉讼法学文萃》,赵秀举译,中国政法大学出版社,2005。

[216]〔德〕沃尔夫·盖特纳:《社会选择理论基础》,李晋、马丽译,格致出版社、上海人民出版社,2013。

[217]〔荷〕斯宾诺莎:《神学政治论》,温锡增译,商务印书馆,1982。

[218]〔意〕彼德罗·彭梵得:《罗马法教科书》,黄风译,中国政法大学出版社,1992。

[219]〔意〕莫诺·卡佩莱蒂:《比较法视野中的司法程序》,徐昕、王奕译,清华大学出版社,2005。

[220]〔奥〕凯尔森:《法与国家的一般理论》,沈宗灵译,中国大百科全书出版社,1996。

[221]〔澳〕马尔科姆·沃特斯:《现代社会学理论》,杨善华等译,华夏出版社,2000。

（二） 论文类

［1］ 毕玉谦：《试论民事诉讼中的经验法则》，《中国法学》2000 年第 6 期。

［2］ 毕玉谦：《举证责任分配体系之构建》，《法学研究》1999 年第 2 期。

［3］ 常鑫、殷红海：《Daniel Kahneman 与行为经济学》，《心理科学进展》2003 年第 3 期。

［4］ 陈桂明、李仕春：《论程序形成权——以民事诉讼权利的类型化为基点》，《法律科学》2006 年第 6 期。

［5］ 陈桂明、刘萍：《民事诉讼中的程序滥用及其法律规制》，《法学》2007 年第 10 期。

［6］ 陈慰星：《多元化纠纷解决机制的复合——以司法协同技术为方法》，《五邑大学学报》（社会科学版）2007 年第 4 期。

［7］ 陈慰星：《法院调解"内卷化"与调解资源外部植入——以 Q 市两级法院人大代表协助诉讼调解实践为例》，《现代法学》2013 年第 3 期。

［8］ 陈岚：《半个世纪我国刑事诉讼法学的回顾与前瞻 （之二）》，《法学评论》1998 年第 2 期。

［9］ 陈忠：《聚焦恶意诉讼》，《政府与法制》2006 年第 4 期。

［10］ 仓明：《法律价值的动态运动及功能》，《前沿》2003 年第 1 期。

［11］ 冯玉军：《法经济学范式的知识基础研究》，《中国人民大学学报》2005 年第 4 期。

［12］ 高志刚：《民事恶意诉讼的规制和风险防范》，《法治论丛》2008 年第 5 期。

［13］ 何大安：《行为经济人有限理性的实现程度》，《中国社会科学》2004 年第 4 期。

［14］ 何大安：《理性选择向非理性选择转化的行为分析》，《经济研究》2005 年第 8 期。

［15］ 黄少安、郭艳：《收入分配成本变动原理与国家农产品贸易制度的演变——对英国谷物法变革 （1815～1846 年） 的重新解释及其对现实的启示》，《中国社会科学》2006 年第 3 期。

[16] 季卫东:《〈法理学问题〉代译序》,载〔美〕理查德·A. 波斯纳《法理学问题》苏力译,中国政法大学出版社,1994。

[17] 蒋月:《家事审判制:家事诉讼程序与家事法庭》,《甘肃政法学院学报》2008 年第 1 期。

[18] 江伟、傅郁林:《走向二十一世纪的中国民事诉讼法学》,《中国法学》1999 年第 6 期。

[19] 景汉朝:《民事司法改革论纲》,西南政法大学博士论文,2003。

[20] 梁治平:《乡土社会中的法律与秩序》,载王铭铭、王斯福《乡土社会的秩序、公正与权威》,中国政法大学出版社,1999。

[21] 罗金寿:《社会转型时期的中国法官角色——以"法官十杰"事迹为考察对象》,载徐昕《司法》(第 2 辑),中国法制出版社,2007。

[22] 刘世定:《纠纷的化解——理性思考与经验研究》,载《北大讲座》第十六辑,北京大学出版社,2007。

[23] 刘少杰:《中国社会转型中的感性选择》,《江苏社会科学》2001 年第 2 期。

[24] 刘荣军:《德国民事诉讼行为论学》,载陈光中、江伟主编《诉讼法论丛》(第 1 卷),法律出版社,1998。

[25] 刘芸:《恶意诉讼侵权责任的研究》,湖南大学硕士论文,2007。

[26] 李琳:《证据的信息蕴涵》,载何家弘主编《证据学论坛》(第五卷),中国检察出版社,2002。

[27] 李琼、郭永玉:《作为偏见影响因素的权威主义人格》,《心理科学进展》2007 年第 6 期。

[28] 李红海:《早期普通法中的权利诉讼》,《中外法学》1999 年第 3 期。

[29] 林立:《论经济学理念在法律推理中之局限性——以波斯纳的经济分析方法为例》,《浙江社会科学》2004 年第 5 期。

[30] 兰荣杰、何继业:《个体间纠纷的自决机制研究》,载左卫民等撰稿《变革时代的纠纷解决——法学与社会学的初步考察》,北京大学出版社,2007。

[31] 潘剑锋:《从日本第三次司法改革看中国司法改革存在的问题》,

《法学》2000 年第 8 期。

[32] 齐树洁：《德国民事司法改革及其借鉴意义》，《中国法学》2002 年第 3 期。

[33] 齐树洁：《英、德民事司法改革对我国的启示》，《厦门大学学报》（哲学社会科学版）2004 年第 1 期。

[34] 曲振涛：《论法经济学的发展、逻辑基础及其基本理论》，《经济研究》2005 年第 9 期。

[35] 邱联恭：《程序选择权之法理——着重于阐述其理论基础并准以展望新世纪之民事程序法学（之一)》，载《台湾民事诉讼法之研讨》（四)，三民书局，1993。

[36] 丘海雄、张应祥：《理性选择理论述评》，《中山大学学报》（社会科学版）1998 年第 1 期。

[37] 强世功、赵晓力：《双重结构化下的法律解释——对 8 名中国法官的调查》，载梁治平编《法律解释问题》，法律出版社，1999。

[38] 邵明：《民事诉讼行为要论》，《中国人民大学学报》2002 年第 2 期。

[39] 苏力：《思想的组织形式》，载〔美〕理查德·A. 波斯纳《正义／司法的经济学》，苏力译，中国政法大学出版社，2002。

[40] 孙长永：《美国刑事诉讼中的证据开示》，载陈光中、江伟主编《诉讼法论丛》（第 3 卷），法律出版社，1999。

[41] 田平安、刘春梅：《试论协同型民事诉讼模式的建立》，《现代法学》2003 年第 1 期。

[42] 唐寿宁：《序言——公共选择理论：运用还是拓展》，载〔美〕詹姆斯·M. 布坎南、戈登·塔洛克：《同意的计算——立宪民主的逻辑基础》，陈光金译，中国社会科学出版社，2000。

[43] 王亚新：《刑事诉讼中发现案件真相与抑制主观随意性的问题》，《比较法研究》1993 年第 2 期。

[44] 王亚新：《论民事、经济审判方式的改革》，《中国社会科学》1994 年第 1 期。

[45] 王亚新：《程序·制度·组织——基层法院日常的程序运作与治理

结构转型》，《中国社会科学》2004 年第 3 期。

[46] 王琳：《司法改革的路径选择》，《司法改革评论》2002 年第 2 期。

[47] 王伟：《民事程序选择权研究》，西南政法大学博士论文，2008。

[48] 吴杰：《民事诉讼机制改革与完善的法经济学分析》，《政治与法律》2000 年第 2 期。

[49] 吴泽勇：《诉讼程序与法律自治——中国古代民事诉讼程序与古罗马民事诉讼程序的比较分析》，《中外法学》2003 年第 3 期。

[50] 吴泽勇：《从程序本位到程序自治》，《法律科学》2004 年第 4 期。

[51] 吴泽勇：《〈投资者示范诉讼法〉：一个群体性法律保护的完美方案？》，《中国法学》2010 年第 1 期。

[52] 吴英姿：《转型社会中法官的角色紧张与角色认同——在基层法院的参与观察中看到的法官形象》，载王亚新等《法律程序运作的实证分析》，法律出版社，2005。

[53] 魏建：《当代西方法经济学的分析范式研究》，西北大学理论经济学博士论文，2001。

[54] 魏建：《理性选择理论与法经济学的发展》，《中国社会科学》2002 年第 1 期。

[55] 魏建：《法经济学分析范式的演变及其方向瞻望》，《学术月刊》2006 年第 7 期。

[56] 魏武：《寻求不一致的一致——试论软法与协商民主机制的结构性耦合》，载罗豪才等《软法与协商民主》，北京大学出版社，2007。

[57] 韦森：《习俗的本质与生发机制探源》，《中国社会科学》2000 年第 5 期。

[58] 汪庆华：《宪法与人民——从布鲁斯·阿克曼〈我们人民：奠基〉谈起》，《政法论坛》2005 年第 6 期。

[59] 徐传胜：《概率论简史》，《数学通报》2004 年第 10 期。

[60] 徐爱国：《英美法中'滥用法律诉讼'的侵权责任》，《法学家》2000 年第 2 期。

[61] 许前飞：《再论中国法官素质》，《人民司法》2002 年第 1 期。

[62] 叶航：《利他行为的经济学解释》，《经济学家》2005 年第 3 期。

［63］殷杰、尤洋：《社会认识论视野中的认知偏见》，《自然辩证法通讯》2007 年第 4 期。

［64］张静：《旧传统与新取向——从法团主义看"国家与社会"的分析模式》，载刘军宁等《自由与社群》，生活·读书·新知三联书店，1998。

［65］张卫平：《民事诉讼基本模式：转化与选择之根据》，《现代法学》1996 年第 6 期。

［66］张卫平：《论民事诉讼中失权的正义性》，《法学研究》1999 年第 6 期。

［67］张家慧：《当事人诉讼行为理论研究》，西南政法大学诉讼法博士论文，2000。

［68］张中学、宋娟：《偏见研究的进展》，《心理与行为研究》2007 年第 2 期。

［69］赵刚：《诉讼成本控制论》，《法学评论》1997 年第 1 期。

［70］赵刚、王杏飞：《民事司法改革的几个前沿问题——以〈人民法院第二个五年改革纲要 （2004～2008）〉为分析对象》，《法学评论》2006 年第 6 期。

［71］赵相林、邢钢：《论国际民事诉讼中的挑选法院》，《比较法研究》2002 年第 2 期。

［72］赵蕾：《中国最忙的法庭》，《南方周末》2008 年 12 月 4 日第 A7 版。

［73］种明钊：《马克思主义法学的理论基础与法经济学的建立》，《法学季刊》1983 年第 2 期。

［74］左卫民：《刑事诉讼的经济分析》，《法学研究》2005 年第 1 期。

［75］祝铭山：《大力加强法官执业化建设，努力开创人民法院队伍建设新局面——在全国法院对物建设工作会议上的讲话》，《中华人民共和国最高人民法院公报》2002 年第 4 期。

［76］郑永流：《法哲学是什么》，载郑永流主编《法哲学与法社会学论丛》（第一期），中国政法大学出版社，1998。

［77］〔日〕谷洋一：《水俣病事件中受害者的斗争与市民的支援活动》，付二林译，载王灿发《环境纠纷处理的理论与实践》，中国政法大

学出版社，2002。

[78] 〔美〕戴维·J. 格博：《域外证据开示和诉讼制度的冲突——以德国和美国为中心》，蔡彦敏译，载陈光中、江伟主编《诉讼法论丛》（第4卷），法律出版社，2000。

[79] 〔美〕弗里德曼：《法治、现代化和司法制度》，傅郁林译，载宋冰主编《程序、正义与现代化——外国法学家在华演讲录》，中国政法大学出版社，1998。

[80] 〔美〕科斯：《社会成本问题》，载〔美〕唐纳德·A. 威特曼主编《法律经济学文献精选》，苏力译，法律出版社，2006。

[81] 〔美〕约翰·基恩：《市民社会与国家权力型态》，载邓正来、周勇译，载邓正来、J. C. 亚历山大编《国家与市民社会——一种社会理论的研究路径》，中央编译出版社，2002。

[82] 〔美〕克里斯丁·杰罗斯、凯斯·R. 桑斯坦、理查德·H. 塞勒：《行为法律经济学的进路》，载〔美〕桑斯坦《行为法律经济学》，涂永前等译，北京大学出版社，2006。

[83] 〔法〕福柯：《作者是什么》，载王逢振等编《最新西方文论选》，漓江出版社，1991。

[84] 〔德〕卢曼：《法律的自我复制及其限制》，韩旭译，载《北大法律评论》第2卷，法律出版社，1999。

[85] 〔德〕何梦笔：《演化经济学的本体论基础》，载〔瑞士〕库尔特·多普菲《演化经济学：纲领与范围》，贾根良等译，高等教育出版社，2004。

[86] 〔印〕P. N. 伯格瓦蒂：《司法能动主义与公众利益诉讼》，《环球法律评论》1987年第1期。

二　外文类参考文献

（一）著作类

[1] 伊藤滋夫：《要件事実の基礎：裁判官による法的判断の構造》，有斐閣，2000。

[2] 小島武司：《民事訴訟法》，有斐閣，2013。

[3] A. Gadamer, Hans – Georg, *Truth and Method*, New York: Seaburg Press, 1975.

[4] Baker J. H., *An Introduction to English Legal History*, London: Butterworths, 1990.

[5] Bryan A. Garner, Editor in Chief, *Black's Law Dictionary* (Eighth Edition), London: Thomson West, 2004.

[6] Bodenheimer Edit, *Jurisprudence*, Mass. Harvard University Press, 1981.

[7] Cf. Ch. Prelman, *the Idea of Justice and the Problem of Argument*, Notre Dame: Routledge & University of Notre Dame Press, 1982.

[8] Chaim Prelam, *Justice, Law, and Argument: Essays on Moral and Legal Reasoning* , Dordrecht: D. Reidel Publishing Co. , 1980.

[9] Douglas G. Baird, Robert H. Gertner, Randal C. Picker, *Game Theory and the Law*, Cambridge, Mass. : Harvard University Press, 1998.

[10] David Riesman, *The Lonely Growd: A Study of the Changing American Character*, New Haven: Yale University Press, 1950.

[11] David E. Apter, *The Politics of Modernization*, Chicago: The University of Chicago Press, 1965.

[12] Ernest Nagel, *The Structure of Science: Problems in the Logic of Scientific Explanation*, New York: Harcourt, Brace & World, 1979.

[13] Gottwald, "Civil Procedure Reform: Access, Cost, and Expedition, The German Perspective," in Adrian A. S. Zuckerman ed. , *Civil Justice in Crisis: Comparative Perspectives of Civil Procedure*, Oxford University Press, 1999.

[14] Hayami and Ruttan, *Agricultural Development*, Baltimore, Md. : Johns Hopkins University Press, 1985.

[15] M. R. Damaska, *Evidence Law Adrift*, New Haven: Yale University Press, 1997.

[16] Peter Murphy, *Murphy on Evidence*, London: Blackstone Press Limitited, 2000.

[17] Richard McKenzie, *Constitutional Economics Containing the Economic Powers*

of Government，Lexington：Lexington Books，1984.

[18] Tocqueville，*On Democracy in America*，book Ⅱ，New York：Random House，1945.

[19] Thomas C. Schelling，*Micromotives and Macrobehavior*，New York：W. W. Norton Press，2006.

[20] Wilson，*Sociobiology*，*the New Synthesis*，Harvard：Belknap Press，1975.

[21] H. L. A. Hart，*The Concept of Law*，Oxford University Press，1961.

（二）论文类

[1] Parsons，*Evolutionary Universals in Society*，at J. Timmons Roberts，Amy Hite.，From Modernization to Globalization，Oxford：Blackwell Publishing，2000.

[2] Aumann R. J.，*Agreeing to Disagree*，Annals of Statistics，1976（4）.

[3] Allais M. Le，*Comportement de l' home rationel devant le risqué：Critique des postulats et axioms de l'ecole americaine*，Ecomometrica，1953（21）.

[4] Amos Tversky，Daniel Kahneman，*Belief in the law of small Numbers*，Psychological Bulletin，1976（2）.

[5] A. Leo Levin & Denise D. Colliers，*Containing the Cost of Litigation*，In Rutgers Law Review，Vol. 37（1985）.

[6] Buchanan，James M. and Viktor J. Vanberg，*Constitutional Implications of Radical Subjectivism*，The Review of Austrian Economics，Vol. 15，2002（2/3）.

[7] Burkbard Hess，Abuse of Procedure in Germany and Austria，*In Abuse of Procedural Rights：Comparative Standard of Procedural Fairness*，Kluwer Law International，1998.

[8] Herbert A. Simon，*A Behavioral Model of Choice*，Quarter Journal of Economics，1955（69）.

[9] Cotter and Runiinfeld，*An Economic Analysis of Legal Disputes and Their Resolution*，Journal of Economic Literature，1989（27）.

[10] David M. Engel，*Legal Pluralism in an American Community：Perspectives on a Civil Trial Court*，American Bar Foundation Research Journal，

1980 （3）.

［11］ David Grether, *Bayes' Rule as a Descriptive Model*： *the Representative Heuristic*, Quarterly Journal of Economics, 1980 （3）.

［12］ Gunther Teubner, *Substantive and Reflexive Elements in Modern Law*, Law and Society Review, 1983 （2）.

［13］ Gould, *The Economics of Legal Conflicts*, Journal of Legal Studies, 1973 （2）.

［14］ Hewstone M., Bond M. H., Wan K. C. *Social factors and social attributions*： *The explanation of intergroup differences in Hong Kong*, Social Cognition, 1983 （2）.

［15］ J. O. Newman, Rething Fainess, *Perspectives on the Litigation Process*, Yale Law Journal, 1985 （7）.

［16］ Kim Dayton, *The Myth of Alternative Dispute Resolution in Federal Court*, Iowa Law Review, 1991 （76）.

［17］ Kahneman, D. and A. Tversky, *Prospect Theory*： *An Analysis Decision under Risk*, Econometric, 1979 （2）.

［18］ Lambert A. J. *Sterotypes and social judgment*： *The consequences of group variability*, Journal of Personality and Social Psychology, 1995 （3）.

［19］ Lewinsohn, Mischel, Chaplin, and Barton, *Social Competence and Depression*： *The Role of Illusionary Self - perception*, Journal Abnormal Behavior, 1980 （89）.

［20］ Landes, *An Economic Analysis of the Courts*, Journal of Law and Economics, 1971 （14）.

［21］ Posner, *An Economic Approach to Legal Procedure and Judicial Administration*, Journal of Legal Studies, 1973 （2）.

［22］ Paul Slovic, *Baruch Fischhoff, and Sarah Lichtenstein, Regulation of Risks*： *A Psychological Perspective*, in Regulatory Policy and the Social Sciences, Roger G. Noll., 1985.

［23］ Paul Slovic, *The Construction of Preference*, American Psychology, 1995 （50）.

[24] Tversky A, Kahneman D. , *Loss Aversion in Riskless Choice: A Reference – dependent Model*, Quarterly Journal of Economics, 1991（106）.

[25] Tversky A, Kahneman D. , *Advances in Prospect Theory: Cumulative Representation under Certainty*, Journal of Risk and Uncertainty, 1992（5）.

[26] Shavell, Steven, *The Social Versus Private Incentive to Bring Suit in a Costly Legal System*, Journal of Legal Studies, 1982（11）.

[27] Helmut Willke, *Three Type of Legal Structure: The Conditional, the Purposive and the Relational Program*, G. Teubner（ed.）, Dilemmas of Law in the Welfare State, New York and Berlin: Walter de Gruyter, 1985.

[28] Henry J. Friendly, *Some Kind of Hearing*, University of Pennsylvania law Review, 1975（123）.

[29] G. Goooottlieb, *Relationism: Legal Theory for a Relational Society*, The University of Chicago Law Review, 1983.

[30] Altemeyer B. , *The Other "Authoritarian Personality"*, in M. P. Zanna ed. , Advances in Experimental Social Psychology, San Diego, CA: Academic Press, 1998.

后　记

　　窗外，千叶台的夜雨伴着横滨"东急"（TOJI）商圈的静谧，显然已经不再是日间第二届东亚法律文化国际研讨会学者们畅谈司法的热闹。这似乎隐喻着学术研究的某种生产范式？如果说研讨更多的是针砭互动的激昂乐章，带来的是思绪的翻飞与头脑风暴的快感，那么沉淀之后将思考具化为文字，享受笔/指端默默倾诉的从容，则也是一番治学之道的乐趣——于我，是可以恣意地站在经济学的彼岸去观测法学。

　　本书系我正致力于完成的个人"正义/司法"三部曲系列的第二本。第一本为已经出版的《民事纠纷的多元化解决机制研究》，力图呈现的是正义与司法的多元，而研究方法也是自己力所不逮的"多元"。恐贻笑大方了。第三本为即将准备出版的《拥挤的正义：群体性纠纷的示范诉讼解决机制研究》，将从法社会学视角去关注类型化诉讼折射出的正义形态。

　　史学大师吕思勉曾经说过：学问不在于书本，而在于空间。其大意并非对"读万卷书，行万里路"的再次背书，还指治学需要从平面走向立体，从一维走向多维。也许在民事诉讼法上的多维研究线路，就是自己颇有些惶恐的解读。

　　回到本书写作的缘起。如果说从硕士阶段关于非诉讼纠纷解决机制的经济分析是一个起点的话，在这本贯穿了十年来研析法经济学分析方法心得的书中，我一再思考自己研究的空间应落脚于何处。法学也许是抽象的，但法律绝对是具象的。为此，在分析中，我说服自己尽可能尝试一番不同"时空的"实证性验证工作：从第一代直观的成本收益分析方法讨论的是一个虚拟的商业纠纷解决案例，到第二代博弈分析工具讨论的是一个抽象均衡结果对一个真实的公害案件处理结果的印证，再到第三代行为经济学分析的是自己直接进行的诉讼行为心理学实验。当然，这种实证性验证囿于我的能力以及机会，还是存在很多不尽如人意的地方。比如，在初稿尾章关于行为选择以及经济分析对于司法改革影响的分析中，我只能进行少量的依据个人关系而进行的调查访谈，却难以在法院内部更大规模地进行问卷调查，我相信因此而得出的结论是不具有完全代表性的。经济学的"短板理论"言犹在耳，在接下来历时3年的二、三稿修正中，补全这个短板显得尤为必要。得益于指导在职研究生的便利，我通过两次的组队探访和分工，得以获取了大量与研究相关的一手法院数据。这便有了新的一章关于当事人行为选择的大数据，也令本书在最后有可能补全了这一块"短板"。

遗憾的是，由于数据以及访谈本身的非正规性以及内容的拓展性，行文并不允许所有的内容均运用在书中，而只是若干紧密相关的观点提炼而已，并且在多次的修改中也删除了一些。由此，我还要恳请诸多参与其中的司法实务界的朋友们见谅，他们的不乏灼见的话语被大大地缩水了，也影响了数据使用的精确性。不过，经济学有个著名的"短裙理论"：如果经济高涨，股市走牛，则女孩子们穿的裙子就会越来越短；而如果经济低迷，股市变熊，则会相反，你只能看到包裹得越来越严实的女性了。我希望自己这些带有删减成分的剔除性分析，也能够达到这样的"短小迷你"的效果。似乎从经济学效用最大化出发，这种情况于读者和我均为帕累托最优了。也因此，恳请诸位读者包涵并斧正这篇尚未臻于成熟的书稿。

此刻，我还希望将深深的谢意传达给我尊敬的师长。衷心感谢西南政法大学田平安教授给予我的学术指导，入"T家军"求学是人生的大幸事，西南政法大学也是自己学术得以累积的一方宝地。老师治学严谨且兼具批判的精神，达观的处世风采，无不极大地鼓励着我。登临歌乐山顿生的高山仰止，与在西政这座法学圣殿徜徉一样，不断地让自己感受着法学钻研的博大精深。老师序言中的肯定也着实令我惶恐，更感此文诸多亟须完善之必要。真诚感谢常怡教授、唐力教授、李祖军教授、廖中洪教授、徐昕教授、张玉敏教授等诸位老师以及我有幸认识的同学们，在给予我无尽的学术启发同时，也教会了我持守法学钻研的那份专注和守望。感谢厦门大学齐树洁教授从入学厦大伊始就一直给予我的关心和学术指点，正是拜在齐老师门下，我才完成了以学术规范性为起点的研究第一步。感谢现在已赴美国加州大学尔湾分校任教的刘本教授（Pro. Benjamin Van Rooij）和欧盟伊拉斯莫项目，为我提供了在欧洲进行博士后研究的机会，我才得以在阿姆斯特丹大学（University of Amsterdam）法律经济研究中心（ACLE）与诸多法经济学的学者交流思想，并通过法经济学专场讲座的机会交流了课题研究的部分思想。难忘那"桨声花影"之畔，阿大教授们犀利并深刻的批驳。这份两年后迟来的成果，也间接受益于你们独到的问题意识和方法论检讨。

感谢在我研究期间的华侨大学法学院领导与诸位同事给予我的研究所提供的便利与鼓励，还要特别感谢华大科研处诸多老师对我承担本项目的帮助。同时，应提及尽管我难以一一具言的实务界学生和朋友们所给予本书实证研究的大力襄助，没有你们的支持就没有本书的实证证伪。感谢研究生丁超、丁小敬、魏瑞、吴启帆、王言言等对于本书注解和格式的校订及康再玲在建模分析方面的协助。

我还要将最深切的谢意传递给我亲爱的家人。衷心感谢父亲陈国成和母亲张玉英，谢谢你们给予我生命和从事学术研究的支持；感谢妻子王兰博士，在这漫长研究写作期间的无尽付出和理解。感谢所有家人对我的鼓励和支持。

因为书面的感谢永远只能挂一漏万，我谨用一阕短短的词句，致意这些我深铭于心的不计付出又给予我温勉关怀的人们。

八声甘州

且停手，笔墨几春秋。月涌汇江流，沙坪夜星稀。
但植新枝，三载不久。几抹绿芽初缀，二月轻杨柳。
剪霁雾顿开，满园皆秀。
遥寄嘉陵惊鸿，一瞥已沧桑，叹少年尤。

负笈毓秀畔，仗剑巴渝游。

越千里，白云几度。

歌乐山，文华竞风流。

酹杯酒，弹冠放歌，韶华重留。

2009 年 6 月初稿于歌乐山脚西政六舍

2013 年 12 月二稿于古城泉州碧水湾

2014 年 9 月终稿于日本横滨青叶台

图书在版编目（CIP）数据

选择中的正义：民事诉讼当事人行为选择的法经济分析／陈慰
星著．—北京：社会科学文献出版社，2015.5
（华侨大学哲学社会科学文库．法学系列）
ISBN 978 - 7 - 5097 - 7446 - 5

Ⅰ．①选…　Ⅱ．①陈…　Ⅲ．①民事诉讼法 - 法学 - 经济学 -
研究 - 中国　Ⅳ．①D925.104

中国版本图书馆 CIP 数据核字（2015）第 082397 号

华侨大学哲学社会科学文库·法学系列
选择中的正义：民事诉讼当事人行为选择的法经济分析

著　　者／陈慰星

出 版 人／谢寿光
项目统筹／王　绯　刘　荣
责任编辑／李娟娟　关晶焱

出　　版／社会科学文献出版社·社会政法分社（010）59367156
　　　　　地址：北京市北三环中路甲 29 号院华龙大厦　邮编：100029
　　　　　网址：www.ssap.com.cn
发　　行／市场营销中心（010）59367081　59367090
　　　　　读者服务中心（010）59367028
印　　装／北京季蜂印刷有限公司

规　　格／开　本：787mm × 1092mm　1/16
　　　　　印　张：16.25　字　数：257 千字
版　　次／2015 年 5 月第 1 版　2015 年 5 月第 1 次印刷
书　　号／ISBN 978 - 7 - 5097 - 7446 - 5
定　　价／65.00 元